Exodus und Salomo

Für Auli, Ilkka und Lauri

Schriften der Finnischen Exegetischen Gesellschaft
Herausgegeben von Anne-Marit Enroth-Voitila

Einbandgestaltung: Jaakko Veijola

ISSN 0356-2786
ISBN 951-9217-26-6
ISBN 3-525-53648-8

Vammalan Kirjapaino Oy 1998

SCHRIFTEN DER FINNISCHEN EXEGETISCHEN GESELLSCHAFT 71

PEKKA SÄRKIÖ

EXODUS UND SALOMO

Erwägungen zur verdeckten Salomokritik anhand von Ex 1–2; 5; 14 und 32

Finnische Exegetische Gesellschaft in Helsinki
Vandenhoeck & Ruprecht in Göttingen
1998

Vorwort

Die vorliegende Untersuchung ist im Rahmen des von Prof. Dr. Timo Veijola geleiteten Forschungsprojekts "Israelitische Historiographie" entstanden. Die Anfänge der Untersuchung liegen in meiner im Jahr 1994 erschienenen Dissertation, die sich in erster Linie mit der deuteronomistischen Historiographie über König Salomo (1 Kön 3-5 und 9-11) befaßte. Mein Hauptanliegen war es, die Aussageintention der dtr Redaktoren zu erhellen und insbesondere den Hintergrund der ruhmvollen Macht und Weisheit des Königs zu erforschen. Dabei stellte sich heraus, daß Salomo, ungeachtet seiner Verherrlichung in der Endgestalt des Textes, nicht von der Kritik der Deuteronomisten verschont blieb.

Bei der Untersuchung der Salomogeschichte (1 Kön 3ff.) stieß ich auf auffällige wörtliche und thematische Parallelen zwischen der Salomogeschichte und der Josephsnovelle (Gen 37; 39ff.). Die Belege aus der Salomogeschichte stehen in einem vor-dtr Zusammenhang. Wo die Josephsnovelle sich mit Ausleihen und Allusionen an die Salomogeschichte anlehnt, geschieht dies innerhalb der Redaktionsschicht. Dieses Phänomen habe ich so gedeutet, daß ein Redaktor unter den Flüchtlingen aus dem Nordreich nach dem Untergang Samarias im Jahr 722 v.Chr. die Josephsnovelle mit Anleihen aus der vor-dtr Salomotradition bearbeitet hat.

Der Redaktor hat u.a. Charakteristika des weisen Salomo auf Joseph übertragen und allgemein dem Leser die Stellung der nördlichen Stämme im salomonischen Reich ins Gedächtnis gerufen. Aufgrund einiger vorbereitender Analysen schien es mir, als ob die Redaktionsarbeit sich mit denselben Prinzipien wie bei der Josephsnovelle noch in der Exoduserzählung weiter fortsetze (SÄRKIÖ 1994, 65f.).

Bei der näheren Betrachtung der Exoduserzählung habe ich den Eindruck bekommen, daß die Kindheitserzählung des Mose vorwiegend aufgrund der Erzählung über die beiden Widersacher Salomos, Jerobeam und Hadad (1 Kön 11), verfaßt wurde. Auf diese Beobachtungen habe ich in einem Vortrag hingewiesen, den ich in

II

dem von Prof. Dr. Heikki Räisänen geleiteten Forschungskolloquium (6. Nov. 1992) in Helsinki gehalten habe. Durch diese Funde bei der Exoduserzählung angeregt, begann ich mit der vorliegenden Arbeit, nachdem ich im August 1995 Studienurlaub von meinem Amt als Pfarrer bekommen hatte.

Die grundlegende Phase der Untersuchung fand während zweier Semester 1995-96 in Tübingen statt. Der Aufenthalt der ganzen Familie in Tübingen wurde durch ein Forschungsstipendium der Alexander von Humboldt-Stiftung ermöglicht. Für die Genehmigung des Forschungsstipendiums möchte ich der Humboldt-Stiftung ganz herzlich danken. Ebenfalls gilt mein Dank dem Gastinstitut in Tübingen, dem Biblisch-Archäologischen Institut, vor allem Prof. Dr. Siegfried Mittmann und Dr. Jens Kamlah, von denen ich vielerlei Unterstützung und Hilfe in Anspruch nehmen durfte.

Gute Ideen und persönliche Unterstützung habe ich auch in gemeinsamen Gesprächen mit meinem Freund, dem Ägyptologen Dr. Joachim Quack, bekommen, wofür ich ihm dankbar bin. Auch die Gespräche mit Prof. Dr. Ernst Axel Knauf-Belleri während der Vorbereitung für die internationale Ausgrabungskampagne in Kinneret (*Tell el-ʿOrēme*) haben mich inspiriert.

Während unseres Aufenthalts in Tübingen ist es meiner lieben Frau Riitta gelungen, ihre Dissertation über die Christologie und Soteriologie des Paulus im zweiten Korintherbrief fertigzustellen. Ungeachtet ihrer eigenen Bemühungen bei der Forschung hat sie noch Kräfte und Liebe gehabt, die Hauptverantwortung für den Haushalt zu tragen und mich in meiner Exodusforschung zu stützen und zu ermutigen.

Unsere beiden Kinder, die damals sechsjährige Tochter Auli und der dreijährige Sohn Ilkka, waren munter bei einer Pflegemutter bzw. im Kindergarten, wenn die beiden Eltern tagsüber mit ihren Forschungsarbeiten beschäftigt waren. Inzwischen gehört zu der Familie noch ein zweiter Sohn, Lauri, der noch kein Jahr alt ist.

Nach dem Stipendienjahr in Tübingen habe ich in Finnland die erfreuliche Gelegenheit bekommen, noch für ein halbes Jahr eine Forscherstelle der finnischen Wissenschaftsakademie im Rahmen des Forschungsprojekts "Israelitische Historiographie" zu bekommen.

Für diese Gelegenheit danke ich meinem Lehrer, Prof. Dr. Timo Veijola, der mit weiser und konstruktiver Kritik eine große Hilfe für meine Arbeit geleistet hat. Auch meine Eltern Hannu und Leena Särkiö haben ständig Interesse für meine Untersuchungen gezeigt und mich in vielerlei Hinsicht unterstützt, wofür ich ihnen dankbar bin.

In den vergangenen zwei Jahren 1997-98 habe ich vor allem in meiner Kirchengemeinde als Pfarrer gearbeitet und die Forschungsarbeit ist etwas ins Hintertreffen geraten. An Ruhetagen und in den Ferien habe ich nach und nach die Arbeit fertiggestellt. Die knappen zeitlichen Ressourcen haben mir nicht erlaubt, den neuesten Stand der Exodusliteratur zu berücksichtigen.

Meine theologisch sachkundige Freunde Stefan Krauter und Heike Dierolf aus Tübingen haben sich der Mühe unterzogen, das Manuskript sorgfältig und auf uneigennützige Weise durchzusehen, wofür ich ihnen herzlich danke. Für das freundliche Entgegenkommen bei der Aufnahme des Bandes in die Reihe der Finnischen Exegetischen Gesellschaft danke ich dem Vorstand der Gesellschaft.

Die Nachfolger des auferstandenen Jesus wurden mit dem Heiligen Geist erfüllt und die christliche Gemeinde entstand. Etwas ist jedoch von dem Alten zurückgeblieben. Die ersten Christen kamen in der Säulenhalle Salomos zusammen und haben dort die heiligen Texte gelesen und gedeutet (Act 3,11).

Lahti, am Vorabend von Pfingsten, den 30. Mai 1998

Pekka Särkiö

Vorwort
Inhaltsverzeichnis

1. Einleitung

1.1. König Salomo in der Bibel

Wir kennen Salomo, den Sohn Davids, aus dem Alten Testament als König von Juda, der in Jerusalem in der zweiten Hälfte des 10. Jh. v.Chr. regierte. Die primären Quellen der Salomogeschichte sind die Thronnachfolgegeschichte (2 Sam 9 -1 Kön 2) und die Schilderung der Regierungszeit Salomos (1 Kön 3-11). Unser Salomobild ist aufgrund atl. Texte entstanden, deren Hauptanliegen nicht die Beschreibung der "objektiven Geschichte" ist. Vielmehr interessieren sich auch die historischen Texte des AT für die Wertung der vergangenen Ereignisse und insbesondere für ihre Bedeutung für die Gegenwart des Verfassers. Es ist also eine sinnvolle Aufgabe der Exegese, nicht nur dem historischen Salomo nachzujagen, sondern auch die späteren Bewertungen Salomos zu untersuchen, die verhalten durch die ganze Bibel klingen.

Die Nachwelt erinnert sich an Salomo gewöhnlich als weisen und reichen Erbauer des Tempels, der über sein Volk Israel gerecht herrschte. Bei näherer Betrachtung wird das atl. Salomobild allerdings vielfältiger und nicht ausschließlich positiv. Die Selbstüberschätzung und der Reichtum Salomos wie auch die Maßlosigkeit seiner Baupläne werden schon in der ersten Hälfte der atl. Salomogeschichte zwischen den Zeilen kritisiert.[1]

Besonders seine vielen ausländischen bzw. "fremden" Frauen (נכריה)[2] werden als Grund für seinen Sturz und für die Aufspaltung des Reichs gesehen. Als Salomo älter wurde, verführten ihn seine fremden Frauen, die ihren Göttern Rauch- und Schlachtopfer darbrachten, zur Verehrung ihrer Götter, was den Zorn Jahwes erweckte (1 Kön 11).

---

[1] VON SODEN 1974, 231; SÄRKIÖ 1994; 1996, 88-96.

[2] Die ägyptische Prinzessin (1 Kön 3,1; 7,8; 9,16.24); die Ammoniterin Naema, Mutter von Rehabeam (1 Kön 14,21); die namentlich unbekannten Frauen (vgl. 1 Kön 11,1).

Direkte Anspielungen auf Salomo sind im AT außerhalb von 2 Sam 12 und 1 Kön 1-11 // 2 Chr 1-9 relativ selten.[3] Von ihnen ist Neh 13,26 wegen seiner direkten Salomokritik hervorzuheben. Nehemia deutet auf die fremden Frauen (נכריות) Salomos in folgender Weise hin:

> "Hat sich nicht wegen solcher Frauen Salomo, der König Israels, versündigt? Unter den vielen Völkern gab es keinen König wie ihn. Er wurde von seinem Gott geliebt; darum hatte ihn Gott zum König über ganz Israel gemacht. Aber selbst ihn haben die fremden Frauen zur Sünde verführt. Und jetzt hört man von euch, daß ihr genau dieselbe Untat begeht und unserem Gott die Treue brecht, indem ihr fremde Frauen heiratet."

Nach Esra 9f. gab es unter den Heimkehrern, inmitten der nachexilischen Gemeinde in Jerusalem, Mischehen. Die Israeliten hatten sich Frauen aus fremden Völkern genommen, was gegen das Fremdheiratsverbot des Dtn verstieß[4] und nach Meinung Esras die Ursache für den Zorn Gottes (Esr 9,14f.) darstellte. Deswegen forderte er die Auflösung der Mischehen, die die Israeliten mit den fremden Frauen (נכריות)[5] geschlossen hatten.[6]

---

[3] Die in Jerusalem geborenen Söhne Davids: 2 Sam 5,14 // 1 Chr 3,5; die bronzenen Gegenstände, die Salomo für den Tempel herstellen ließ, Jer 52,20. Die salomonischen Überschriften in atl. Büchern: Ps 72,1; 127,1; Prov 1,1; 10,1; 25,1; Cant 1,1 (vgl. Koh 1,1.12.16; 2,4-9). Weitere Erwähnungen Salomos in Cant 1,5; 3,7.9.11; 8.11f. בני עבדי שלמה "Nachkommen der Knechte Salomos", Esr 2,55.58; Neh 7,57.60; 11,3. Die Vorschriften Salomos für die Tempelsänger und Torwächter, Neh 12,45. Salomo als warnendes Beispiel für die Sünde der Fremdheirat, Neh 13,26.
Salomo im NT: In der Genealogie des Joseph, Mt 1,6. In der entsprechenden Genealogie des Lk wird eine zweite Linie durch Davids Sohn Natan gewählt (Lk 3,31) und Salomo nicht erwähnt. Halle Salomos (στοὰ τοῦ Σολομῶνος) im jerusalemischen Tempel (Joh 10,23; Act 3,11; 5,12). Salomos Tempel in Act 7,47. Salomo in Sprüchen Jesu, Mt 6,29 // Lk 12,27; Mt 12,42 // Lk 11,31.

[4] Dtn 7,3f. vgl. Esr 9,1f.; 1 Kön 11,1f.

[5] Esr 10,2.(Cj. 3).10f.14.17f.44.

[6] "Divorce from improper partners is advocated in order to preserve the identity of Israel ... Foreign wives or inappropriate sexual relations impar cultic efficacy." CAMP 1985, 265-267. Nach MAIER (1995, 6.60-64) handelt es sich nicht eindeutig um ethnisch fremde Frauen. Der Kontext (Esr 9,2.12; 10,2) spricht jedoch ganz deutlich über das Fremdheiratsverbot (vgl. Dtn 7,2f.), gegen das die Heiraten mit den "fremden Frauen" (נכריות) verstießen.

Zum Thema Mischehen wird am Schluß des Buches Esra-Nehemia zurückgekehrt. Nehemia ermahnt die Juden, keine Frauen aus fremden Völkern zu nehmen, und weist auf die Sünde Salomos hin (Neh 13,26f.).

Bemerkenswert in Neh 13,26f. ist, daß man die Sünde Salomos noch in der nachexilischen Zeit als eine aktuelle Frage betrachtete und in der Paränese zur Gesetzesfrömmigkeit als ein Negativbeispiel benutzte. Die Heiraten mit den fremden Frauen wurden als Bruch des Bundes zwischen Jahwe und Israel verstanden, der den Zorn Jahwes auslöste und zum Exil führte.

In dem "Lob der Väter Israels" des Sirach-Buches wird ein summarischer Überblick über die bedeutendsten israelitischen Könige gegeben. Die Regierungszeit Salomos wird in Sir 47,12-24 überwiegend positiv beschrieben,[7] mit Ausnahme allerdings seiner vielen fremden Frauen:[8]

> "Doch gabst du dich den Frauen hin und ließest sie herrschen über deinen Leib. Du hast deine Ehre befleckt und dein Ehebett entweiht. So hast du Zorn über deine Nachkommen gebracht und Klage über dein Ehelager, indem das Volk unter zwei Zepter kam und aus Efraim ein abtrünniges Reich wurde" (Sir 47,19-21).

In NT gibt es einige Anspielungen auf Salomo, die Aussagekraft für unser Thema haben. In der Bergpredigt weist Jesus auf Salomo als ersten Vertreter der menschlichen Errungenschaften hin (Mt 6,29 // Lk 12,27): "Selbst Salomo war in all seiner Pracht nicht gekleidet wie eine von ihnen [den Lilien auf dem Feld]". Die Schöpfung und

---

[7] Mit gänzlich dunklen Farben wird dagegen der ehemalige Fronaufseher Salomos und der erste König Israels, Jerobeam I., im Anschluß an die dtr Geschichtsschreibung (1 Kön 12,29ff.; 2 Kön 17,21-23) bei Sirach gezeichnet: "Dann stand Jerobeam auf, der Sohn Nebats; sein Andenken sei ausgelöscht. Er sündigte und verführte Israel zur Sünde. Er verschuldete Efraims Fall und die Vertreibung aus ihrem Land. Ihre Sünde wurde sehr groß, allem Bösen gaben sie sich hin" (Sir 47, 23-25).

[8] Auf die fremden Frauen in der Nachkommenschaft Judas, Tamar, Rahab, Rut und die "Frau des Urija", wird wahrscheinlich mit einer kritischen Absicht im Stammbaum des Joseph (Mt 1,1ff.) hingewiesen. Auf die interessante Frage der "fremden Frauen" und der davidischen Könige werde ich in einem künftigen Aufsatz eingehen.

die Fürsorge Gottes sind viel größer als alle Leistungen des Menschen. Die Nachkommen Adams als "erste Freigelassene der Schöpfung" (Herder) versuchen, eigenständig zu leben, als ob es Gott nicht gäbe, der die Menschen liebt.[9]

An einer zweiten Stelle (Mt 12,42 // Lk 11,31) tadelt Jesus seine Generation, die unwillig ist, ihn zu hören:

> "Die Königin des Südens wird beim Gericht gegen diese Generation auftreten und sie verurteilen; denn sie kam vom Ende der Erde, um die Weisheit Salomos zu hören. Hier aber ist einer, der mehr ist als Salomo."

Jesus erhebt die Königin von Saba zum Vorbild desjenigen, der willig ist, eine lange Strecke zu reisen, um weise Worte Salomos zu hören (vgl. 1 Kön 10). Er selbst ist aber mehr als Salomo. Auf die Wirkung seiner Tätigkeit wird im Matthäusevangelium unter Rücksicht auf das Buch Jesaja hingewiesen: "Blinde sehen wieder, und Lahme gehen; Aussätzige werden rein, und Taube hören; Tote stehen auf, und den Armen wird das Evangelium verkündet" (Mt 11,5).[10] Das ist mehr als die Weisheitsworte des Königs Salomo, den die Königin von Saba wie einen Halbgott verehrte.

Die letzte Anspielung auf Salomo im NT findet sich in der heilsgeschichtlichen Rede des Stephanus, in der der salomonische Tempel auffälligerweise in einem kritischen Licht dargestellt wird: "...Salomo aber baute ihm ein Haus. Doch der Höchste wohnt nicht in dem, was von Menschenhand gemacht ist" (Act 7,47f., vgl. 1 Kön 8,27). Die menschlichen Leistungen werden den Werken Gottes gegenübergestellt. Das Zeltheiligtum, das angeblich noch in der Zeit Davids in Gebrauch war, wird jedoch als eine angemessene Begegnungsstätte Gottes akzeptiert (Act 7,44-46).

Wie der Überblick über Salomo im NT zeigt, werden seine Prachtentfaltung, seine Weisheit und sein Ruhm als Bauherr nicht ausschließlich positiv bewertet. Vielmehr ist hinter diesen ntl. Stellen leise Salomokritik zu spüren.

Zunächst werden wir kurz die historiographischen Tendenzen

---

[9]   SÄRKIÖ 1998, 121-124. DIETRICH (1997, 15) weist nicht auf die evtl. salomokritische Aussagekraft von Mt 6,29 hin.

[10]   Vgl. Jes 26,19; 29,18; 35,5f.; 61,1.

des deuteronomistischen (DtrG) und des chronistischen Geschichtswerks (ChrG) zu Salomo überblicken.[11]

1.2. Salomo in der deuteronomistischen Geschichtsschreibung (1 Kön 3-11)

1.2.1. Die Prachtentfaltung Salomos als Verstoß gegen das Königsgesetz (DtrH)

Die exilszeitlichen Theologen, die sog. Deuteronomisten,
beurteilen in 1 Kön 3-11 die Zeit Salomos im Lichte seines
Gesetzesgehorsams, wobei sie einerseits frühere schriftliche
Dokumente bearbeiten, andererseits ganz neue Abschnitte verfassen.
Der Erstverfasser DtrH beginnt seine kritische Darstellung der
Regierungszeit Salomos mit der Beschreibung des salomonischen
Regierungsapparates (1 Kön 4,*1-19; 5,2f.6-8) und schildert ein
fiktives, ungerechtes Besteuerungssystem, in dem alle Provinzen
Nord-Israels, große und kleine, jeweils in einem Monat des Jahres
den salomonischen Hof und die Streitwagenpferde versorgten.[12]

Der Verfasser übertreibt die Zahl der Pferde, die Futter
benötigten, und die Menge der Lebensmittel, die der König und sein
Hof täglich brauchten. Die übertriebene Darstellung der
Steuerbelastung durch DtrH unterstreicht seine Kritik am
salomonischen Verwaltungssystem, das besonders die Rechte der
Bauernbevölkerung in Nord-Israel unterdrückte.[13]

DtrH beginnt seinen Bericht über die Bautätigkeit Salomos mit
der Schilderung der Beschaffung von Baumaterial. Zuerst berichtet

---

[11]   Der Überblick gründet sich auf meinen 1996 erschienenen Artikel "Die
Struktur der Salomogeschichte (1 Kön 1-11) und die Stellung der Weisheit in ihr."
(SÄRKIÖ 1996, 88-93.96-98). Siehe auch SÄRKIÖ 1998b, 458-461.

[12]   SÄRKIÖ 1994, 51; WALSH 1995, 489f. Nach WÜRTHWEIN (1985, 44)
lassen sich die geschichtlichen Unstimmigkeiten darauf zurückführen, daß der
Redaktor nicht mehr wußte, wie das Besteuerungssystem eigentlich funktionierte.

[13]   SÄRKIÖ 1994, 51. Siehe auch ALBERTZ 1992, 168f.; WALSH 1995, 480.

er über einen Handelsvertrag zwischen Salomo und Hiram (5,16.*19a.20.22-25). Nach dem Vertrag wird Hiram Salomo Bauholz aus dem Libanon liefern. Salomo verpflichtet sich im Gegenzug, Weizen und Öl in sehr großen Mengen an Hirams Hof zu senden. Die Angaben über die jährlichen Lieferungen an Weizen und Olivenöl sind wahrscheinlich übertrieben hoch. Dadurch wollte DtrH zeigen, wie hoch die Materialkosten der Bauarbeiten Salomos waren.

In 5,27-32 schreibt DtrH über die harte Fronarbeit der Israeliten. 30 000 Männer arbeiteten unter der Aufsicht des verhaßten Fronaufsehers Adoniram (vgl. 12,18) als Holzfäller im Libanon. Dazu arbeiteten noch 150 000 Israeliten als Steinhauer und Lastenträger im Gebirge.[14] Mit dem Abschnitt 5,27-32 wollte DtrH zeigen, wie viel Zwangsarbeit die Bauarbeiten Salomos von den freien Israeliten forderten.[15]

Der Tempel Jahwes wird in der Darstellung des DtrH wahrscheinlich ohne reiche Verzierungen und Goldüberzüge geschildert, in bewußtem Kontrast zu Kapitel 10, wo DtrH über den Goldaufwand Salomos, über seine goldenen Schilde und seinen Elfenbeinthron (10,16-20a) redet. Aufgrund der übertriebenen Angaben über Salomos Gold in Kap. 10 ist es vorstellbar, daß ein späterer Bearbeiter etwas von den Goldreichtümern Salomos in den Bericht vom Bau des Jahwetempels eingetragen hat.[16] Nach der zusammenfassenden Endnotiz in 6,38 baute Salomo den Tempel innerhalb von sieben Jahren.

Dem detaillierten Bericht über den Tempelbau folgt eine knappe Beschreibung des Palastbaus (7,*1-12), aus der hervorgeht, daß Salomo seinen Palast aufwendig baute und auch auf ihn viel Zeit verwandte. DtrH hat die Anfangsnotiz in 7,1 in Kontrast zu 6,38

---

[14]   Der Chronist fand es anstößig, daß die Israeliten bei den salomonischen Bauarbeiten Frondienst leisten mußten. Deswegen behauptet er, daß die Arbeiter eigentlich Nichtisraeliten waren (2 Chr 2,16f.).

[15]   SÄRKIÖ 1994, 163.

[16]   Die Stellen, die die im Tempel verwendeten Goldmengen hervorheben oder die Ornamentarbeiten und Schnitzereien schildern, sind vermutlich spätere Zusätze (V. 18.*20-22.28-30.32.35). WÜRTHWEIN 1985, 69.

formuliert: Salomo habe das Haus für sich und für seine ägyptische Gattin dreizehn Jahre lang gebaut, fast doppelt so lang wie den Tempel, der auch deutlich kleiner war als der Palast.[17] Der Chronist hat vielleicht aus diesen Gründen den Abschnitt über den Bau des königlichen Palastes ausgelassen.

Den ausgedehnten Abschnitt über den Tempelbau rundet DtrH mit einer Schlußnotiz (9,10f.) ab, die gleichzeitig den Boden für das neue Thema "Gold Salomos" (9,26ff.) bereitet. Nach V. 10f. belieferte Hiram Salomo mit dem Bauholz (vgl. 5,23f.) und – was eine neue Angabe an dieser Stelle ist – auch mit Gold. Nach DtrH bezahlte Salomo Hiram die Holz- und Goldlieferungen mit 20 Ortschaften in Galiläa, was dem Vetrag in 5,24f. widerspricht. DtrH bringt die Angabe über die Abtretung der 20 Städte in 9,11b, um die Bauten Salomos möglichst teuer erscheinen zu lassen.

Mit seinem Bericht über den Bau des Tempels und des Palastes wollte DtrH offensichtlich nicht den Ruhm Salomos mehren, sondern sublim auf die Leiden des Volkes in Form der Fronarbeit und Steuerbelastung unter dem "harten Joch" Salomos (vgl. 12,4) hinweisen. Nach DtrH war die aus der Bautätigkeit folgende Belastung für die Staatsökonomie schwer erträglich, wie die übertrieben hohen jährlichen Abgaben (5,25) ahnen lassen. Salomo war deshalb gezwungen, einen Teil von Galiläa dem Nachbarland Tyros als Bezahlung für Bauholz und Gold zu geben (9,10f.). Ferner weist DtrH darauf hin, daß Salomo mehr Zeit und Mühe für den Bau seines eigenen Hauses verwendete als für den Bau des Tempels.

Der Reichtum und die Pracht Salomos sind das gemeinsame Thema der Darstellung in 1 Kön *9,10-11,3.[18] DtrH teilt mit, wie die Flotte Salomos und Hirams aus Ophir 420 Talente Gold für Salomo brachte. Um seine Macht zu erhöhen, ließ Salomo aus diesem Gold prachtvolle Gegenstände wie zeremonielle Schilde und den mit

---

17   Auch NEWING (1994, 253) und WALSH (1994, 487) halten den Abschnitt über den Bau des Palastes für antisalomonisch. Der Tempel hatte nur 1/6 der Größe des königlichen Palastes. Auch die Erwähnung des Hauses, das für die Tochter Pharaos gebaut wurde (V. 8b), hält NEWING für salomokritisch.

18   1 Kön 9,[10f.].26-28; 10,16-20a.26a.28. 29a; 11,*1a.3a.

Gold verzierten Elfenbeinthron herstellen. Pferde und Streitwagen erwarb Salomo zu einem hohen Preis aus Ägypten und Koa in Nordafrika. Ähnlich wie die Pferde waren auch die vielen Haremsfrauen Salomos ein Zeichen der Macht des Königs. Auf den ersten Blick scheinen die Angaben über die Pracht Salomos seiner Verherrlichung zu dienen. Bei genauerem Betrachten vor dem Hintergrund des dtn Königsgesetzes (Dtn 17,14-20) wird aber die kritische Absicht des DtrH klar. Das Königsgesetz verbietet dem König, sein Eigentum – Gold, Silber, Pferde und Frauen – zu vermehren. Salomo mit seiner Pracht wirkt fast wie ein Lehrstück über einen eigenmächtigen Herrscher, der gegen das Königsgesetz verstößt.[19] DtrH hat wahrscheinlich den Grundbestand des Königsgesetzes verfaßt, das dem König verbietet, sein Eigentum anzuhäufen, damit er nicht hochmütig wird.[20]

DtrH hat die vor-dtr Traditionen über Salomo so bearbeitet, daß das Vergehen Salomos deutlich wird. Dem Verstoß Salomos gegen das Gesetz folgte die Strafe Jahwes. Salomos Beamter Jerobeam erhob sich gegen den König (11,*26-40)[21] und wurde Führer eines nordisraelitischen Aufstandes, der zur Aufspaltung des Reichs führte.

Mit seiner theologischen Historiographie gibt DtrH eine Erklärung für die Aufspaltung der davidisch-salomonischen Doppelmonarchie: Salomo habe seine Untertanen mit Steuern und Fronarbeit belastet, sich mehr um sein eigenes Haus als um den

---

[19]   Gold (9,26-28; 10,16-20a // Dtn 17,17b); Pferde (10,26a.28 // Dtn 17,16aα*); Silber (10,29a // Dtn 17,17b); Frauen (11,3a // Dtn 17,17aα). DIETRICH 1986, 14; 1997,30; DREHER 1991, 59; CARR 1991, 20.75; SÄRKIÖ 1994, 235.239; SWEENEY 1995, 615-17. So auch BRETTLER 1991, 91-93; PARKER 1992, 96; LEMAIRE 1995, 114. Dagegen sind WÜRTHWEIN (1985, 115), ZOBEL (1992, 130-32), KNOPPERS (1993, 86 Anm. 59. 125) und SCHÄFER-LICHTENBERGER (1995, 266) nicht der Ansicht, daß Dtr Salomo des Bruchs des Königsgesetzes bezichtigt.

[20]   Der Grundschicht besteht aus Dtn 17,14abα.15a.16aα*.17aαb.20aα*. SÄRKIÖ 1994, 239.

[21]   Die dtr-Bearbeitung hat die frühere Tradition über Jerobeam außer V. *26-28.40 überdeckt. WÜRTHWEIN 1985, 139ff. Aus unbekannten Gründen hat DtrH die Traditionen über die übrigen Widersacher Salomos, Hadad von Edom (11,14-22) und Reson von Damaskus (11,23-25), nicht in sein Geschichtswerk eingefügt.

Tempel Jahwes bemüht und zuletzt mit seiner Prachtentfaltung gegen das Königsgesetz verstoßen.[22] DtrH übertreibt den Reichtum Salomos und spricht ihn dadurch der Übertretung des dtn Königsgesetzes (Dtn 17,*14-20) schuldig. Die Argumentation der Kritik von DtrH hat nicht nur eine nomistisch-theologische Grundlage, sondern bewegt sich in erster Linie auf sozialethischem Niveau.

1.2.2. Die fremden Frauen Salomos als Verführerinnen zur Sünde (DtrN)

Der spätere Redaktor DtrN entschuldigt Salomo gegenüber den Vorwürfen des DtrH und fügt die Erzählungen über Salomos göttliche Weisheit in die Salomohistoriographie seines Vorgängers ein. Dadurch möchte er zeigen, daß die Regierungsmaßnahmen des Königs wegen seiner Weisheit nicht falsch sein konnten. DtrN kritisiert Salomo erst am Schluß der Salomohistoriographie.

DtrN bewertet – gegen DtrH – die Weisheit und Pracht Salomos positiv.[23] DtrN kritisiert Salomo erst am Ende der Salomogeschichte wegen seiner vielen Fremdheiraten (1 Kön 11). Den ersten Teil der Salomogeschichte (Kapitel 1-10) hingegen hat er zur Verherrlichung Salomos umgearbeitet. Die kritischen Stimmen des DtrH klingen jedoch noch verhalten zwischen den Salomo verherrlichenden Zeilen des DtrN hindurch.

DtrN hat salomoentlastende Gegenstücke zu den anti-salomonischen Aussagen des DtrH verfaßt. Nach DtrH haben die Untertanen Salomos in den Provinzen täglich für die reichlichen

---

[22]   SÄRKIÖ 1994, 245. BRETTLER (1991, 94) ist zu relativ ähnlichen Ergebnissen gekommen, obwohl er die Salomogeschichte für eine einheitliche Fassung eines Redaktors (Dtr) hält: "Deut. 17,14-17 was used to evaluate Solomon because the editor of the Solomon pericope had to justify the split of the Kingdom after Solomon's death ... ."

[23]   Die Schicht des DtrN stellt die Verse 1 Kön *1-2; 3,3-15.16-28; 5,1a*; 4,20; 5,5.9f.14; 5,15.17f.19a*(שם).19b.21.26; 6,11-13;9,1-9.15.*17-23; 10,1-13.14. 23-25; 11,2.4.9f.*11f.33b. *34f. 38.39b dar. SÄRKIÖ 1994, 246. In Kapitel 8 ist die Schicht des DtrN in 8,*14-28 zu finden. WÜRTHWEIN 1985, 95-97.

Mahlzeiten des Königs gesorgt (4,1-19; 5,2f.6-8). DtrN dagegen betont den Wohlstand des Volkes: "Juda und Israel lebten in Sicherheit von Dan bis Beerscheba; ein jeder saß unter seinem Weinstock und seinem Feigenbaum, solange Salomo lebte" (5,1a*; 4,20; 5,5).

Um die für die Bauarbeiten benötigten Arbeitskräfte zu beschaffen, hat Salomo nach DtrH in ganz Israel Fronarbeiter ausgehoben (5,27-32). DtrN möchte dies leugnen und sagt, daß nur die übriggebliebenen kanaanäischen Völker Zwangsarbeit leisten mußten (9,20-22).[24]

Nach DtrH wurden Salomos Geschäfte mit dem tyrischen König Hiram sehr teuer (5,16.19a*.20.22-25). DtrN erleichtert die Situation Salomos und vermittelt den Eindruck, als ob Hiram ihm die Baumaterialien als Freundschaftsgeschenke gegeben hätte.

Stücke des DtrH	Gegenstücke des DtrN
4,*1-19; 5,2f.6-8	5,1a*; 4,20; 5,5
Die Provinzen sorgten für den täglichen Unterhalt des königlichen Hofes.	Der Wohlstand des Volkes
5,16.19a*.20.22-25; 9,10f.	5,15.17f.19a*.19b.21.26; 10,*11f.
Hiram forderte einen sehr hohen Preis für die Bauholzlieferungen.	Die Bauholzlieferungen Hirams an Salomo waren Freundschaftsgeschenke.
5,27-32	9,15-23
Die Fronarbeit der Israeliten	Nur die Nachkommen der übrig- gebliebenen Kanaaniter leisteten harte Sklavenarbeit.

---

[24] Man braucht nicht aufgrund der unterschiedlichen Angaben in 5,27 und 9,20-22 zwei verschiedene Froninstitutionen zu rekonstruieren, wie z.B. PORTEN (1967, 110); JONES (1984, 214.217); RAINEY (1970, 191-202); METTINGER (1971, 131-139); PARKER (1992, 77.92). Die Angabe in 5,27 bzw. in Kap. 12 über die Fronarbeit der Israeliten ist wahrscheinlich ursprünglicher als der salomoentlastende Abschnitt in 9,20-22. So z.B. DIETRICH 1986, 11; VEIJOLA 1977, 66 Anm. 98; WÜRTHWEIN 1985, 113; NIEMANN 1993, 21 Anm. 85; KNOPPERS 1993, 86 Anm. 59; SÄRKIÖ 1994, 154.

DtrN drückte seine eigenen Aussageintentionen durch die Bearbeitung des Textes seines Vorgängers aus. Außerdem hat er weitere Abschnitte in den Text eingefügt: die älteren Weisheitserzählungen über Salomos nächtlichen Traum in Gibeon und über sein weises Urteil (3,*4-15.16-28), über den Besuch der Königin von Saba (10,*1-10.13) und ein redaktionelles Bindeglied (5,9a.10.*14). Auch der Abschnitt über die Bautätigkeit Salomos in Kap 9[25] ist von DtrN zugesetzt und bearbeitet. Er hat auch selbst größere Abschnitte verfaßt.[26]

Interessant für unser Thema "Salomokritik" sind die Ergänzungen (V. *1[יהוה לשם].5aβγ.9), die DtrN in die Erzählung über den Besuch der Königin von Saba (1 Kön 10,1-10.13) eingefügt hat. Könige aus aller Welt kamen mit ihren reichen Geschenken zu Salomo, um ihn zu beehren (1 Kön 5,14; 10,1ff.), wobei die Verherrlichung Jahwes in den Hintergrund rückte. DtrN hat offenbar die unmäßige Glorifizierung Salomos, eines Menschen, in der Erzählung gestört. Deswegen fügte er u.a. zum Lobspruch der Königin (V. 8) noch einen zweiten, theologisch orthodoxen Lobspruch (V. 9) hinzu, in dem Jahwe wegen des weisen Herrschers Salomo letzlich die größte Ehre bekommt.[27]

Die aus dem Horizont des Jahweglaubens anstößigen Betonungen in der Erzählung über die Königin aus Saba führten dazu, daß die an sich sympathische Königin im Verlauf der Traditionsgeschichte allmählich zur Dämonin Lilith wurde.[28] Es scheint mir, daß dieser historiographische Zug (u.a. mit Hi 1,15) den Anlaß gegeben hat, auch Salomo, besonders in der späteren pseudepigraphischen

---

[25] 1 Kön 9,15.17b.18.19a.23.

[26] Z.B. die zwei weiteren Gottesreden 6,11-13; 9,*1-11 und die Zusammenfassung der Besucher Salomos 10,23-25.

[27] VEIJOLA 1982, 148. Die Glorie Jahwes wird auch durch die Glosse in V. 1 "für den Namen Jahwes" (יהוה לשם) hervorgehoben. In V. 4b.5aα bewundert die Königin das Haus Salomos und die Pracht seines Hofes so, daß sie sprachlos vor Staunen wird. DtrN empfand dies als unangemessen und fügte V. 5aβγ hinzu. Dadurch entsteht der Eindruck, die Opfer Salomos im Tempel seien der entscheidende Grund für die Bewunderung der Königin. SÄRKIÖ 1994, 191.

[28] MÜLLER 1970, 479; SILBERMANN 1974, 77-80.

12

Literatur, häufig in Verbindung mit den Dämonen zu sehen.[29]

Im allgemeinen ist DtrN der Meinung, daß die Geltung des Bundes zwischen Jahwe und Israel an die Treue Israels zur Tora gebunden ist. Deshalb mahnt er mehrmals, dem Gesetz zu folgen.[30] Den Besitz des Landes und das weitere Bestehen des Tempels macht er von der Gesetzestreue Israels abhängig. Dies sagt er ausdrücklich in den beiden Gottesreden (6,11-14; 9,1-9) vor und nach dem Tempelbau.

Die zweite dieser Reden (9,1-9) enthält zudem die ausdrückliche Warnung, nicht den fremden Göttern zu dienen. Die Verletzung dieses Gesetzes wird ernsthafte Folgen haben: Israel wird sein Land, den Tempel und das Königtum verlieren.

Am Schluß der Salomogeschichte berichtet DtrN, wie Salomos ausländische Frauen (נכריות) ihn zur Verehrung anderer Götter verführten (11,2.4.9f.*11f.).[31] Dadurch nimmt DtrN die Erklärung für das Exil und die Zerstörung des Tempels vorweg: Israel und besonders der König als Vertreter des Volkes folgten nicht den Satzungen Jahwest. Der Sünde des Volkes folgt die Strafe Gottes.

DtrN verfolgt, wie die Beispiele oben gezeigt haben, mehrere Ziele mit seiner Redaktionsarbeit. Einerseits muß er auf die salomokritischen Aussagen seines Vorgängers DtrH reagieren. Andererseits macht er eigene Aussagen, die zwei Hauptgedanken aufweisen: 1) Weisheit und Reichtum Salomos sind Gaben Gottes, die diesem ermöglichten, das große Volk gut zu regieren. 2) In seinen späten Jahren folgte Salomo nicht mehr den Satzungen Jahwes, sondern opferte auf den Altären der anderen Götter, die er für seine "fremden", d.h. ausländischen Frauen gebaut hatte. Dies war die

---

[29]   Nach Testamentum Salomonis hat Salomo die Dämonen gezwungen, ihm z.B. bei den Bauarbeiten zu helfen. In der Adam-Apokalypse dagegen wird Salomo selbst als ein Anführer der Dämonen bezeichnet, vgl. Mt 9,34.

[30]   2,3f.; 3,14; 6,11-13; 8,25; 9,1-9.

[31]   In dem Abschnitt über Salomos Fall stammen m.E. 11,1a* (נכריות). 1b.3b.7aαb.8.11aαb von DtrP, einem dtr Redaktor, der zwischen DtrH und DtrN einzuordnen ist. 11,1a* (ואת בת פרעה). 5f.7aβ stammen von dem zweiten nomistischen Redaktor, DtrN2. SÄRKIÖ 1994, 212-219.

Ursache der Strafe Gottes, die zu der Aufspaltung des Reiches und letztlich zum Exil und auch zur Zerstörung des Tempels führte. Besonders das Thema "die fremden Frauen Salomos als Verführerinnen zur Sünde", eingeführt durch DtrN (und DtrP), hat eine bedeutende Wirkungsgeschichte erlebt, wie Neh 13,26f. und das weitverbreitete Legendenmaterial über die Königin von Saba beweisen.

1.3. Salomo in der chronistischen Geschichtsschreibung (2 Chr 1-9)

Das chronistische Geschichtswerk hat nur geringen eigenständigen Quellenwert, weil die Abschnitte über Salomo (2 Chr 1-9) auf der Grundlage des DtrG verfaßt wurden.[32] Chr betont die Gerechtigkeit der Könige David und Salomo und hat deswegen die david- und salomokritischen Züge seiner Vorlage (2 Sam 11-12; 1 Kön 1-11) in seiner Darstellung ausgelassen. Stattdessen wird die Frömmigkeit der idealisierten Könige David und Salomo geehrt.

Aus diesem Grund tradiert Chr die Erzählung über den Ehebruch Davids mit Batseba (2 Sam 11f. vgl. 1 Chr 14,4) nicht. In Chr fehlen auch die salomokritischen Abschnitte. In 1 Kön 1-2 wird die Thronbesteigung Salomos mit Intrigen und politischen Morden belastet. Dieser Bericht wurde in Chr nicht aufgenommen (vgl. 1 Chr 28). Nach seinem Amtsantritt opferte Salomo auf dem alten Opferhügel *Bama* in Gibeon (1 Kön 3,15), was aus dem Blickwinkel der Kultzentralisation als anstößig empfunden wurde (vgl. 1 Kön 3,2f.). Chr beseitigt den Anstoß mit seiner Mitteilung, auf dem Opferhügel in Gibeon sei das Offenbarungszelt des Mose gewesen (2 Chr 1,3). Chr berichtet nicht über die Verschwägerung Salomos mit dem Pharao, anders als DtrG (1 Kön 3,1), verheimlicht jedoch nicht, daß die Tochter Pharaos in Jerusalem weilte (2 Chr 8,11).

---

[32] 1 Chr 22 und 28, die über Salomo sprechen, haben keine genaue Entsprechung in DtrG. Chr hat die Stellen wahrscheinlich aufgrund von 2 Sam 7 u.a. frei verfaßt.

Chr erzählt auch nicht über das harte Joch, das Salomo den Israeliten auferlegte, d.h. über die Besteuerung der Provinzen (1 Kön 4) und den täglichen Unterhalt Salomos (1 Kön 5,2f.). Auch über die Fronarbeit der Israeliten (1 Kön 5,27-32) weiß Chr nichts. Dagegen teilt er mit, daß Salomo die übriggebliebenen Nachkommen der kanaanäischen Völker zu seinen Fronarbeitern machte (1 Chr 8,7-10 // 1 Kön 9,21f.). Sie arbeiteten beim Bau des Tempels. Eine nähere Beschreibung über den Bau des königlichen Palastes (1 Kön 7,1-11) fehlt jedoch in Chr (vgl. 2 Chr 2,1; 7,11; 8,1).

Nach DtrG war das Bauprogramm Salomos sehr teuer und er war gezwungen, wegen seiner Schulden 20 Städte in Galiläa an Hiram, den König von Tyros, abzutreten (1 Kön 9,10f.). Über die Abtretung der Städte in Galiläa wegen der Schulden weiß Chr nichts. Dagegen habe Hiram dem Salomo mehrere Städte gegeben (2 Chr 8,2).

Nach Chr sind ausländische Frauen dem Tempel nicht nahegekommen, wodurch sie das Tempelgelände entweiht hätten. Dagegen berichtet DtrG, daß der Palast der Pharaonentochter nahe beim Tempel stand (1 Kön 7,8; 9,24; vgl. 2 Chr 8,11) und daß die Königin von Saba sogar als Zeugin der Opfer im Tempel (1 Kön 10,5; vgl. 2 Chr 9,4) war. Chr weiß auch nichts über die vielen fremden Frauen Salomos, die ihn zur Sünde verführten (1 Kön 11).

Chr hat größtenteils die Salomogeschichte in DtrG als Vorlage benutzt, als er seine eigene Fassung der Salomogeschichte verfaßte. In den vorangehenden Kapiteln wurde auf die salomokritischen Töne in den Schichten von DtrH und DtrN hingewiesen. Meiner Ansicht nach ist die Kritik des DtrN vorwiegend offensichtlich (1 Kön *11), während die Kritik des DtrH an der Machtausübung Salomos ihrem Charakter nach mehr verdeckt ist.

Das Fehlen der oben aufgezählten salomokritischen Abschnitte der dtr Salomogeschichte (1 Kön 1-11) in Chr spricht dafür, daß der Verfasser des Chr die Salomokritik in DtrG – sowohl offene als auch verhalten klingende, d.h. verdeckte Kritik – verstanden hat. Die Angaben über die große Zahl der Pferde Salomos und die große

Menge des Goldes, durch die DtrH Salomo kritisierte, hat Chr jedoch weiter tradiert, wahrscheinlich weil diése Angaben auch ein Potential für die Verherrlichung des Königs bergen.

Auch die Beschreibung des judäischen Königs Hiskija in 2 Chr 32,23-29 erhellt die Einstellung des Chr zu Salomo. Chr folgt nicht genau dem parallelen Bericht über Hiskija in DtrG (2 Kön 20), sondern modifiziert ihn. Nach 2 Kön 20,12f. bekam Hiskija Geschenke von dem König Babyloniens und zeigte den babylonischen Gesandten sein Schatzhaus (בית נכתה), wo es verschiedene Kostbarkeiten, u.a. Silber, Gold und Balsamöl (כסף וזהב ובשׂמים), gab. Der Prophet Jesaja aber sagte Hiskija vorher, daß alle die Schätze einmal nach Babylonien gebracht würden (vgl. Jes 20,17; Jer 52,20).

Bei näherer Betrachtung sieht es so aus, als ob Chr die Beschreibung der Reichtümer Hiskijas in 2 Chr 32,23-29 aufgrund der dtr Salomogeschichte modifizierte.[33] Jahwe verlieh dem König Hiskija, wie auch Salomo, ringsum Ruhe (2 Chr 32,22, vgl. 1 Kön 5,4). Hiskija bekam kostbare Geschenke und war hochgeehrt in den Augen aller Völker.[34] Vor allem wird jedoch gesagt, daß viele Leute Gaben für *Jahwe* nach Jerusalem brachten.[35]

Nach 2 Chr 32,27 wurden Hiskija, ähnlich wie Salomo, Reichtum und Ehre (עשׂר וכבוד)[36] in hohem Maß zuteil: er häufte Silber (כסף)[37], Gold, Edelsteine und Balsamöl,[38] Schilde (מגנים)[39]

---

[33] Siehe HALPERN 1981, 52f. Er ist der Meinung, daß eine Chronik vom Hof Hiskijas Vorlage für DtrG und ChrG war. Diese Hofchronik verherrlichte Salomo, weshalb Hiskija als ein zweiter Salomo mit Anklängen an 1 Kön 1-11 charakterisiert wurde. Zur Forschungsgeschichte der Idee von einer gemeinsamen Quelle von DtrG und ChrG, siehe PELTONEN 1996, 761f.

[34] 2 Chr 32,23 // 1 Kön 5,14; 10,1-13.23-25.

[35] Es sieht so aus, als ob Chr hier auf einen anstößigen Zug in der Salomogeschichte reagiert. Es erschien unangemessen, daß die Besucher, wie etwa die Königin aus Saba, nur wegen Salomo, eines Menschen, nach Jerusalem kamen. Deshalb hat DtrN die Erzählung in 1 Kön 10,1-13 so bearbeitet, daß Jahwe letztlich die Glorie bekommt. Dieselbe Intention hat auch Chr in 2 Chr 32,23. Siehe SÄRKIÖ 1994, 183f.

[36] 1 Kön 3,13 // 2 Chr 32,27. Die Wörter הרבה מאד kommen in 1 Kön 10,10 vor.

[37] Vgl. 1 Kön 10,22.27.

und allerlei kostbare Geräte (כלי)[40] an. Nach 2 Chr 32,28 baute Hiskija Vorratshäuser (מסכנות)[41] für Lebensmittel und Stallplätze (ארות)[42] für das Vieh.

Die Angaben über die Reichtümer, die Hiskija für sich sammelte (2 Chr 32,23.27-29), rahmen einen Abschnitt über seine Erkrankung und spätere Hochmütigkeit (V. 24-26). Hiskija wurde durch Jahwe geheilt, zeigte aber keine Dankbarkeit, sondern wurde hochmütig (V. 25). Der Hochmut (גבה לבו), offensichtlich wegen der Reichtümer, entzündete Jahwes Zorn (קצף), dem die Strafe folgte. Die Vollstreckung der Strafe wurde jedoch zurückgestellt, weil Hiskija sich in seinem Stolz demütigte (V. 26).

Dieser Abschnitt erinnert an die dtr Salomogeschichts-schreibung. In dem dtn Königsgesetz (Dtn 17,*14-20) wird das Verbot aufgestellt, daß ein König nicht viele Pferde und Frauen oder große Mengen von Silber und Gold für sich anhäufen dürfte, damit er nicht hochmütig werde (לבלתי רום לבבו). In 1 Kön 3-11 wird Salomo schuldig, diese Verbote gebrochen zu haben. Die Vollstreckung der Strafe Jahwes wird jedoch bis zur Regierung Rehabeams, seines Sohnes, zurückgestellt.[43]

Die große Zahl der Parallelen zwischen 2 Chr 32,22-29 und der Salomogeschichte ist kein Zufall. Der Befund spricht vielmehr dafür, daß Chr Material aus der dtr Salomogeschichte in 1 Kön 3-11 für seine Erweiterung der Hiskijaerzählung entliehen hat. Durch thematische Allusionen und wörtliche Parallelen aus der Salomogeschichte bearbeitet Chr Hiskija zu *Salomo redivivus*, zu einer salomoähnlichen Gestalt.

---

[38] זהב ואבן יקרה ובשמים. 1 Kön 10,2.10 // 2 Chr 32,27.

[39] 1 Kön 10,16f. // 2 Chr 32,27.

[40] 1 Kön 10,25 // 2 Chr 32,27.

[41] 1 Kön 9,19 (2 Chr 8,4.6) // 2 Chr 32,28. Vgl. Ex 1,11; 2 Chr 16,4; 17,12. Diese sind die einzige Belege des Wortes מסכנות im AT.

[42] 1 Kön 5,6; 2 Chr 9,25 // 2 Chr 32,28. Diese sind die einzige Belege des Wortes ארוה im AT.

[43] Siehe SÄRKIÖ 1994, 220ff.

Die Absicht dieser Bearbeitung ist nicht sicher. Von der Verherrlichung Hiskijas durch die Charakteristika des makellosen Königs Salomo ist kaum die Rede, weil Chr hier die Sünde Hiskijas, seinen Hochmut, beschreibt. Ich halte es aber für möglich, daß Chr aus Hiskija einen zweiten Salomo macht, um Salomo in der Form Hiskijas kritisieren zu können. Der ideale König Salomo steht in 2 Chr 1-9 nämlich über aller direkten Kritik. Daraus ergibt sich meine Vermutung, daß Chr in 2 Chr 32,23-29 verdeckt über die Sünde Salomos, über seinen Hochmut wegen seiner Reichtümer, spricht.

Wenn diese Vermutung stimmt, bieten die parallelen Berichte über König Hiskija in 2 Kön 20 // 2 Chr 32 uns die Möglichkeit, das Phänomen der verdeckten Kritik zu untersuchen. Im Grunde genommen sollte Chr seiner Vorlage in 2 Kön 20 folgen. Erhebliche Abweichungen von dieser Regel verweisen auf historiographische Interessen des Chr. Die deutlichen Anspielungen auf die dtr Salomogeschichte in der chronistischen Darstellung von Hiskijas Reichtümern und seinem Hochmut geben dem Leser einen Schlüssel für die Deutung der verdeckten Botschaft: Es handelt sich eigentlich um Salomokritik.

1.4. Methodische Fragen und Zielsetzung der Untersuchung

Vorausgesetzt, daß die Anspielungen in der Hiskijaerzählung (2 Chr 32) auf die dtr Darstellung der Prachtentfaltung Salomos (1 Kön 3-11) der Aussageintention des Chr dienen, kommt hier eine besondere historiographische Methode vor, die sich folgendermaßen darstellen läßt:

1. Text A (1 Kön 1-11) berichtet über Person X (Salomo).
   Text B (2 Chr 32)　berichtet über Person Y (Hiskija).

2. Durch literarische Anleihen aus Text A in Text B wird Person X hinter Person Y gestellt.

3. Man kann durch Person Y verdeckt

über Person X sprechen.

Diese Methode der verdeckten Königskritik ist im AT selbst nicht unbekannt und kommt dem Gleichnis bzw. der Lehrerzählung nahe: David hat Ehebruch mit Urias Frau Batseba begangen, und der Prophet Natan verkündigt David nun die Strafe Jahwes. Dazu erzählt er David eine fiktive Geschichte über einen gierigen reichen Mann, der das einzige kleine Lamm des Armen nahm, um es für seinen Besucher zuzubereiten. "Da geriet David in heftigen Zorn über den Mann und sagte zu Natan: So wahr der Herr lebt: Der Mann, der das getan hat, verdient den Tod. Das Lamm soll er vierfach ersetzen, weil er das getan und kein Mitleid gehabt hat. Da sagte Natan zu David: Du selbst bist der Mann" (2 Sam 12,1-7ff.).[44]

Ähnlich geht eine kluge Frau aus Tekoa auf Befehl Joabs zum König David und berichtet eine erfundene Geschichte (2 Sam 14,1ff.): Sie sei eine Witwe, deren zwei Söhne miteinander gestritten hätten, wobei der eine den anderen totgeschlagen hätte. Die Verwandtschaft wolle das Blut des einen Sohnes rächen und den zweiten töten. Die Frau appelliert an den König, daß ihr ihr einziger Sohn erhalten bleibe.

Eigentlich spricht die Frau verdeckt über König David selbst, der Abschalom töten wollte, weil er seinen Bruder Amnon ermordet hatte. Zum Schluß gibt die Frau zu, daß Joab die Geschichte erfunden habe, "um der Sache ein anderes Gesicht zu geben" (2 Sam 14,20). Es handelt sich hier eigentlich um ein Gleichnis, in dem das aktuelle Problem distanziert und auf ein allgemeineres Niveau projiziert betrachtet wird. Die Erzählung hat einen weisheitlichen Kontext: um die verdeckte Botschaft des Gleichnisses zu verstehen, muß man Weisheit haben (2 Sam 14,20).

Die Methode, Kritik der gegenwärtigen Mißverhältnisse in eine andere Zeit zu projizieren und verschlüsselt über sie zu schreiben, wird bekanntlich in der apokalyptischen Literatur, vor allem im Buch Daniel, benutzt.[45]

---

[44] So auch VON SODEN 1974, 239.

Das Phänomen der verdeckten Königskritik hat man auch an anderen Stellen im AT wahrgenommen. Der Orientalist WOLFRAM VON SODEN schreibt in seinem Aufsatz (1974) über verschlüsselte Kritik an Salomo in der Urgeschichte. Er geht davon aus, daß der Jahwist in der Urgeschichte (Gen 1-11) verschlüsselt auf den angeblichen Entstehungskontext, die Zeit Salomos, hinweist.[46] Er vermutet, daß die Maßlosigkeit der salomonischen Bauarbeiten und die Ausnutzung der Arbeitskraft des Volkes kritisiert wurden, obwohl die Kritik des regierenden Königs gefährlich war. Seiner Meinung nach nutzte der Jahwist als Hofannalist die Möglichkeit und baute in sein Werk, in der Sündenfall- und der Turmbauerzählung, einiges an verschlüsselter Kritik an Salomo ein.[47]

In der Turmbauerzählung kann ich keine besonders starken kritischen Anklänge an die Bautätigkeit Salomos sehen. Der Gedanke der verdeckten Salomokritik in der Sündenfallerzählung dagegen ist m.E. etwas wahrscheinlicher. Die führende Rolle der Frau in Gen 2f. ist merkwürdig, weil in den parallelen babylonischen Mythen die Erschaffung der Frau überhaupt nicht erwähnt wird. Mit Eva wird möglicherweise auf die "unwürdige Abhängigkeit" Salomos von seinen fremden Frauen so wie von der ägyptischen Prinzessin hingewiesen.[48]

---

[45]   VON SODEN 1974, 237.

[46]   VON SODEN 1974, 231. "Wenn ich rechte sehe, findet sich eine solche Kritik vor allem am Anfang und am Ende des Urgeschichtsberichts, also in den Erzählungen vom »Sündenfall« und vom Turm zu Babel."

[47]   VON SODEN 1974, 231f. Die Datierung des Jahwisten durch VON SODEN in die Zeit Salomos stimmt wahrscheinlich nicht. VON SODEN (1974, 236) weist selbst auf das chronologische Problem hin: "Warum sollte man sich damals in Israel gerade für Babylon so stark interessieren? Wenn Ausleger im Zusammenhang mit dieser Geschichte von der Weltstadt Babylon sprechen, so unterläuft ihnen dabei ein Anachronismus. Zur Weltstadt wurde Babylon erst unter Nebukadnezar II. nach 600" (sic!). CHRISTOPH UEHLINGER hat wahrscheinlich recht mit seiner Annahme, die er in seiner Monographie "Weltreich und «eine Rede»"(OBO 101, 1990) dargestellt hat: die Turmbauerzählung weist auf die Weltstadt Babylon im 7. Jh. hin.

[48]   VON SODEN 1974, 233-35. Die Schlange soll demnach den zeitgenössischen Hörer an unerwünschte ägyptische Einflüsse auf den Hof in

Die Methode der verdeckten Königskritik ist auch außerhalb des AT im alten Orient bekannt. VON SODEN erwähnt ein Beispiel von verdeckter Kritik aus Assyrien, eine Unterweltsvision eines assyrischen Kronprinzen mit dem Decknamen *Kummâ*. Es war riskant, in der Zeit Asarhaddons, wie auch sonst im alten Orient, verdeckte Kritik – ganz zu schweigen von offener Kritik - gegen den König zu richten.[49]

Dieses Phänomen der verdeckten Botschaft hat man auch im Buch Exodus und vor allem in der Erzählung über das goldene Kalb (Ex 32) bemerkt. Nach vielen Auslegern geht es in der Erzählung um eine Kritik des Königs Jerobeam I., der goldene Jungstiere in Beth-El und Dan aufstellen ließ. Diese Kritik Jerobeams wird jedoch nicht direkt, sondern verdeckt durch die Gestalt Aarons geäußert.[50]

Nach der Meinung von M. NOTH muß man damit rechnen, "daß die Erzählung von 2. Mos. 32 von Anfang an mit Bezug auf die Kultpolitik Jerobeams verfaßt worden ist". Seiner Ansicht nach hat die Erzählung in Ex 32 die Absicht, die Maßnahmen Jerobeams als Abfall und Bundesbruch zu verurteilen.[51]

Nach E. AURELIUS handelt Ex 32,1-6 verdeckt, aber unmißverständlich von der Sünde Jerobeams, nämlich dem Kult im Reichstempel von Bethel: "Ex 32 zielt nicht auf Aaron und Israel am Sinai, sondern auf Jerobeam I. und Israel in Bethel, d.h. im Nordreich. Diese alte Erkenntnis ist vor allem in den offenkundigen Verbindungen in V. 1-6 mit dem Bericht von Jerobeams kultpolitischen Maßnahmen in Bethel, 1 R 12:26ff, begründet."[52]

Jerusalem erinnern. Dies ist m.E. nicht so offensichtlich. Nach der Meinung VON SODENs (1974, 238) ist der Jahwist identisch mit dem Propheten Natan. Dies stimmt wahrscheinlich nicht zu. Siehe Anm. 47.

[49] VON SODEN 1974, 237. Er vermutet, daß der Verfasser der verdeckten Kritik ein gewisser *Adad-šum-uṣur* war.

[50] Wir werden eine andere Meinung über die Absicht der Kalberzählung (Ex 32) und über das Ziel der verdeckten Kritik vertreten, die unten näher behandelt wird.

[51] NOTH 1988, 202.

[52] AURELIUS 1988, 67. "Bei näherem Zusehen erscheint die ganze Erzählung als eine Präfiguration der Geschichte des Nordreichs, wie sie in 1 R 12 - 2 R 17 dargestellt ist: mit der »Sünde Jerobeams« als Leitmotiv, vom rebellischen Anfang

W. DIETRICH hat diese Methode der verdeckten historiographischen Botschaft in der Josephsnovelle bemerkt. Die ursprüngliche Josephsnovelle ist seiner Meinung nach zum Teil eine politische Allegorie und spiegelt die Situation kurz nach der Aufspaltung des salomonischen Reichs etwa 926 v.Chr wider. Das dynastische Königtum in Juda verletzte die Rechte der nördlichen Stämme, weshalb Jerobeam sich erhob, um dieses Unrecht zu beseitigen. Der von seinen Brüdern betrogene "Joseph" – Jerobeam – geriet ins israelfreundliche Ägypten, an den Hof des Pharao Schoschenk (1 Kön 11,40f.), von wo Jerobeam als König des Nordreichs zurückkam.[53]

In meiner Dissertation habe ich festgestellt, daß Joseph (Jerobeam) Charakteristika des idealisierten weisen Königs Salomo gegeben wurden. Die meisten Anklänge in der Josephsnovelle an die Salomogeschichte stammen aus den Weisheitserzählungen in 1 Kön 3,4-26.[54] Die Aufgabe der Querverbindungen zwischen den Erzählungen ist es m.E., dem Leser die Atmosphäre des salomonischen Reichs und besonders die Stellung der nördlichen Stämme in demselben ins Gedächtnis zu rufen.[55] Der Redaktor der Josephsnovelle wollte sagen, daß auch "Joseph" - Jerobeam, der künftige Revoltenanführer - Eigenschaften des idealisierten Königs besaß. Meine Arbeitshypothese ist nun, daß von der eigentlichen Tätigkeit Jerobeams als Befreier des versklavten Israel verdeckt auch in der Exoduserzählung die Rede ist.

Bei der Erforschung der verdeckten Historiographie treten besondere methodische Schwierigkeiten auf, auf die W. VON SODEN hinweist: "Wir werden nur eine sublimere, theologisch bestimmte Kritik erwarten können, die eben deswegen nicht so leicht erkennbar ist."[56] VON SODEN stellt die kritische Frage, ob wir

---

(v. 4, vgl. 1 R 12:28), bis zum katastrophalen Ende (V. 21, vgl. 2 R 17,21)." (Zitat S. 75).

[53]   DIETRICH 1989, 64f.

[54]   Gen 40,20a*; 41,7b.33.37.39.45; 45,11.20.30.32f.; 44,18; 45,16; 47,11f.; 1 Kön 3,10.12.15.26. SÄRKIÖ 1994, 65.

[55]   SÄRKIÖ 1994, 65f.

überhaupt in der Lage sind, verschlüsselte Kritik zu erkennen. Da wir die Quellen des J nicht kennen, können wir nicht sagen, was er von ihnen "übernahm, was er umgestaltete, was er fortließ und was er hinzusetzte". "Man könnte … den Schluß ziehen, daß die hier gestellte Frage nicht beantwortbar und daher auch nicht legitim sei".[57] Allerdings geht seiner Meinung nach solche Skepsis wohl doch zu weit.

Wir gehen davon aus, daß das Phänomen der verdeckten Botschaft in der israelitischen Historiographie zu erkennen und auch zu erforschen ist, zumindest mit einem gewissen Grad der Wahrscheinlichkeit. Diese Methode kann aber nur in den Fällen erfolgreich sein, in denen die literarischen Anleihen eines Textes an einem anderen hinreichend erkennbar sind. Wir müssen annehmen, daß die antiken Leser sich dieser historiographischen Methode bewußt waren und daß sie geübt und informiert genug waren, richtige hermeneutische Schlüssel zu suchen.

Der moderne Forscher steht hier in der Gefahr, daß er ohne befriedigende Kriterien intertextuelle Hinweise zu finden versucht. Deswegen müssen die literarischen und thematischen Parallelen zwischen den Texten sehr stark sein, ehe man von dem Phänomen der verdeckten historiographischen Botschaft sprechen kann.

Die Aufgabe dieser Untersuchung ist es, die Traditions-geschichte und den Werdegang der Texte in Ex 1-2; 5; 14 und 32 zu erforschen und gleichzeitig nach möglicher verdeckter Salomo-historiographie zu fragen. Zunächst werden wir dazu die neuere Pentateuchforschung überblicken und eine Übersicht über die Untersuchungen geben, in denen die Beziehung zwischen der Exoduserzählung und der Salomogeschichtsschreibung behandelt wird.

---

[56]   VON SODEN 1974, 231.
[57]   VON SODEN 1974, 232.

2. Forschungsgeschichte

2.1. Überblick über die neuere Pentateuchforschung

Es ist hier in diesem begrenzten Rahmen nicht möglich, die komplizierte aktuelle Diskussion und die Vielzahl der weit divergierenden Theorien zur Genese des Pentateuch zu dokumentieren.[1] Deshalb werden nur anhand einer kleinen Auswahl von Untersuchungen, die von Interesse für die Betrachtung von Ex 1-14 sind, einige Trends der derzeitigen Forschung beleuchtet.

Die klassische Urkundenhypothese[2] hat ihre Erklärungs-fähigkeit innerhalb der Genesis zumindest einigermaßen behauptet, aber im Bereich von Ex-Num geriet sie in Schwierigkeiten. Spätestens nach Ex 19 kann die klassische Urkundenhypothese nicht mehr die Entstehung des Textes erklären und man muß neben den traditionellen Quellenschriften J, E, P "jehovistische" und "deuteronomistische" Redaktionen annehmen.[3] Einen Wendepunkt für die Pentateuchforschung bedeutete das Erscheinen der Bücher von H.H. SCHMID und R. RENDTORFF.[4] Es hatte den Verlust des Grundkonsenses in der Pentateuchforschung zur Folge und die klassische Quellenscheidung ist seitdem nicht mehr als Selbstverständlichkeit akzeptiert.

Anstelle der klassischen Quellenscheidung sind einige neue Trends entstanden.[5] Keiner von diesen bietet allerdings ein allgemein anerkanntes Modell für die Entstehung des Pentateuchs, da die Forschungsdiskussion noch im Fluß ist. Erstens gibt es Versuche,

---

[1]   Ausführlich haben die Diskussion über die Pentateuchfrage u.a. R.N. WHYBRAY 1987 und zuletzt CEES HOUTMAN 1994 erhellt.

[2]   WELLHAUSEN 1899.

[3]   ALBERTZ 1992, 71.

[4]   H.H. SCHMID: "Der sogenannte Jahwist", 1976; R. RENDTORFF: "Das überlieferungsgeschichtliche Problem des Pentateuch", 1977.

[5]   Siehe dazu BLUM 1990, 2.

die klassische Quellenscheidung durch Modifikationen zu restaurieren.[6] Zweitens lassen sich Untersuchungen nennen, die einen redaktionsgeschichtlichen Ansatz zur Erforschung des überlieferungsgeschichtlichen Problems des Pentateuch gewählt haben.[7] Manche Forscher versuchen, mit einer sehr detaillierten literarkritischen Analyse die überlieferungsgeschichtlichen Vorgänge zu rekonsturieren und wenn möglich hinter der jetzigen Gestalt des Textes alte Traditionen zu finden.[8] Der dritte Forschungstrend besteht darin, den geschichtlichen Ort des Pentateuchmaterials in der Geschichte Israels neu zu bestimmen, wobei das unterschiedlich abgegrenzte "jahwistische" Werk im exilisch-nachexilischen Kontext verortet wird.[9] Manchmal sind mehrere von diesen Tendenzen in einer Untersuchung zu finden.

Zunächst wollen wir die Grundgedanken einiger Pentateuchforschungen genauer darstellen. In seinem Aufsatz untersucht H.–C. SCHMITT (1979) den Pentateuch von einer redaktionsgeschichtlichen Fragestellung her. Nach seiner Auffassung wurde der priesterliche Geschichtsentwurf (P) in der nachexilischen Zeit mit nichtpriesterlichem Material (J,E, usw.) überarbeitet. Die nachexilischen Tradenten des nichtpriesterlichen Materials waren eine Gruppe, die den Tradenten der Prophetenbücher und wohl auch des dtr Geschichtswerks nahestand. In den Zusätzen zum P-Material ist oft eine prophetische Tendenz zu sehen.[10]

Auf diesen Grundgedanken stützt sich auch die Untersuchung E.

---

[6] SCHMIDT 1988; KOHATA 1986; L. SCHMIDT 1993.

[7] CHILDS 1974; H.-C. SCHMITT 1979. Auch die Untersuchung BLUMs (1990) setzt ein redaktionsgeschichtliches Modell hinter der Entstehung des Pentateuchs voraus.

[8] Z.B. WEIMAR 1973; 1985.

[9] H.H. SCHMID 1976; M. ROSE 1981; VAN SETERS 1994. Bei SCHMID sind große Textbereiche im "Umkreis dtn/dtr Denkens" angesiedelt. Für ROSE bezeichnend ist die zeitliche Nachordnung des "jahwistischen" Materials gegenüber dem Deuteronomium.

[10] H.– C. SCHMITT 1979, 152. Auch SMEND (1978, 62-69) hat eine dtr Bearbeitung des nichtpriesterlichen (J, E, usw.) Pentateuchmaterials angenommen.

BLUMs (1990). Seine Analyse führt auf zwei Großkompositionen, auf eine umfassende "priesterliche Komposition" (K^P) und auf eine darin integrierte, dem gleichen zeitlichen Kontext der exilisch-nachexilischen Zeit angehörende, vorpriesterliche "D-Komposition" (K^D).[11] Die letztgenannte, zu dem dtr-Kreis gehörende Komposition kommt dem herkömmlichen Signum "JE" bzw. dem "jahwistischen" Werk nahe.

Nach BLUM bearbeitete die vorpriesterliche Komposition (K^D) erzählerisches Material des Pentateuch und verband dieses mit dem vorgegebenen deuteronomistischen Geschichtswerk letztlich zu einer von Abraham bis zum Exil reichenden Darstellung der Geschichte Israels. Diese Traditionsbildung lasse ihre Nähe zu dtr Überlieferung, Theologie und Sprache erkennen. Die vorpriesterliche "D-Komposition" stamme allerdings nicht aus der »klassischen« exilischen deuteronomistischen Schule, sondern gehöre eher zum nachexilischen Erbe der dtr-Schule.[12]

Die Tatsache, daß die D-Komposition das DtrG voraussetzt, hat Konsequenzen für ihre Datierung. Terminus *post quem* für die Entstehung der D-Komposition ist die Gestaltung des DtrG nach 560 v.Chr. Das heißt also, daß die D-Komposition, d.h. »JE«-Material, nach BLUM später ist als die Pentateuchquelle D, gegen die klassische Urkundenhypothese, deren "archimedischer Punkt" die umgekehrte zeitliche Verortung von »JE« und D war.[13]

Nach der Untersuchung BLUMs ist in der nachexilischen priesterlichen Komposition (K^P) eine mehr oder weniger punktuelle "Bearbeitung /Ergänzung aus dem Umkreis im weitesten Sinne »deuteronomistischer« Tradenten" zu sehen. K^P bedeutete den entscheidenden formativen Schritt hin zur kanonischen Tora, ist aber nicht mit der "Endgestalt" des Pentateuch gleichzusetzten. Zeitlich zwischen D-Komposition und priesterliche Komposition ist die sog.

[11] BLUM 1990, 5.
[12] BLUM 1990, 101.
[13] BLUM 1990, 164f.

"Mal'ak-Bearbeitung" einzuordnen, für die die Gestalt eines "Führungsengels" (vgl. E) typisch ist.[14]

Nach BLUM gab es in der nachexilischen Situation "deuteronomistische" und "priesterliche" Kreise, die eine längere Zeit nebeneinander die Überlieferung der Mose-Tora weiterführten und ausgestalteten. Dies sei die Erklärung für die beinahe "dialogartigen gegenseitigen Aufnahmen" beider Tradentenkreise.[15] BLUM ist skeptisch im Hinblick auf die Möglichkeit, ein vollständiges Bild der Diachronie des Pentateuch zu erreichen, und verzichtet auf eine detaillierte literarkritische Trennung der Schichten.[16] Er beschreibt die Endphase der Entstehung des Pentateuch als einen Prozeß z.T. punktueller Fortschreibung, deren Grundlinien durch die zwei Großkompositionen (K^D, K^P) vorgegeben waren. Die so entstandene Gestalt des Pentatateuch sei durch komplexe "dialogische" innertextuelle Bezüge gekennzeichnet.[17]

R. ALBERTZ (1992) empfindet die Lösung BLUMs innerhalb Ex-Num als "weiterführend"[18] und benutzt sie als Grundlage für sein überlieferungsgeschichtliches Modell innerhalb Ex 1-15. Die Schichten sind (von der jüngsten zur ältesten):[19]

[14]   BLUM 1990, 361.377.

[15]   BLUM 1990, 378. In der späteren Traditionsbildung folgen größere Beiträge der Bahn der Hauptkompositionen (D und P). D-Familie: "Mal'ak-Texte" und "Jos 24-Bearbeitung"; P-Familie: Weiterführungen der priesterlichen Haupt-komposition im Pentateuch und in Jos.

[16]   "Ein vollständiges Bild der Diachronie des Pentateuch ist ... nicht erreicht und auch nicht angestrebt (es dürfte bei der Komplexität des Werkes grundsätzlich unerreichbar bleiben)." BLUM 1990, 377.

[17]   BLUM 1990, 381f.

[18]   ALBERTZ 1992, 71. Nach ihm ist ein Vorteil der Theorie BLUMs ihre Fähigkeit, die Arbeitsweise der Verfasser zu beschreiben: Es handelt sich bei der Entstehung des Pentateuch um verknüpfende und kommentierende Redaktion vorliegender Überlieferungen und völlige Neugestaltung älteren Überlieferungsmaterials.

[19]   ALBERTZ 1992, 71f.

1. Nachpriesterliche Bearbeitung (Einführung Aarons)[20]
2. Priesterliche Bearbeitung bzw. Neukonzeption (= K^P)[21]
3. Vorpriesterliche Bearbeitung (= K^D)[22]
4. Plagen-Auszugserzählung (nicht vollständig erhalten)[23]
5. Reste einer Mose-Erzählung[24]

Aus diesem überlieferungsgeschichtlichen Modell folgt der Wegfall der "Quelle" J und die zeitliche Einordnung der Texte in exilisch-frühnachexilische Zeit, mit der Ausnahme von der frühen Mose-Erzählung (Text 5). ALBERTZ bemerkt, daß die Ereignisfolge in Ex 2,11ff., der frühen Mose-Erzählung (Text 5), auffällige Parallelen zum Jerobeam-Aufstand aufweist und wohl aus dem Nordreich dieser Zeit stammt.[25]

Ein wichtiges Thema der derzeitigen Pentateuchforschung ist die Erörterung der Beziehung zwischen dem priesterlichen (P) und vorpriesterlichen (JE) Material. L. SCHMIDT (1993) versucht zu beweisen, daß P einen in sich geschlossenen Zusammenhang bildet und nicht nur eine Ergänzungsschicht zu J darstellt. Die priesterlichen Texte waren seines Erachtens zunächst von dem übrigen Stoff getrennt und wurden erst später mit den vorpriesterlichen Fassungen durch Redaktion verbunden. Dadurch möchte L. SCHMIDT die Urkundenhypothese zumindest teilweise aufrechterhalten.[26] Nach der gegenteiligen Auffassung sind die

---

[20]   Ex 4,13-16.27-30; 5,1.4.20 und 4,21f.

[21]   Ex 1,1-5.7.13f.; 2,23aβ-25; 6,1-17 (bekannter P-Anteil an Ex 7-14; 15,19).

[22]   Ex 1,6.8; 3,1-4,12.17f.; 4,29-31; 5,22-6,1. Dazu kommt die Erwähnung des Stabes des Mose an mehreren Stellen. Begründungen für diese Schicht BLUM 1990, 17-43.232-262.

[23]   Ex 1,9.12.15-2,23aα; 4,19-20a.24-26; 5,1f.(3-19).20f.; 7,14-12,39; 13,17-19.21f.; 14*; 15,1aα.(1aβb-18).20f. Diese Plagen-Auszugserzählung stammt aus der exilischen Zeit.

[24]   Ex 1,9-12.15-2,23aα; 4,19-20a.24-26(?) ...
Diese Rekonstruktion der "frühen" Schicht beruht auf WEIMAR-ZENGER 1975, 22ff.

[25]   ALBERTZ 1992, 72.

[26]   L. SCHMIDT 1993, 1f.

priesterlichen Texte als Ergänzung des vorpriesterlichen Bestandes entstanden, u.a. weil Mose erstmals in P in Ex 6,2 eingeführt wird.[27]

Nach L. SCHMIDT hat der Verfasser von P zwar die vorpriesterliche Fassung als literarische Vorlage benutzt, das dem Verfasser von P vorliegende Stück ist jedoch in seinem Werk nicht enthalten. Daraus folgt daß P eine Quellenschrift ist.[28] Die Endfassung der Exoduserzählung unterscheidet sich von der priesterlichen Darstellung, die eine eigene Gliederung des Geschehens enthält.[29] Auffällig in der priesterlichen Darstellung ist, daß ihr Verfasser auf eine Einführung des Mose verzichtet hat. Nach L. SCHMIDT könnte dies dadurch bedingt sein, daß P gegen die Jugendgeschichte des Mose Bedenken hatte.[30]

Auch J. VAN SETERS legt in seiner umfassenden Monographie (1994) seine Ansicht über die Eigenständigkeit von P dar. Er plädiert für die Ergänzungshypothese, nach der das ältere Werk (J) durch jüngeres Material (P) ergänzt wurde. Wenn P ein J-ähnliches

---

[27]   RENDTORFF 1977, 130; BLUM 1990, 219ff.

[28]   L. SCHMIDT 1993, 6-10. Diese Theorie provoziert einige kritische Gedanken. Sie setzt erstens voraus, daß die Leser des priesterlichen Textes den vorpriesterlichen Text gut gekannt haben und daher von den Wechselfällen des Mose vor seiner Einführung in P (6,2) wußten. Dieser Tatbestand spricht nicht für die Eigenständigkeit von P als Quelle. Zweitens ist L. SCHMIDT der Meinung, daß der Verfasser von P die vorpriesterlichen Texte als Vorlage benutzt habe. Er habe also sein Material aus einer anderen Quelle geschöpft. Von daher ist es problematisch, bei P von einer "Quellenschrift" zu sprechen.

[29]   L. SCHMIDT 1993, 32f. Anhand Ex 12-14 möchte L. SCHMIDT beweisen, daß in der priesterlichen Schicht zwischen dem Auszug aus Ägypten (Ex 12,41 P) und der Errettung am Meer eine enge Verbindung besteht. Dies wird dadurch unterstrichen, daß bei P 14,1 direkt auf 12,41 folgte, während in der Endgestalt von Ex 12-14 der Auszug aus Ägypten und das Meerwunder deutlich voneinander abgehoben sind. In Anm. 104 bestreitet er die Zugehörigkeit von 13,20 zu der P-Schicht (gegen KOHATA 1986, 278).

[30]   L. SCHMIDT 1993, 34. Vgl. W.H. SCHMIDT 1988, 273f. Es besteht die Möglichkeit, daß P in der vorpriesterlichen Schicht die kritischen Anspielungen auf die Salomogeschichte gesehen hat und sie in seiner eigenen Darstellung vermeiden wollte. Könnte dies der Grund für die Auslassung von Ex 1,15-22; 2,1-22; 3,1-5,23 in P sein?

selbständiges Geschichtswerk sei, sollten die Anhänger der Dokumentenhypothese[31] erklären, warum es in dem Erzählfaden Lücken gibt. Er weist z.b. darauf hin, daß die Kindheitserzählung des Mose in P fehlt.[32]

Anhand des Beispiels der Plagenerzählung von P zeigt VAN SETERS, daß P die Plagenerzählung von J gekannt und als Vorlage benutzt hat, als er seine um drei Plagen erweiterte Erzählung verfaßte. Daraus ergibt sich nach VAN SETERS, daß keine selbständige P-Plagenerzählung existiert.[33] Er zieht die Schlußfolgerung, daß es unmöglich sei, ein auch nur im geringsten von J unabhängiges P-Dokument zu rekonstruieren.[34]

Das hauptsächliche Anliegen der Monographie von VAN SETERS ist es jedoch, ausführlich die jahwistische Historiographie über Mose zu untersuchen. Nach der Meinung von VAN SETERS hat der Jahwist als Historiker in seiner Arbeit frühere Texte und mündliche Überlieferungen, wie Patriarchentraditionen, das Deuteronomistische Geschichstwerk (DtrG) und Prophetenbücher benutzt.[35] Nach VAN SETERS hat der Jahwist sein breites, einheitliches Literaturwerk von der Genesis bis zum Tode des Mose als eine Einleitung für DtrG konzipiert. Er bestreitet die Brauchbarkeit der literarkritischen Trennung zwischen Text-

---

[31] Zwei selbständige Dokumente J und P wurden nachträglich durch Redaktion verwoben. Siehe dazu VAN SETERS 1994, 100f. Er erwähnt die Anhänger der Dokumentenhypothese in Anm. 1.

[32] VAN SETERS 1994, 101. Die Versuche, P als ein selbständiges Werk zu halten, haben zu der Annahme geführt, daß die von J abhängigen Stellen in P von R^P stammen und die selbständigen Stellen in P zu P^G gehören. VAN SETERS 1994, 103.

[33] VAN SETERS 1994, 77-100.

[34] VAN SETERS 1994, 112.

[35] Z.B. VAN SETERS 1994, 34. Er lehnt sich an die frühere Arbeit von ROSE 1981 an, nach der DtrG das früheste Geschichtswerk ist, das jedoch in mehreren Phasen bearbeitet wurde. Der Jahwist ist von DtrG z.B. in seiner Darstellung des Meerwunders (vgl. die Überquerung des Jordans in Jos 3) abhängig. ROSE 1981, 321.325.

schichten. Seiner Meinung nach hat der Jahwist sein Werk aus mehreren Quellen kombiniert, weshalb es sich um ein redaktionelles Werk eines Autors handelt.[36] Das Werk des Jahwisten sei im babylonischen Exil entstanden. Der Entstehungsort erkläre die mesopotamischen Einflüsse in den Anfangserzählungen.[37]

Die allgemeine Auffassung von VAN SETERS über J charakterisiert auch seine Untersuchung über die Exoduserzählung. Nach seiner Meinung hat J die Exoduserzählung von Anfang an ohne eine frühere Exodusüberlieferung verfaßt.[38] Außer der breiten jahwistischen Grundschicht findet VAN SETERS nur eine knappe Bearbeitungsschicht von P. Er erklärt die Unebenheiten und Spannungen innerhalb J dadurch, daß der Jahwist zwei (oder mehrere) Quellen benutzt, sich aber nicht der Mühe unterzogen hat, die Unebenheiten zu glätten.[39]

Die Methode und die Ergebnisse von VAN SETERS sind nicht einwandfrei. Öfters ist zu beobachten, daß er eine Parallelität zwischen Ex und z.B. DtrG findet und dies als Beweis für die Zugehörigkeit des Abschnittes in Ex zur jahwistischen Grundschicht anführt. Es ist jedoch nicht ausgeschlossen, daß ein späterer Bearbeiter des Textes dieselbe Methode benutzte und Ex aufgrund anderer atl. Texte ergänzte. Mit der Annahme von mindestens zwei Redaktoren innerhalb der angeblichen Schicht des Jahwisten würden sich einige Spannungen und Wiederholungen erklären.[40]

VAN SETERS erörtert auch die Frage, woher das Material für das Geschichtswerk des Jahwisten stammt. Nach seiner Auffassung benutzte J die Aussagen des Dtn über Jahwes starke Hand, Zeichen und Wunder, durch die er Israel aus Ägypten führte, als seine Vorlage. Aus den "Zeichen und Wundern" habe J die Plagen

---

[36]   VAN SETERS 1994, 457.

[37]   VAN SETERS 1994, 468.

[38]   VAN SETERS 1994, 148.

[39]   Vgl. VAN SETERS 1994, 39.

[40]   Vgl. dazu VAN SETERS 1994, 42. Die drei Redeeinleitungen in Ex 3,13-15 z.B. können kaum von einem einzigen Verfasser stammen (gegen VAN SETERS 1994, 47).

entfaltet. Die "starke Hand Jahwes" sei der Ausgangspunkt für die Erzählung des Jahwisten über das Meerwunder. Der Jahwist habe mehrere Einzelheiten für die Erzählung aus früheren atl. Traditionen bekommen. Das Meer z.b. war zwischen Ägypten und der Wüste, ähnlich wie der Fluß Jordan zwischen der Wüste und Israel. Er zieht die Schlußfolgerung, daß sich hinter der Arbeit des Jahwisten keine früheren, eigenständigen schriftlichen oder mündlichen Traditionen verbergen.[41]

Fazit

In dem forschungsgeschichtlichen Überblick sind einige Trends der neueren Pentateuchforschung deutlich geworden. Nicht selten wird das jahwistische Werk (J) exilisch-nachexilisch datiert. Daraus würde folgen, daß J später ist als D.[42] Nach diesen Gedanken hätten die nachexilischen Tradenten des Pentateuchmaterials, u.a. also der Jahwist, dem Erbe der dtr-Schule nahegestanden.[43] Dabei wird oft die Tatsache außer Acht gelassen, daß das DtrG nicht aus einem Guß ist, sondern eine lange Entstehungsgeschichte und frühere Traditionen hinter sich hat. Deshalb muß man auch die Möglichkeit in Betracht ziehen, daß der Jahwist die vor-dtr Traditionen des DtrG benutzt hat.

Um diese Frage zu erhellen, muß man die Traditionsgeschichte

---

[41]   VAN SETERS 1994, 148. Das traditionsgeschichtliche Modell von VAN SETERS erregt einige Bedenken. Die knappen dtn Hinweise auf den Exodus sind m.E. nicht möglich, ohne daß die Leser eine genauere Auffassung über die Ereignisse hatten. Die allgemeinen dtn Anspielungen auf das Exodusgeschehen setzen voraus, daß sowohl der Verfasser als auch seine Leser den genaueren Inhalt hinter diesen Hinweisen kannten. Die Exodusbegriffe "Sklavenhaus Ägypten", "starke Hand Jahwes", "Zeichen und Wunder" sind nach meiner Meinung am besten als Schlüsselbegriffe zu verstehen, die in den kurzen dtn Formulae als *pars pro toto* für die allgemein bekannten Exoduseyereignisse standen.

[42]   H.H. SCHMID 1976, RENDTORFF 1977, BLUM 1990, VAN SETERS 1994 u.a.

[43]   H.–C. SCHMITT 1979, BLUM 1990 u.a.

32

des Pentateuch erforschen. Einige Forscher haben die redaktionsgeschichtliche Betrachtungsweise gewählt.[44] Manche von ihnen möchten die diachrone Traditionsbildung durch detaillierte Literarkritik erklären.[45] Einige andere Wissenschaftler haben Vorbehalte gegenüber den Möglichkeiten, den Werdegang des Textes Schicht für Schicht zu untersuchen.[46]

2.2. Untersuchungen über die Beziehung zwischen der Exoduserzählung (Ex 1-14) und der Salomogeschichte (1 Kön 1-12)

In der Pentateuchforschung wurde in der letzten Zeit nicht selten darauf hingewiesen, daß zwischen der Exoduserzählung und den Traditionen im ersten Königsbuch gewisse Beziehungen bestehen. Zunächst soll ein forschungsgeschichtlicher Überblick über die Untersuchungen gegeben werden, die thematische und textuelle Gemeinsamkeiten zwischen der Exoduserzählung (Ex 1-14) und der Salomogeschichte (1 Kön 1-12)[47] behandeln.

R. SMEND macht in seiner Monographie "Jahwekrieg und Stämmebund" (1963) darauf aufmerksam, daß in den beiden Abschnitten Ex 5,3-19 und 1 Kön 12 das Volk den König (Pharao/Rehabeam) um eine Erleichterung der Arbeitslasten bittet, die auf ihm liegen. Der König reagiert negativ auf die Bitte und macht die Last noch schwerer. Aufgrund dieser Ähnlichkeiten ist SMEND der Meinung, daß Ex *5 als ein Gegenstück zu 1 Kön *12 verfaßt wurde.[48]

In seinem Exodus-Kommentar ist W.H. SCHMIDT (1988)

---

[44] CHILDS 1974, H.-C. SCHMITT 1979, u.a.

[45] WEIMAR-ZENGER 1975, WEIMAR 1973; 1981.

[46] BLUM 1990, VAN SETERS 1994.

[47] Hier wird die Salomogeschichte, die mit der Bemerkung über seine Bestattung in 1 Kön 11,43 endet, in einem breiteren Sinne verstanden und das Kap. 1 Kön 12 über den Aufstand Jerobeams mitgerechnet, weil die Gründe des Aufruhrs in der Zeit Salomos lagen.

[48] SMEND 1963, 90f.

aufgrund der sprachlichen Anklänge an die Salomogeschichte in Ex
1ff. der Meinung, daß J, der sein Werk am Ende des 10. Jh.
geschrieben habe, die Situation Israels in Ägypten in der Sprache
seiner Gegenwart in der salomonischen Monarchie gezeichnet
habe.[49]

F. CRÜSEMANN vertritt in seiner Untersuchung über die
antiköniglichen Texte "Der Widerstand gegen das Königtum" (1978)
die Auffassung, daß J bei der Bearbeitung der Exodusüberlieferung
auf die Gegebenheiten der salomonischen Zeit zurückgreift.[50] Nach
seiner Meinung sind Ex 5 und die Salomogeschichte nicht literarisch
voneinander abhängig, haben aber einen gemeinsamen Hintergrund
in den Erfahrungen aus der Zeit Salomos.[51] CRÜSEMANN sieht in
der Bearbeitung der Exoduserzählung indirekte Salomokritik.[52]
Weil Jahwe Israel aus der Fronknechtschaft Ägyptens befreit hat,
darf kein israelitischer König Fronknechtschaft in Israel gründen und
ein "Pharao" werden. Wo dies jedoch geschieht, drohen auch ihm die
Plagen, die Jahwe über Ägypten brachte (vgl. 2 Sam 24).[53]

In seinem Artikel über die Arbeitsorganisationen im AT (1983)
sieht J. KEGLER, wie auch SMEND und CRÜSEMANN, eine
Analogie für Ex 1ff. in der Darstellung der Reichsspaltung in 1 Kön
12. Die Petition der Fronarbeiter zur Erleichterung der harten Fron
führt in beiden Fällen zur Verschärfung der Zwangsarbeit. Dadurch

---

[49] "Die Verhältnisse in Salomos Staat dienten als Vorbild für die Lage der
Vorfahren im ägyptischen Großreich." SCHMIDT 1988, 39.

[50] CRÜSEMANN 1978, 167f. Nach ihm ist die genaue Schilderung der
Fronarbeit in Ex 1-14 nicht ohne Rückgriff auf eigene Kenntnisse und eigene
Erfahrungen mit dieser Institution denkbar. Es läßt sich jedoch einwenden, daß die
Erfahrungen über Zwangsarbeit in königlichen Bauprojekten nicht nur auf die
salomonische Ära beschränkt waren, sondern mehr oder weniger hautnah erlebte
Wirklichkeit durch die ganze Königszeit waren.

[51] CRÜSEMANN 1978, 175f.

[52] "Kann ein damaliger Leser, der Salomos gewaltige Fronorganisation kennt,
diese Kapitel anders verstanden haben denn als zwar indirekte, aber dafür um so
deutlichere und mit dem ganzen Gewicht der alten israelitischen Tradition
auftretende Kritik?" CRÜSEMANN 1978, 177.

[53] CRÜSEMANN 1978, 178.

entzündet sich eine Revolte der Fronarbeiter, die Jerobeam zu ihrem König proklamieren. Im Fall des Exodus flüchten die israelitischen Fronarbeiter unter der Leitung des Mose aus Ägypten. Nach KEGLERs Ansicht haben die realen Erfahrungen mit der Fronarbeit in salomonischer Zeit die Aufnahme, Ausgestaltung und (aktualisierte) Weitererzählung der Ägypten-Exodustradition (Ex 1-14) beeinflußt.[54] Er eruiert jedoch nicht näher Entstehungszeit und -ort der aktualisierten Weitererzählung der Exoduserzählung.

Auch R. ALBERTZ folgt in seiner Religionsgeschichte Israels (1992) der von CRÜSEMANN abgesteckten Deutung. Nach ALBERTZ spiegeln die Abschnitte Ex 1,11-14; 5,3-19 die Erfahrungen der Israeliten mit eigener Fronarbeit unter Salomo wider. Er weist auf die auffälligen Parallelen hin, die zwischen dem Ablauf des Jerobeamaufstandes und dem Exodusereignis bestehen. Sowohl Mose, der Pflegesohn des Pharao, als auch Jerobeam stammen aus königlichem Milieu und solidarisieren sich mit ihren geschundenen Landsleuten. Beide wagen einen Aufstand, in dem ein Vorarbeiter erschlagen wird (Ex 2,11-15 // 1 Kön 11,26-28; vgl. 12,18), und sie müssen ins Ausland fliehen (Ex 2,15 // 1 Kön 11,40). Beide kehren erst nach dem Tod des Königs zu ihren Landsleuten zurück (Ex 2,23aα + 4,19.20a // 1 Kön 11,40; 12,2cj.20) und führen Verhandlungen um die Erleichterung der Fron. Dies aber führt nur zur Verschärfung der Fronforderung (Ex 5,3-19 // 1 Kön 12,3b-15). Am Ende des Geschehensablaufs steht die Befreiung der Israeliten aus der Fronarbeit (Ex 14,5a //1 Kön 12,16.19).[55]

ALBERTZ vermutet, daß die Einzelerzählung Ex 5,...3.4*.6-19 einmal ein Propagandatext aus dem Arbeitskampf gegen Salomo bzw. Rehabeam gewesen sei, wobei diese Könige polemisch dem despotischen Pharao gleichgesetzt wurden. Daraus zieht er den Schluß, daß der Kampf gegen die salomonische Fronarbeit von Jerobeam und den Nordstämmen unter Berufung auf die Befreiung

---

[54]   KEGLER 1983, 58f.66-70.
[55]   ALBERTZ 1992, 217f.

der Väter von der ägyptischen Fron geführt worden sei. Von den aktuellen Erfahrungen des Jerobeamaufstandes habe die alte Exodustradition ihre erste erzählerische Ausgestaltung bekommen.[56]

In seinem Artikel (1986) über das harte Joch Salomos (1 Kön 12,4) ist W. DIETRICH der Meinung, daß DtrH die Fronarbeit der Israeliten im salomonischen Reich mit besonderen Termini aus der Exoduserzählung färbe.[57] Die Salomogeschichte sei also von der Exoduserzählung literarisch abhängig.[58] C. DREHER sieht in seinem Aufsatz (1991) die literarische Abhängigkeit in anderer Richtung und denkt, daß in Ex 1,11; 2,11f.; 5 "auf verschleierte Weise die salomonische Unterdrückung mit der Sklaverei in Ägypten identifiziert" werde.[59]

R.B. COOTE legt in seiner Monographie (1991) eine ausgedehnte Theorie über den Elohisten vor. Nach ihm stellt J, der Vorgänger des Elohisten, eine prodavidische, am salomonischen Hof entstandene Historiographie dar, die den eklektischen Staatskult Jahwes legitimiert.[60] Die Historiographie von J wurde durch E vom nördlichen Standpunkt her bearbeitet. Das Ziel von E sei es, die gegen die davidische Dynastie gerichtete Politik Jerobeams zu begründen und zu legitimieren. Jerobeam erneuerte den alten Kult Els (= Elohim), den Kult der israelitischen Stämme. El als Patron der Landwirtschaft brauchte keinen Tempel, anders als der städtische Jahwe, der mit der Gottheit Baal verschmolzen war.[61]

COOTE hat eine interessante Erklärung für das Ziel der

---

[56]   ALBERTZ 1992, 74.218f.

[57]   מס: 1 Kön 4,6; 5,27; 12,18 // Ex 1,11; עבדה: 1 Kön 12,4 // Ex 5,9.11.18; 14,5; סבל: 1 Kön 5,29 // Ex 1,11; 2,11; 5,4f.

[58]   DIETRICH 1986, 14.

[59]   DREHER 1991, 59.

[60]   COOTE 1991, 58.

[61]   Zu dem Kult gehörte das Bestreichen der *massebot* mit Olivenöl, dem Hauptprodukt des Nordreichs. Der Kult unterschied sich dadurch von dem Jahwekult des Südens, in dem das Opfern von Tieren, besonders Schafen, im Mittelpunkt stand. COOTE – COOTE 1990, 41; COOTE 1991, 2-19.71ff.103ff.

Bearbeitung des Elohisten. Nach ihm hat E die Darstellung von J über die Flucht der Israeliten aus Ägypten so ergänzt, daß Jerobeam der Befreier wird, der die Israeliten aus der Sklaverei Salomos wegführte. In der von E bearbeiteten Exoduserzählung bekommt Salomo die Rolle des despotischen Pharao, und Jerobeam wird entsprechend mit der Gestalt des Mose, des Befreiers der Isaeliten, identifiziert.[62] COOTE benutzt den Gottesnamen Elohim als Kriterium für die Schicht des Elohisten, die er z.b. innerhalb der Kapitel Ex 1-2 in Ex 1,15-22; 2,1-10 findet. Nach seiner Ansicht ist im Kapitel 5 die Bearbeitung von E nicht zu finden.[63]

Dieses Ergebnis ist auffällig, weil andere Forscher die deutlichsten literarischen Berührungspunkte zwischen der Exoduserzählung und der Salomogeschichte mit Recht in Ex 1,11 und 5,3-18 gefunden haben. Aus der von COOTE rekonstruierten E-Schicht kann man auch nicht die von ihm postulierte Aussageintention von E herauslesen, nach der Salomo die Rolle des Pharao und Jerobeam die Rolle Moses bekommt.

In meiner Dissertation (1994) habe ich die Auffassung vertreten, daß die schwere Sklaverei der Israeliten in Ex durch eine Bearbeitung mit Vokabeln der Salomoüberlieferungen in 1 Kön gefärbt wurde. Dadurch werden in der bearbeiteten Exoduserzählung die schweren Umstände des Hauses Joseph unter der Regierung Salomos und die Befreiung der Josephiden, d.h. der Nordstämme, geschildert.[64]

---

[62] "Jerobeam could read J, David's victory story of Israel's escape from corvée... as his own story, with Solomon and his successors in the role of pharaoh, and Jerobeam, belonging to the tribe of Joseph and with Egyptian court experience, taking the part of Joseph and Moses (David)." COOTE – COOTE 1990, 41. COOTE 1991, 74.

[63] Die Schicht des Elohisten innerhalb der Exoduserzählung ist nach COOTE (1991, 141) in Ex 1,15-22; 2,1-10; 3,1a.*1bβ.4b.6b.9-15; 4,17f.20b; 9,28aβ.*30 (ohne Jahwe); 13,17-19; 14,19a zu finden.

[64] SÄRKIÖ 1994, 152f. Auch die Josephsnovelle wurde aufgrund der Salomogeschichte bearbeitet (z.B. 1 Kön 3,10-12 // Gen 41,33.37-39; 1 Kön 3,15 // Gen 40,20;41,7). SÄRKIÖ 1994, 32f.62-66.

In seiner Untersuchung von Ex 1-14 hat VAN SETERS
überzeugend die zahlreichen Allusionen an die Salomogeschichte
bewiesen. Er sieht in diesen Anknüpfungen des Jahwisten an die
Salomogeschichte allerdings keine Kritik gegen Salomo. Er erörtert
überhaupt nicht näher, warum der Jahwist Material von DtrG und
insbesondere aus der Salomogeschichte übernommen hat. Der Jahwist
als Historiker hatte sicherlich mit seinem Geschichtswerk eine
Botschaft für seine eigene Zeit. Die historiographische
Aussageintention des Jahwisten bleibt in den Überlegungen von VAN
SETERS relativ blaß.[65]

Wie der forschungsgeschichtliche Überblick zeigt, ist die
Mehrheit der Forscher, die die Beziehung zwischen Ex 1-14 und 1
Kön 3-12 untersucht haben, der Meinung, daß die Exoduserzählung
(bes. Kap. Ex 1 und 5) die harte Fronarbeit, die der König Salomo
(bzw. Rehabeam) – wie auch der Pharao – den Israeliten auferlegte,
in einem kritischen Licht darstellt. Sie sehen in der Exoduserzählung
also verdeckte Salomokritik.[66] Über die Entstehungszeit der
bearbeiteten Exoduserzählung sind sie sich jedoch nicht einig.[67]

Nach VAN SETERS (1994) ist Ex 1-14 an vielen Stellen von

---

[65]   VAN SETERS (1994, 464-68) charakterisiert die Schwerpunkte des
jahwistischen Geschichtswerks allgemein als liberal, humanistisch und universal.
Letzteres steht im Widerspruch zum Nationalismus des DtrG. Jahwe als Schöpfer
ist der universale Gott (vgl. Ex 8,6; 9,16). Prophetische Traditionen zeigen sich in
der Gestalt des Mose, der ein Prophet, Mittler und stellvertretend leidendes Opfer
(vgl. Deuterojesaja) für die Sünde des Volkes ist. J ist nichtkultisch und spiegelt die
Situation ohne Tempel und Priestertum.

[66]   SCHMIDT 1988; CRÜSEMANN 1978; KEGLER 1983; COOTE 1991;
DREHER 1991; ALBERTZ 1992; SÄRKIÖ 1994. Dieser Gedanke steckt implizit
auch in der kurz formulierten Beobachtung von SMEND (1963, 91), obwohl er ihn
nicht ausdrücklich erwähnt. Nach DIETRICH 1986 ist die kritische
Salomogeschichte von der Exoduserzählung abhängig. VAN SETERS 1994
behandelt nicht die eventuellen salomokritischen Züge in der Historiographie des
Jahwisten.

[67]   Für die Entstehungszeit von Ex im ausgehenden 10. Jh., in der Zeit
Salomos/Rehabeams sind z.B. SCHMIDT 1988, CRÜSEMANN 1978, COOTE
1991. Nach ALBERTZ (1992, 71) stammen die Schichten in Ex 1-14 aus der
exilischen-frühnachexlischen Zeit, mit der Ausnahme von Resten einer Mose-
Erzählung, die in die frühe Königszeit zu datieren sei.

DtrG abhängig. Die von DtrG abhängigen Stellen stammen aus der nachexilischen Zeit. Er sieht das Werk des Jahwisten als eine literarische Einheit ohne lange Entshungsgeschichte. Man muß jedoch die Möglichkeit berücksichtigen, daß sowohl das jahwistische Geschichtswerk als auch DtrG eine mehrstufige Enstehungsgeschichte hinter sich haben. Die dtr-Redaktoren haben wahrscheinlich schriftliche Traditionen benutzt, die auch dem Jahwisten zur Verfügung standen. Folglich muß J nicht unbedingt jünger sein als D, obwohl J Material aus dem DtrG entliehen hat.

Zunächst werden wir nochmals ausgewählte Abschnitte der Exoduserzählung traditionsgeschichtlich analysieren, und zwar unter dem Gesichtspunkt, in welcher Beziehung die Abschnitte in Ex 1-2; 5; 14; 32 zu DtrG und vor allem zu der Salomo- und Jerobeamgeschichte in 1 Kön 1-12 stehen.

3. Die Unterdrückung der Israeliten in Ägypten (Ex 1)

3.1. Literarkritik

Trotz seines inneren Zusammenhalts stellt Ex 1 keine literarische Einheit dar. In der Liste der Jakobssöhne[1] in V. 1-5 gibt es einige Einfügungen.[2] Die kurze Notiz in V. 6 ist ein Rückgriff auf die Josephsgeschichte und stellt den Tod Josephs, seiner Brüder und der ganzen Generation fest.[3] Die Angabe des V. 8 über den neuen König, der Joseph nicht kannte, setzt V. 6 voraus. Dies spricht dafür, daß V. 6.8 zu derselben Schicht gehören. Vers 7 berichtet über die Fruchtbarkeit und Vermehrung des Volkes Israel (vgl. Gen 1,28).[4] V. 7 zerstört den Zusammenhang zwischen V. 6.8 und scheint ein Kommentar zu der nachfolgenden Geschichte zu

---

[1] Die zweite Liste der Söhne Jakobs in Gen 35,22b-26 stellt nach WEIMAR (1973, 37f.) ein fortgeschritteneres Stadium der Überlieferung dar und ist von der Liste in Ex 1,1aα.2-4 (P) abhängig. Nach der Meinung FOHRERs (1964, 9) wird die Formulierung בני ישראל in V. 1 anders als in V. 7 für die Söhne Israels benutzt. Aus diesem Grund stellen V. 1-5 nach ihm keinen ursprünglichen Bestandteil von P dar, anders als V. 7, wo von der Vermehrung der Israeliten (בני ישראל) die Rede ist (vgl. Gen 47,27b P).

[2] V. 1b zerreißt den Zusammenhang zwischen der Überschrift (ואלה שמות) in V. 1a und der Namenliste V. 2-4. Aus diesem Grund ist V. 1b ein Zusatz. Für den Patriarchen wird in V. 1b der Name "Jakob", dagegen in V. 1a "Israel" benutzt. Der Name "Jakob" kommt auch in V. 5a vor. V. 5a durchbricht den Zusammenhang zwischen der Aufzählung der 11 Söhne Israels (V. 2-4) und der Erklärung für das Fehlen Josephs in der Liste (V. 5b). Aus diesem Grund ist V. 5a als ein Zusatz zu beurteilen. NOTH 1988, 9; WEIMAR 1973, 24. Nach FOHRER (1964, 9) beruht der Zusatz auf dem Abschnitt Gen 46,8-27, der sekundär in P eingefügt wurde. Nach der Ansicht von SCHMIDT (1988, 9f.) ist der ganze V. 5 ein Zusatz.

[3] FOHRER (1964, 9) sieht in Ex 1,6 (J) den Abschluß der Josephsgeschichte. Der Abschluß der parallelen Quelle ist nach ihm in Gen 50,26 (E) zu finden.

[4] FOHRER (1964, 10) teilt den V. 7 zwischen P und N (= Nomadenquelle). Nach seiner Meinung stammen die Wörter "sie wurden zahlreich und stark" (וירבו ויעצמו) in dem überfüllten V. 7 aus N, während der restliche V. 7 zu P gehört. WEIMAR (1973, 25f.) bemerkt zurecht, daß Pleonasmen zur Setzung von Akzenten typisch für die literarische Technik von P sind. Deshalb sieht er V. 7 als einheitlich an.

sein.

Nach V. 9f. stellt das zahlreich gewordene Volk Israel in den Augen des Königs von Ägypten eine militärische Gefahr dar. Deshalb beschließt er, auf kluge Weise gegen die Israeliten vorzugehen. In V. 10b werden die Maßnahmen, die Zahl der Israeliten zu vermindern, mit der militärischen Gefahr, die von einem großen Israel ausgeht, begründet. Am Ende des V. 10 erscheint jedoch eine zweite Befürchtung des Königs von Ägypten, nämlich daß die Israeliten aus Ägypten fliehen (ועלה מן הארץ). Dieser Gedanke steht in Spannung zu der Absicht des Pharao, die Zahl der Israeliten zu vermindern, denn die Worte ועלה מן הארץ nehmen die in der Fortsetzung vorkommende Sorge des Pharao vorweg, daß gute Arbeitskräfte aus Ägypten fliehen könnten.[5]

Der fortlaufende Gedankengang in V. 6.8-10 spricht für die Zugehörigkeit dieser Verse zu derselben Schicht.[6] Trotz einiger Probleme sind auch V. 11.12a als Fortsetzung des Abschnitts V. 6.8-10 zu beurteilen. V. 12b ist wahrscheinlich ein Zusatz, der die neue Aktion des Pharaos in V. 15ff. begründet.[7]

Ein gewisses Problem besteht darin, daß das Leitwort רבה "zahlreich sein bzw. werden" (V. 7.9.10.12) die Zäsur zwischen V. 7 und V. 8-12 überbrückt.[8] Etwas problematisch ist auch die Tatsache, daß in V. 8 (und in V. 15.17f.) vom König Ägyptens, in V. 11 (wie auch in V. 19.22) von Pharao die Rede ist. Daraus ergibt sich, daß die Schichten in 1,6.8-12 und in 1,1-5.7.13f. nicht durch ausschließliche Benutzung besonderer Termini charakterisiert sind.

Weiterhin ist problematisch, daß in V. 8-10 der König Ägyptens das Subjekt ist, wie auch in dem Abschnitt V. 15-21, der direkt an V. 10 anschließt. In den dazwischenliegenden V. 11-14 sind das Subjekt "die Ägypter" (3. Pers. Pl.).[9] Dies würde für die Zusammen-

5   Siehe HOUTMAN 1993, 240f.
6   SCHMIDT 1988, 9-13.
7   Siehe dazu SCHMIDT 1988, 13f.
8   Nach VAN SETERS (1994, 19f.) ist V. 7 eine Voraussetzung für V. 9.
9   Der Übersetzer von LXX hat die unerwartete Veränderung des Subjekts zwischen V. 10 und V. 11 bemerkt und wahrscheinlich deswegen in V. 11 3. Pers.

gehörigkeit von V. 8-10 und V. 15-21 sprechen. In diesen Abschnitten werden jedoch unterschiedliche Begriffe für die Israeliten benutzt. In V. 7.9.12f. wird über "die Israeliten" (בני ישראל) gesprochen, während in V. 15f.19 von den hebräischen (העבריח) Hebammen/Frauen die Rede ist.

In V. 12 wird die Fronarbeit der Israeliten mit dem Terminus סבל bezeichnet, der Terminus in V. 13f. (2,23) ist hingegen עבדה "Sklavenarbeit". Die unterschiedliche Terminologie spricht dafür, daß V. 11f. und 13f. nicht zu derselben Schicht gehören.

Es sieht so aus, als ob in V. 13f. eine steigernde Dublette zu V. 11f. vorliegt, die die Zwangsarbeit der Israeliten näher beschreibt: Sie waren Sklaven, deren Leben die Ägypter durch harte Arbeit mit Lehm und Ziegeln erschwerten. Außerdem waren sie gezwungen, auch auf den Feldern zu arbeiten. V. 13f., die unmittelbar an V. 7 anknüpfen, machen den Eindruck, in diesem Kontext später als V. 6.8-12 zu sein.[10] Der priesterliche Verfasser hat V. 13f. vermutlich aufgrund von älterer atl. Tradition formuliert.[11]

Die Unterdrückung der Israeliten durch Zwangsarbeit V. 11f. (J) hat nicht den erwünschten Effekt, daß sie weniger werden. Im Gegenteil, die Israeliten werden immer zahlreicher (V. 12). Der König Ägyptens versucht darum in V. 15-21 auf eine andere, jetzt kluge (vgl. V. 10) Weise, nämlich mit Hilfe der Hebammen, sein Ziel zu erreichen. V. 15-21 knüpfen direkt an den Gedanken in V. 8-10 an, ohne auf das Thema der Zwangsarbeit (V. 11f.13f.) hinzuweisen.[12]

Sg. (ἐπέστησεν) statt 3. Pers. Pl. (MT) gelesen. Die Form der LXX weist auf den Pharao hin.

[10] SCHMIDT 1988, 15.

[11] Die jetzige Abfolge von V. 14 mit der Zusammenfassung (את כל עבדתם) der aufgezählten Arbeiten ist sekundär und geht auf den Redaktor von P zurück, der mit der Zusammenfassung die farblose Aussage (בעבדה קשה) eindrücklicher machen wollte. Auch die Aufzählung selbst (V. 14aβ) bzw. בחמר ובלבנים wird weithin als sekundärer Einschub in V. 14 verstanden. V. 13 hat P in der Tradition vorgefunden und V. 14b als abschließenden Rahmenvers verfaßt. Der Ausdruck בפרך in V. 13 und V. 14b ist eine vereindeutigende Hinzufügung von P. WEIMAR 1973, 48-50.

Die Erzählung in V. 15-21 macht einen einheitlichen Eindruck bis zu der Antwort der Hebammen, in der sie die Nichterfüllung des Tötungsbefehls des Königs von Ägypten listig-klug begründen (V.15-19). Der Abschnitt kommt wahrscheinlich in V. 20bα zum Abschluß. V. 20bβ stellt eine Ergänzung (vgl. V. 7) und V. 21 eine nachträgliche Erläuterung zu 20a dar.[13]

In V. 22 wird die Vernichtung der (hebräischen) Knaben anders erzählt. Der Pharao ruft sein ganzes Volk zur Mithilfe und gibt den Befehl, alle neugeborenen Knaben[14] in den Nil zu werfen. V. 22 stellt eine geeignete Fortsetzung für V. 6.8-10(11f.) dar[15] und ist eng mit 2,1-10 verknüpft, weil er die Voraussetzung für die Aussetzungsgeschichte des Mose ist.[16] Die brutale Weise in V. 22, den Kindermord durchzuführen, scheint jedoch nicht dem klugen Rat des Königs von Ägypten (vgl. V. 10) zu entsprechen. Das Thema des Kindermordes (V. 22) wurde vielleicht deswegen um die Szene über die Verhandlungen zwischen den zwei Hebammen und dem König Ägyptens (V. *15-21) bereichert.

---

[12]   Nach NOTH (1988, 12) ist es denkbar, daß die Gefährdung der israelitischen Nachkommenschaft (V. 15-21.22) vielleicht erst sekundär mit der Überlieferung von der Zwangsarbeit (V. 11f.) verquickt wurde

[13]   SCHMIDT 1988, 17-19. Anders FOHRER (1964, 12), der V. 20a für einen sekundären Nachtrag hält.

[14]   Aus dem Kontext kann man schließen, daß nur die hebräischen Knaben gemeint sind. Eine ausdrückliche Erwähnung darüber haben jedoch z.B. LXX und Targum zugesetzt.

[15]   Nach SCHMIDT (1988, 20) kann V. 22 entweder auf V. 15-21 folgen oder sich auch unmittelbar an V. 8-12 angeschlossen haben. Nach NOTH (1988, 12) gehören V. 15-21 und V. 22 zu verschiedenen literarischen Schichten, weil die Gefährdung der neugeborenen israelitischen Knaben auf je verschiedene Weise behandelt wird. Er macht darauf aufmerksam, daß in V. 22 der Terminus "Pharao" vorkommt, und in V. 15-21 der Terminus "König von Ägypten" benutzt wird. Die Wörter "zum Pharao" in V. 19 dürften nach ihm ein Zusatz sein. Weil in V. 17.20f. über Gott als "Elohim" gesprochen wird, folgert NOTH, daß V. 15-21 ein Fragment von E ist, wohingegen V. 22 von J stammt. In dieser Theorie gibt es einige Probleme: Erstens gibt es keine Gründe für den sekundären Charakter der Wörter "zum Pharao" in V. 19. Zweitens wird der Terminus "König von Ägypten" auch in V. 8 benutzt. NOTH zieht daraus jedoch nicht die Folgerung, daß V. 8-10 auch zu E gehören.

[16]   So auch FOHRER 1964, 13.21.

Auf Grund der literarkritischen Überlegungen ist die ältere, nichtpriesterliche Schicht (J) in Ex 1,*6.8-12.22 zu finden. Sie wurde später mit V. 15-20aα erweitert. Die jüngere priesterliche Schicht (P), die in mehreren Phasen entstanden ist, befindet sich in Ex 1,1-5.7.13f.[17]

3.2. Form und Tradition

Das Kapitel Ex 1 stellt ein Zwischenstück und Bindeglied zwischen den Patriarchentraditionen und der Exoduserzählung dar. Am Anfang von Ex 1 werden die Namen der Israelsöhne zur Anknüpfung an die vorausgegangene Vätergeschichte aufgezählt. In Exodus wird nicht mehr über Einzelgestalten wie in Genesis, sondern über das Kollektivum Israel erzählt. Der große Zeitabstand zwischen dem Ende der Vätergeschichte und der Anfangssituation des Exodus wird durch den Tod der Jakobssöhne und ihrer Generation markiert (V. 6). Das Volk Israel hat sich vermehrt und die Söhne Jakobs sind ein großes Volk geworden (V. 7).[18] In diesem Schritt von der

---

[17] Vgl. SCHMIDT (1988, 22), der die Erzählung von den Hebammen (V. 15-22) wegen des Gottesnamens "Elohim" als Sondergut des Elohisten einordnet. NOTH (1988, 9.12) scheidet die Quellen folgendermaßen: J: 1,8-12.22; E: 1,15-21 und P: 1,1-7.13f. Nach FOHRER (1964, 10) ist die Schichtung: J: 1,6.8.10b. 12a; P: 1,*7 (ohne ויעצמו וירבו).13.*14 (ohne בשדה עבדה ובכל ובלבנים בחמר) und N: V. *7 (ויעצמו וירבו).9.10a.11.*14 (בשדה עבדה ובכל ובלבנים בחמר).
      Nach FOHRER (1964, 12) weist die Erzählung in V. 15-19.20b.21 Elemente mehrerer Schichten auf, und es ist nicht möglich, sie den Quellenschichten zuzuordnen: V. 15.17f. König Ägyptens (J) – V. 19 Pharao (N, E); V. 17.21 die Gottesbezeichnung האלוהים (E, P); V. 20b (7.9) ועצם רב (N). Daraus ergibt sich seines Erachtens, daß es sich um eine Verschmelzung wenigstens zweier Quellenschichten oder besser eine redaktionelle Umgestaltung einer kurzen Notiz aus N handelt. WEIMAR (1973, 17-39) untersucht vor allem P, den er in 1,*1-5.7.13f.; 2,23-25 sieht. So auch BLUM 1990, 10.239; ALBERTZ 1992, 71. Nach der Meinung WEIMARs (1973, 39f.) ist dem Verfasser der Priesterschrift eine frühere Tradition vorgegeben: Schemot-Überschrift (V. 1aα); die Liste der Israeliten (einschließlich Joseph) V. *2-4; und die sog. "Überlegenheitsfeststellung" in V. *7.

[18] Eine Anknüpfung an das Erzväterthema in 1,1-5.7 ist jetzt in der jungen Formulierung von P bewahrt. Nach NOTH (1988, 10) werden auch die alten Quellen ursprünglich eine ähnliche Anknüpfung an die Erzvätergeschichten gehabt haben. Die Anknüpfung von J an die Erzvätergeschichten ist in V. 6.8 zu finden.

Erzväterfamilie zum Volk Israel hat der Terminus בני ישראל seine
Bedeutung gewandelt. Mit בני ישראל werden in V. 1-5 die Israelsöhne
(= Jakobssöhne), ab V. 7 die Israeliten bezeichnet.[19]

Besonders V. 6.8 eignen sich gut, den Übergang von der
Josephs- zur Exoduserzählung zu bilden. Sie fungieren als Exposition
zur Exodusgeschichte und beschreiben die veränderten Verhältnisse,
die die Voraussetzung für die unterdrückenden Maßnahmen des
Pharao (V. 9ff.) waren. Für Gen 50,26; Ex 1,6.8 (J) sind nahe
Parallelen in Ri 2,8-10; Jos 1,2 zu finden. An allen diesen Stellen
wird durch besondere Wendungen der Übergang von einer Periode
zu einer neuen markiert.[20] Trotz der Ähnlichkeiten zwischen den
Stellen muß man aber keine literarische Abhängigkeit zwischen Gen
50,26; Ex 1,6.8 (J) und Ri 2,8-10; Jos 1,2 postulieren.[21]

Die göttliche Verheißung an die Väter über die große Zahl ihrer
Nachkommen[22] geht in Ägypten in Erfüllung. In der Volkwerdung
Israels wird auch die Verheißung, den Schöpfungs- und Noahsegen
zu erneuern und zu erfüllen, verwirklicht. P weist darauf mit der
Häufung von fünf Mehrungsverben in V. 7 hin.[23]

Die Ägypter sehen in dem groß gewordenen Volk Israel eine

Nach VAN SETERS (1994, 19f.) hat der Jahwist V. 7 aufgrund Gen 1,28; Dtn
26,5 und als Erfüllung der Zusage Gottes an Abraham (Gen 18,18) geschrieben.

[19] NOTH 1988, 10; HOUTMANN 1993, 220. Anders FOHRER (1964, 9), der
die unterschiedliche Bedeutung von בני ישראל in V. 1-5 und in V. 7 als ein
iterarkritisches Kriterium benutzt. Zu der Liste der Jakobssöhne siehe HOUTMAN
1993, 227.

[20] SCHMIDT 1988, 10.32; BLUM 1990, 102.

[21] Nach VAN SETERS (1994, 16-18) sprechen die Ähnlichkeiten zwischen
den Stellen dafür, daß der Jahwist Gen 50,26; Ex 1,6-8 aufgrund von Ri 2,8-10
(und Jos 24,29-31) verfaßt hat. Nach COATS (1972, 129-42) handelt es sich um
eine allgemeine Formulierung, weshalb man keine literarische Abhängigkeit
zwischen den Stellen vorauszusetzen braucht.

[22] Gen 12,2; 17,2.6; 18,18; 22,17; 26,4.24; 28,3; 35,11; 48,4.

[23] WEIMAR 1973, 26; SCHMIDT 1988, 29f. Anders HOUTMAN 1993,
232f. Das Wortpaar רבה - פרה kommt in P vor (Gen 1,22.28; 8,17; 9,1.7; 17,20;
28,3; 35,11; 47,27bβ; 48,4). In Verbindung mit den Mehrungsverben פרה und
רבה findet sich das Verb שרץ nur in der Flutgeschichte von P (Gen 8,17; 9,7) und
in Ex 1,7.

militärische Bedrohung, weil es sich im Kriegsfall auf die Seite der Feinde schlagen und gegen die Ägypter kämpfen könnte. Deshalb beschließt der Pharao, die Zahl der Israeliten zu vermindern (V. 9f.). Der Befehl des Pharaos, die neugeborenen Knaben zu töten (V. 15-21.22), richtet sich gegen die Mehrung der Israeliten. Die Unterdrückung der Israeliten durch harte Arbeit (V. 11f.13f.) eignet sich dagegen nicht besonders gut für die Verminderung ihrer Zahl.[24] Daraus ist zu schließen, daß die zwei Themen "harte Arbeit" und "Minderung der Israeliten" erst sekundär verbunden wurden.

In V. 10 ermahnt der Pharao sich selbst und seine Höflinge zu "weisem" Handeln, um die Gefahr, die von den Israeliten ausgeht, zu beseitigen. Die Weisheit (חכמה), auch im politischen Gebrauch,[25] ist im AT allgemein eine gute Eigenschaft, die zu positiven Folgen führt. Auffälligerweise fürt das "weise" Handeln (חכם hitp.) in Ex 1,10ff. jedoch zu Unterdrückung und Völkermord.[26] Ein weiteres Beispiel dafür ist die "weise" Überlegung Salomos, die die Tötung von Joab und Schimi zur Folge hat (1 Kön 2,6.9).[27] Wenn der Pharao "weise" handelt, führt dies zur Versklavung und Tötung der Israeliten.[28]

In Ex 1,11 finden sich mehrere *termini technici*, die sich auf das Fronwesen beziehen. Die Israeliten bauten (בנה) Vorratsstädte (ערי מסכנות). Werkführer (שׂרי מסים) leiteten die schwere Arbeit (סבל) der Israeliten. Diese Begriffe kommen auch in der Salomogeschichte vor. Salomo ließ Fronarbeiter von seinen Untertanen ausheben (עלה מס hi.)[29] und stellte Aufseher (שׂרים)[30] über die Fronarbeiten.

---

24   Anders HOUTMAN 1993, 245.

25   Gen 41,33.39; Dtn 1,13.15; 34,9; 2 Sam 14,20; 1 Kön 3,12.28 u.a.

26   Siehe dazu HOUTMAN 1993, 237.

27   Vgl. den "weisen" Rat Jonadabs an Amnon, dessen Halbschwester zu vergewaltigen (2 Sam 13,3ff.). Siehe dazu PARKER 1992, 103f.

28   Ähnlich führt die administrative "Weisheit" Salomos (vgl. 1 Kön 3,9.12) zur unmäßigen Besteuerung und Fronarbeit der Israeliten (1 Kön 5). Es entsteht der Verdacht, daß Ex 1,9f. als eine Anspielung auf die Salomogeschichte geschrieben wurde. SÄRKIÖ 1994, 71. Siehe dazu auch S. 32f.41.

29   1 Kön 5,27; 9,15.

30   שׂרי הנצבים, 1 Kön 5,30; 9,23.

Nach 1 Kön 9,19f. bauten (בנה) Salomos Fronarbeiter, die übriggebliebenen Nachkommen der kanaanäischen Völker, ihm Vorratsstädte. Das Wort für Vorratsstädte (ערי המסכנות) kommt im AT nur in Ex 1,11 und 1 Kön 9,19 (//2 Chr 8,4.6) vor.[31]

Die Bildung שׂרי מסים in Ex 1,11 ist als doppelter Plural eines Singulars שׂר מס "Vorsteher der Fronarbeiterschaft" zu erklären. Dem entspricht die Amtsbezeichnung על מס der davidisch-salomonischen Zeit (2 Sam 20,24; 1 Kön 4,6; 5,28). Das Verb סבל ist besonders im Norden beheimatet und hat die Grundbedeutung "tragen". Von diesem Stamm ist das *plurale tantum* סבלות "Lasttragen", "Frondienst" in Ex 1,11; 2,11; 5,4f.; 6,6f. abgeleitet. Das Substantiv סבל "Fronarbeit" ist wahrscheinlich eine nördliche Entsprechung, ein Synonym für das Wort מס (vgl. Gen 49,15). Auch das zweite Wort für Fronarbeit, סבל, kommt in der Salomogeschichte vor: Salomo machte Jerobeam zum Aufseher über alle Fronarbeiten (לכל סבל) des Hauses Joseph (1 Kön 11,28). In Ex 1,11 bezeichnet die Bildung שׂרי מסים die Fronaufseher und סבלות die Fronarbeiten.[32] Die Parallelität im Wortschatz zwischen Ex 1,11 und 1 Kön 5; 9; 12 spricht dafür, daß zwischen den Stellen eine literarische Beziehung besteht. Es ist wahrscheinlich, daß der Jahwist die *termini technici* von Ex 1,11 in den schriftlichen vor-dtr Traditionen der Salomogeschichte gefunden hat.[33]

Die Dublette für V. 11 in V. 13f. (P) beschreibt die Unterdrückung der Israeliten näher. Ihr Leben wurde ihnen durch

---

[31]   Vgl. 2 Chr 17,12: ערי מסכנות; 2 Chr 32,28: מסכנות. Die Lesart der LXX (Ex 1,11) πόλεις ὀχυρὰς hat die Bedeutung "befestigte Städte". Hinter der Lesart von LXX wirkt vielleicht 1 Kön 9,19, wo die Vorratsstädte zusammen mit anderen Städte erwähnt werden, die militärischen Zwecken dienen.

[32]   SCHMIDT 1988, 34f.; SÄRKIÖ 1994, 153-155. Siehe auch HOUTMAN 1993, 241-244.

[33]   SÄRKIÖ 1994, 114.152f. Auch nach KEGLER (1983, 59) stammen die Termini "Fronvögte" und "Vorratsstädte" in Ex 1,11 aus 1 Kön 5 und 9. Nach der Auffassung VAN SETERS (1994, 24) stammen die "Vorratsstädte" (Ex 1,11) aus 1 Kön 9,19. Nach SCHMIDT (1988, 39) hat der Jahwist, der sein Werk in salomonischer Zeit verfaßte, "die Situation Israels in Ägypten in der Sprache seiner Gegenwart gezeichnet".

den "harten Dienst" (עבדה קשה) bitter gemacht (V. 14aα). Die Wendung עבדה קשה wird anderswo im AT ohne die nähere Konkretisierung, daß es sich um die Zwangsarbeit handelt, benutzt.[34] Daß die Wendung עבדה קשה "harter Dienst" (Ex 1,14aα P) auch im Zusammenhang des Jerobeamaufstandes (1 Kön 12,4) vorkommt, läßt die Frage entstehen, ob der priesterliche Verfasser möglicherweise einige Traditionen aus dem Königsbuch, ähnlich wie der Jahwist, als seine Vorlage benutzt haben könnte.

In 1,14aβ folgt eine genauere Schilderung des harten Dienstes: die Israeliten waren gezwungen, Lehm- und Ziegelarbeit zu leisten und auf den Feldern zu arbeiten. Die Wörter für Lehm (חמר) und Ziegel (לבנים) kommen außer Ex 1,14 nur in der Turmbauerzählung von J (Gen 11,3) vor.[35] Ziegel werden auch mehrmals im Abschnitt Ex 5,7-19 (J) erwähnt. Bei der Herstellung der Ziegel wurde der Lehm mit Stroh gemischt, um die Ziegel fester zu machen.[36] Nach Ex 5,11-18 bemühten die Israeliten sich sehr, das für die Herstellung der Ziegel gebrauchte Stroh zu sammeln. Sie verteilten sich über ganz Ägypten, um Stroh zu besorgen (Ex 5,12). Aus diesem Grund ist es nicht ausgeschlossen, daß die in Ex 1,14 erwähnte "Feldarbeit" (עבדה בשדה) auf das Sammeln von Stroh in Ex 5,7ff. hinweist. Dies führt zu der Vermutung, daß Ex 5,7-19 (und Gen 11,3?) als Vorlage für Ex 1,14aβ diente.[37]

Die harte Arbeit hat nicht den erwünschten Effekt, daß die Israeliten weniger werden. Im Gegenteil, je mehr man sie unter Druck hält, um so stärker vermehren sich die Israeliten (V. 12). Deshalb beschließt der König Ägyptens, die neugeborenen Söhne der

---

[34]   Ex 6,9 P; Dtn 26,6; 1 Kön 12,4 // 2 Chr 10,4; Jes 14,3. WEIMAR 1973, 45. Es ist zu beachten, daß diese Wendung auch in der Salomogeschichte (1 Kön 12,4) vorkommt.

[35]   Große offizielle Gebäude aus (gebrannten) Lehmziegeln zu bauen entspricht eher der Bautechnik in Mesopotamien. In Ägypten wurden behauene Steine vorgezogen. Siehe dazu HELLER 1991, 165-170. Vgl. SCHMIDT 1988, 16; HOUTMAN 1993, 248.

[36]   Siehe HOUTMAN 1993, 247f.

[37]   So auch VAN SETERS 1994, 23. Nach ihm hat P Material für V. 13f. aus Dtn 26,6; Ex 5 übernommen.

Israeliten töten zu lassen. Er befiehlt zwei Hebammen,[38] wenn sie bei den Hebräerinnen Geburtshilfe leisten, die Söhne zu töten. Die Hebammen sind jedoch gottesfürchtige[39] Frauen und gehorchen der Anordnung des Königs nicht (Ex 1,15-21).

Die Erzählung über die zwei Hebammen hat von der Situation her eine Parallele in 1 Kön 3,16-28, wo zwei Dirnen über einen Knaben und dessen Leben vor dem König streiten.[40] In beiden Erzählungen handelt es sich um die Geburt (ילד)[41] von Söhnen. Der König befiehlt beidemal, den neugeborenen Sohn/die neugeborenen Söhne zu töten (1 Kön 3,25 // Ex 1,16), aber die Frau/Frauen verhindern die Vollstreckung des königlichen Befehls. Diese ähnlichen Züge zwischen den beiden Erzählungen geben uns Anlaß, zu vermuten, daß die Erzählung über die zwei Dirnen vor dem König in 1 Kön 3,16-28 bzw. die vor-dtr Tradition hinter der Erzählung dem Verfasser von Ex 1,15-20 als Inspiration und inhaltliche Vorlage diente, als er seine Erzählung über die zwei Hebammen schrieb.[42]

Zum Schluß gibt der Pharao seinem ganzen Volk (לכל עמו) den Befehl, alle neugeborenen Knaben in den Nil zu werfen (V. 22). Es ist nicht ganz eindeutig, was mit dem Befehl des Pharao gemeint ist.

---

[38]   Aus V. 15 geht nicht eindeutig hervor, ob der Verfasser die Hebammen, ungeachtet ihrer hebräischen Namen, für Israeliterinnen oder Ägypterinnen hält. מילדת העבריח kann sowohl "hebräische Hebammen" als auch "Hebammen der Hebräerinnen" bedeuten. Der Verfasser hält die Zahl der Israeliten nicht für sehr groß (trotz der Angabe in V. 12!), weil nach ihm zwei Hebammen für die Hebräerinnen ausgereicht hätten. FOHRER 1964, 11. Nach HOUTMAN (1993, 91.223.251f.) waren die Hebammen Ägypterinnen. Es wäre naiv, zu denken, daß Hebräerinnen den Befehl des Pharao befolgt hätten.

[39]   Das Thema "Gottesfurcht" hat sich als spezifisches Motiv von E erwiesen. SCHMIDT 1988, 22.43. COOTE 1991, 88-90.114. Spr 14,26f. könnte ein Motto für Ex 1,15-20 abgeben. SCHMIDT 1988, 26. Siehe auch HOUTMAN 1993, 254f.

[40]   SÄRKIÖ 1994, 39.41f.

[41]   1 Kön 3,17f.; Ex 1,16.19.

[42]   Vgl. FOHRER 1964, 23. Nach seiner Meinung hat die Redaktion eine kurze Notiz zu einer anekdotenartigen Schilderung in 1,15-21 ausgestaltet. Wir wissen über diese "kurze Notiz" jedoch nichts.

Wortwörtlich genommen würde der Befehl bedeuten, daß das Volk des Pharaos, nämlich die *Ägypter*, wie auch einige rabbinische Traditionen voraussetzen, ihre eigenen (und auch die israelitischen) Söhne in den Nil werfen müßten. Dies steht jedoch in Widerspruch zu dem vorangehenden Abschnitt V. 15-21, wo es um die Maßnahmen des Pharao geht, die *israelitischen* Söhne zu töten. Unter diesem Gesichtspunkt kann V. 22 kaum die Tötung der ägyptischen Knaben bedeuten.[43] Sam. Pent. hat deshalb nach הילוד das Wort לעברים zugesetzt.[44] Wenn wir diese Ergänzung akzeptieren, ruft der Pharao seine Untertanen, die Ägypter, zur Hilfe und befiehlt ihnen, die hebräischen Knaben in den Fluß zu werfen.[45]

In den Überlegungen und Befehlen des Pharaos kommen zwei Gedankengänge vor, die eigentlich widersprüchlich sind. Der Pharao schätzt einerseits die Vermehrung der Israeliten als eine politische Gefahr ein, V. 9.*10 (ohne ועלה מן הארץ), was die Tötung der israelitischen Knaben begründet (V. 16.22). Im Widerspruch dazu steht andererseits die Befürchtung des Pharaos, daß seine Fronarbeiter aus Ägypten fliehen, V. *10 (עלה מן הארץ). Deshalb ist die Anordnung des Pharaos, alle männlichen israelitischen Neugeborenen zu töten, vom ökonomischen Standpunkt her unsinnig, gehen doch dadurch die künftigen Fronarbeiter verloren.[46]

Es ist möglich, das Thema der Tötung der neugeborenen Knaben in Ex 1-2 unter Rückgriff auf ein weit verbreitetes Sagenmotiv zu erklären: Wahrsager und Astrologen teilen einem Herrscher die Geburt seines künftigen Gegners und Bezwingers mit.

---

[43] Siehe HOUTMAN 1993, 263.

[44] LXX liest: Πᾶν ἄρσεν, ὁ ἐὰν τεχθῇ τοῖς Ἑβραίοις .... Auch Josephus (*Ant* II, 205) und Pseudo-Philo (IX,1) haben die Knaben näher identifiziert. Act 7,19 und Hebr 11,23 setzen voraus, daß die Knaben Israeliten waren. Siehe HOUTMAN 1993, 263.

[45] Anhand Ex 5,16 werden wir eine andere Erklärung für den Tatbestand überlegen, daß die Israeliten als das eigene Volk des Pharao bezeichnet werden.

[46] So auch KEGLER 1983, 60; SCHMIDT 1988, 23f; HOUTMAN 1993, 226.261f. Er sieht eine Erklärung für den Widerspruch zwischen den zwei Themen in dem Bestreben des Verfassers, den Pharao als Antagonisten Jahwes zu charakterisieren: der Pharao versucht, die beiden Verheißungen Jahwes an die Väter, Mehrung und Landgabe, zunichte zu machen (S. 468f).

Das Kind wird ausgesetzt, aber auf wunderbare Weise gerettet. Dann wird es zum Sieger über jenen Herrscher und selbst zum König.[47] In Ex 1-2 versucht der König, allerdings ohne Erfolg, seinen künftigen Gegner, den neugeborenen israelitischen Knaben, zu töten. Die weiteren Züge dieses Sagenmotivs kommen allerdings nicht in Ex 1-2, sondern erst in den späteren Entfaltungen der Exoduserzählung vor.[48] Aufgrund dieser traditionsgeschichtlichen Beobachtungen ergibt sich, daß die Erzählung über den Kindermord (Ex 1,*15-20.22) wahrscheinlich keine alte eigenständige Tradition hinter sich hat. Die Aufgabe der Erzählung über den Kindermord in Ex 1,15-21.22 ist es, die Voraussetzung für die wunderbare Errettung des Mose aus dem Nil in Kap. 2 darzustellen.[49]

---

[47] Vgl. die Erzählungen über die Geburt von Gilgamesch, Kyrus, Oedipus und Jesus (Mt 2). NOTH 1988, 15f.; HOUTMAN 1993, 262 Anm. 90.

[48] HOUTMAN (1993, 261-263) referiert die rabbinischen und islamischen Erzählungen über die Geburt des Mose. Die Geburt des Mose, des künftigen Bezwingers des Pharao, wurde durch die Magier des Pharaos vorhergesagt, weshalb der Pharao befahl, alle neugeborenen israelitischen und auch ägyptischen (vgl. Ex 1,22) Knaben zu töten. Nach HOUTMAN ist die Exoduserzählung auch ohne dieses Sagenmotiv zu erklären.

[49] "Man wird fragen müssen, ob der Erzählungsgegenstand der Gefährdung der neugeborenen israelitischen Knaben überlieferungsgeschichtlich nicht von der folgenden Geburtsgeschichte des Mose herkommt, die diese Gefährdung voraussetzt." NOTH 1988, 13. Etwa so auch FOHRER 1964, 21 und SCHMIDT 1988, 24: "Die Tradition vom Kindermord scheint also primär nicht so sehr auf die Mehrung des Volkes als auf das Mose drohende Einzelgeschehen bezogen zu sein." HOUTMAN 1993, 263.

Fazit

Aufgrund der traditionsgeschichtlichen Untersuchung von Ex 1 liegt die Möglichkeit nahe, daß die Verfasser von Ex 1 u.a. Traditionen aus der Salomo- und Jerobeamgeschichte (1 Kön 1-12) als Vorlage benutzt haben. Dies ist besonders in der nichtpriesterlichen Schicht (J) zu beobachten: In Ex 1,10 kommt das Weisheitsthema vor, wobei das weise Handeln des Königs Unterdrückung in Form von harter Fronarbeit und Völkermord zur Folge hat (vgl. 1 Kön 2,6.9; 5,27-32).

In Ex 1,11 begegnet eine Häufung relativ seltener Begriffe aus dem Bereich des Fronwesens ("Vorratsstädte", "Fronleiter", "schwere Arbeit"), die alle sonst im AT nur in der Salomogeschichte vorkommen (1 Kön 4,6; 5,27.30; 9,15.19.23; 11,28). Diese Begriffe haben die dtr Reaktoren in den vor-dtr Traditionen gefunden.

Die Ähnlichkeiten zwischen den Erzählungen über die zwei Hebammen (Ex 1,15-21) und die zwei Dirnen (1 Kön 3,16-28) vor dem König sprechen dafür, daß die vor-dtr Erzählung in 1 Kön 3,*16-28 dem nichtpriesterlichen Verfasser (J) als Inspiration und als inhaltliche Vorlage für die Erzählung über die zwei Hebammen diente, obwohl Hebammen natürlich eine ganz andere Tätigkeit ausüben als Dirnen.

Der priesterliche Verfasser (P) hat die Texte seines Vorgängers J benutzt (Gen 11,3; Ex 5), als er über die Ziegelarbeit der Israeliten schrieb (Ex 1,13f.). Die Wendung "harte Arbeit" in Ex 1,14 (vgl. 1 Kön 12,4) spricht für die Möglichkeit, daß auch der priesterliche Verfasser Traditionen aus der Salomo- und Jerobeamgeschichte als Vorlage verwendet hat. Dies würde darauf hindeuten, daß die Rückverweise des nichtpriesterlichen Verfassers (J) auf die Salomo- bzw. Jerobeamgeschichte dem priesterlichen Verfasser (P) bekannt waren.

4. Geburt und Jugend des Mose (Ex 2)

4.1. Literarkritik

Die Geburtsgeschichte des Mose fängt mit einer Angabe über seine Eltern an. Ein Mann aus dem Stamm Levi[1] geht zu einer Frau aus demselben Stamm und sie wird schwanger. Die Frau gebiert einen Sohn in der in Ex 1,22 beschriebenen schwierigen Situation (2,1f.). V. 1f. setzen voraus, daß der Sohn der Erstgeborene seiner Mutter ist. Dazu steht die Angabe in V. 4 über die ältere Schwester des Knaben in Widerspruch.[2] Vers 4 wird in dem Abschnitt V. 7-10aα vorausgesetzt, der erzählt, wie die Mutter des Knaben sein Amme wird. Der Sohn bleibt bei seiner eigenen Mutter, bis er groß geworden ist (ויגדל), V. 10aα. In dem folgenden V. 11 fängt ein neuer Abschnitt mit der Mitteilung an, daß Moses groß geworden ist (ויגדל). Diese Beobachtungen führen zu der Schlußfolgerung, daß V. 4.7-10aα spätere Ergänzungen in einer ansonsten einheitlichen Erzählung Ex 2,1-3.5f.10aβ darstellen.[3]

---

[1] Die Bedeutung des Wortes ist hier problematisch. Siehe näher dazu SCHMIDT 1988, 65f.; HOUTMAN 1993, 270. Die Genealogie des Mose wird näher in dem Abschnitt Ex 6,14-26 (P) erklärt, nach dem der Vater des Mose Amram und die Mutter Jochebed, beide aus dem Stamm Levis gewesen wären, V. 20. In Ex 4,14; 6,20 wird auch berichtet, daß Mose einen Bruder Aaron aus dem Stamm Levi gehabt habe. Siehe NOTH 1988, 14; VAN SETERS 1994, 26.

[2] So auch NOTH 1988, 13f.; FOHRER 1964, 18. Anders VAN SETERS (1994, 25) und WILLI-PLEIN (1991, 110-118), die Ex 2,1-10 als einheitlich betrachten. Nach HOUTMAN (1993, 272-274) ist eine Mischung von verschiedenen Traditionen der Grund für den Widerspruch.

[3] Nach SCHMIDT (1988, 49-56) bildet die abgehobene Schicht V. 4.7-10aα keine literarische Ergänzung, sondern ist dem Grundstock im Stadium der mündlichen Überlieferung zugewachsen. Er bemerkt zurecht, daß es sich nicht eindeutig bestimmen läßt, ob der Zusatz (V. 4.7-10aα) auch noch die Nachricht von der Adoption (10aβ) einschließt. Ein durchgehendes Nebeneinander von Doppelungen ist in der Erzählung gegen FOHRER nicht festzustellen. Nach FOHRER (1964, 18) weist V. 6a Doppelung auf: 1."Sie öffnete und sah ihn [das Kind]" 2. "Siehe, da war ein weinender Knabe". M.E. handelt es sich nicht um eine Doppelung, sondern um eine präzisierende Steigerung. FOHRER (1964, 18f.) macht darauf aufmerksam, daß unterschiedliche Begriffe für gleiche Sachen benutzt

Dazu kommen einige Unstimmigkeiten, die gegen die Zugehörigkeit der Namensgebung (V. 10b) zu der ersten Fassung der Aussetzungsgeschichte sprechen.[4] Die Aufgabe der späteren Schicht in V. 4.7-10aα ist es, die hebräische Identität des im Pharaonenhof aufgewachsenen Mose (vgl. 2,11) zu erklären und die Bühne für den plötzlichen Auftritt Miriams, der Schwester des Mose, in Ex 15,20f. zu bereiten.[5]

Der Geschehensablauf im Abschnitt Ex 2,11-22 ist folgerichtig und nahtlos.[6] Einige Begriffe greifen auf die nichtpriesterliche Erzählung (J) zurück: Die harte Arbeit der Hebräer (איש עברי, vgl. 1,15f.19) wird in 2,11, wie auch in 1,11, mit dem Begriff סבל bezeichnet. In 2,14 fragen die Hebräer Mose, wer ihn zum Aufseher (שׂר, vgl. 1,11) und Schiedsrichter über die Hebräer bestellt habe. Diese Beobachtungen sprechen für die Zugehörigkeit des Abschnitts Ex 2,11-22 zur nichtpriesterlichen Schicht (J).[7]

Die Mitteilung über den Tod des Pharaos der Bedrückung in 2,23aα bezieht sich auf 1,8 zurück (J). V. 23aβb-25 können

werden. Moses wird als נער (V. 6a) und ילד (V. 3b.6a.7-9) bezeichnet. Die Pharaonentochter wird einerseits von mehreren Dienerinnen (נערת), V. 5a, andererseits von einer "Magd" (אמה), V. 5b, begleitet. M.E. gehört die Magd zu der Gruppe der Dienerinnen. Das Flußufer wird einmal יר (V. 5), ein anderes Mal שׂפה (V. 3) genannt. Aus diesen Gründen unterscheidet FOHRER zwei Quellenschichten von J, V. 1-3a.*5a.*6a.10b, und E, V. 3b-10a (ohne *5a.*6a). (*5a: "Und ihre Dienerinnen gingen am Ufer des Nil entlang.", *6a: "Und siehe, da war ein weinender Knabe."). Siehe zur Kritik auch SCHMIDT 1988, 51f.

[4]   SCHMIDT 1988, 53. Die Geschichte (V. 5f.) gebraucht nicht die für die Namensätiologie wichtigen Wörter משׁה und מים. In der Namensätiologie erscheint die Prinzessin selbst als Retterin, während in der Erzählung die Magd auf Befehl der Prinzessin das Kind aus dem Fluß rettet (V. 5). Aus diesen Gründen kommt SCHMIDT zu der Schlußfolgerung, daß der Name Mose erst sekundär mit der Kindheitslegende, einer eigenständigen Wandererzählung, verbunden wurde.

[5]   Vgl. SCHMIDT 1988, 90.

[6]   Auch NOTH (1988, 22-24) hält den Abschnitt 2,11-22 literarkritisch mit Ausnahme von V. 15a für einheitlich. Nach ihm stellt der Hinweis auf den Pharao in 2,*15 einen sekundären Zuwachs aufgrund von V. 13f. dar.

[7]   So auch SCHMIDT 1988, 80.88.91f. "Auch könnte der Begriff שׂר ... in Erinnerung an שׂרי מסים (1,11) gebraucht sein, so daß Mose in die Rolle eines Fronvogts gedrängt wird." (S. 92).

allerdings nicht die Fortsetzung für V. 23aα darstellen, weil die Bedrückung durch den Pharao die Voraussetzung für das Seufzen und Klagen der Israeliten bei ihrer Sklavenarbeit ist. Die Bemerkung über den Tod des Pharaos in 2,23aα hat ihre Fortsetzung in 4,18 bzw. 4,19.[8] In den Versen 23aββ-25, in denen die Israeliten wegen ihrer Unterdrückung klagen und Hilfe von Gott erbitten, wird für die Sklavenarbeit der Begriff עבדה, wie auch in 1,13f. (P), benutzt. Ferner unterbricht der Abschnitt 2,23-25 den Zusammenhang zwischen 2,22 und 3,*1ff. Daraus ergibt sich, daß der Abschnitt 2,23aββ-25 wahrscheinlich zur priesterlichen Schicht gehört.[9]

Aufgrund der literarkritischen Untersuchung stellen Ex 2,1-3.5f.10aββ.11-15.16-22 die nichtpriesterliche Grundschicht (J) dar, die später durch V. 4.7-10aα ergänzt wurde. Auch V. 23aα stammt vermutlich von J. Zu der priesterlichen Schicht (P) gehören V. 2,23aββ-25.

4.2. Form und Tradition

Die Ereignisse vor der Geburt des Mose und seine Geburt selbst sind sehr allgemein, ohne nähere Einzelheiten wie die Namen der Eltern, dargestellt. Die Formulierung von Ex 2,1f. mit der Abfolge der Termini "gehen", "zur Frau nehmen", "schwanger werden" und "einen Sohn gebären" erinnert an Hos 1,3.[10] Die Ähnlichkeiten zwischen den zwei Abschnitten sprechen für die Möglichkeit, daß der nicht-priesterliche Erzähler Ex 2,1f. anhand des Modells, das auch in Hos 1,3 zu erkennen ist, verfaßt hat.[11]

---

8   Einen parallelen Bericht für 2,23aα; 4,18 stellen 4,19f. dar. Nach NOTH (1988, 22.26) gehören 2,23aα und 4,18 zur Schicht E. Nach SCHMIDT (1988, 88f.) stammen 2,23aα; 4,19 von J.
9   NOTH 1988, 21; WEIMAR 1973, 54ff.; SCHMIDT 1988, 89f.
10   Ex2,1.2a   וילך איש מבית לוי ויקח את בת לוי ותהר האשה ותלד בן
      Hos 1,3   וילך ויקח את גמר בת דבלים ותהר ותלד לו בן
11   Eine literarische Abhängigkeit ist auch nicht ausgeschlossen, obwohl die Formulierung relativ allgemein ist. Siehe VAN SETERS 1994, 27. Auch

Die Aussetzungsgeschichte des Mose enthält Motive von Legenden, die über die Rettung eines bedrohten Helden im Kindesalter berichten. Der Held wird dann üblicherweise von seinem Retter adoptiert. Die nächste Parallele für die Aussetzungserzählung des Mose ist die Geburtsgeschichte des Königs Sargon. Akki, ein Wasserträger, adoptiert einen kleinen Knaben, den er in einem mit Bitumen wasserdicht gemachten Korb im Fluß gefunden hat. Sargon arbeitet im Garten Akkis, wo er die Gunst der Göttin Ischtar findet und mit deren Hilfe zum König wird.[12] Die Motive waren auch in Israel bekannt und wurden in der Aussetzungsgeschichte (Ex 2,*1-10) auf Mose übertragen.[13]

Einige Züge der Erzählung (Ex 2,3) erinnern an die Sintflutgeschichte (bes. Gen 6,14) und können möglicherweise daraus stammen.[14] Andererseits ergibt sich die Benutzung der

---

SCHMIDT (1988, 54.67) weist auf die parallele Reihenfolge der Verben in Ex 2,1f. und Hos 1,3 hin, zieht daraus aber keine traditionsgeschichtlichen Schlüsse. Siehe dazu auch HOUTMAN 1993, 271f.

[12] ANET 119. Das Erzählmotiv, in dem "ein Herrscher einem als künftigem Gegner gefürchteten Kinde nach dem Leben steht und es aussetzen läßt, dieses aber auf wunderbare Weise gerettet und dann doch zum Sieger über jenen Herrscher und selbst zu einem großen König wird", ist auch in der durch Herodot (I 108ff.) überlieferten Kyros-Legende zu finden. NOTH 1988, 15f.; FOHRER 1964, 21; SCHMIDT 1988, 53-57 (mit Literatur). Josephus (*Ant* II 205ff.) tradiert eine jüdische Überlieferung, die die Mosegeschichte weiter bearbeitet hat: Ein Weiser verkündet dem Pharao, daß ein israelitischer Knabe geboren werde, der die Herrschaft der Ägypter stürzen und die Israeliten zu einem mächtigen Volk machen werde. Deshalb will der Pharao alle israelitischen Knaben töten, um den künftigen Gegner mit Sicherheit zu vernichten (vgl. Mt 2,13ff.).

[13] NOTH 1988, 15f.; FOHRER 1964, 20; SCHMIDT 1988, 57. Nach COOTE (1991, 89f.) hat E die Aussetzungserzählung des Mose Ex 2,1-10 aufgrund des traditionellen erzählerischen Materials (Sargonlegende) geschrieben. Entsprechend ist VAN SETERS (1994, 27-29) der Meinung, daß der Jahwist den Abschnitt Ex 2,1-10 aufgrund der Sargonlegende geschrieben habe.

[14] Die Arche und der Korb werden mit dem gleichen Wort (תבה) bezeichnet, das im AT nur in diesen Zusammenhängen vorkommt. Es ist nicht ausgeschlossen, daß die Erzählungen diese gemeinsamen Züge im Laufe desjenigen Prozesses bekamen, in dem der nichtpriesterliche Erzähler die Erzählungen aufgrund von älterem Sagenstoff formulierte. SCHMIDT (1988, 69) läßt es offen, inwieweit die beiden Sagentypen vom schützenden Kasten überlieferungsgeschichtlich zusammenhängen. HOUTMAN (1993, 277) bezweifelt die Möglichkeit einer Beziehung zwischen Gen 6-9 und Ex 2. Sowohl die Arche Noas aus Kiefernholz als auch der

gemeinsamen Termini beider Erzählungen schon aus ihrem Inhalt. Eine Vorlage allein, wie die Sargonlegende, reicht jedoch nicht aus, alle Einzelheiten der Aussetzungsgeschichte Moses zu erklären. Zunächst werden wir der Möglichkeit nachgehen, daß der nicht-priesterliche Erzähler außer dem allgemeinen Sagenstoff, wie dem Aussetzungsmotiv, auch Material aus den ihm vorgegebenen historischen Traditionen bzw. Texten des Alten Testaments übernommen hat.

Im breiteren Rahmen der Moseerzählung gibt es Züge, die an das Schicksal des edomitischen Prinzen Hadad, des Gegners Salomos, erinnern. David schlägt Edom im Salztal und läßt alle männlichen Edomiter umbringen (2 Sam 8,13). Nur einige Männer mit dem jungen Prinzen Hadad, der noch ein kleiner Knabe war, können dem Blutbad entkommen und flüchten zuerst nach Midian und dann nach Ägypten. Der Pharao gewährte dem politischen Flüchtling Asyl und sorgt für seinen Unterhalt (vgl. Gen 47,11f.). Hadad findet die Gunst des Pharaos, der ihm die Schwester seiner Gemahlin, der Königin Tachpenes, zur Frau gibt. Die Frau gebiert Hadad den Sohn Genubat, den Tachpenes am Hof des Pharaos aufzieht (1 Kön 11,14-22).[15]

Der Handlungsverlauf in der Hadaderzählung kommt dem der Moseerzählung nahe: Erstens bleibt in beiden Erzählungen ein Knabe bei einem Völkermord verschont. Zweitens wird der Knabe (Mose/Genubat) am Pharaonenhof aufgezogen.[16] Nach dem Tod des Verfolgers (David/Pharao) will der Flüchtling (Hadad/Mose) in sein Land zurückkehren (Ex 2,23a; 4,18f.; 1 Kön 11,21).

Der Abschnitt 2,11-22 über das Schicksal des erwachsenen Mose

---

Korb Moses aus Papyrus, גֹמֶא (Ex 2,3; Jes 18,2; 35,7; Hi 8,11), wurden wasserdicht gemacht, die Arche mit Pech (כֹּפֶר) und der Korb mit Pech (חֵמָר) und Teer (זֶפֶת). Siehe HOUTMAN 1993, 275f. Er erwägt u.a. den Unterschied zwischen den Bedeutungen von Pech (חֵמָר) und Teer (זֶפֶת).

[15] Der Zug der Erzählung, daß der Flüchtling Asyl bei einem fremden Volk findet und der Führer des Volkes dem Flüchtling eine Frau gibt (1 Kön 11,19f.), findet sich außer in der Moseerzählung (Ex 2,21) auch in der Jakoberzählung (Gen 29). Vgl. auch die Josephsnovelle (Gen 41,45).

[16] So auch VAN SETERS 1994, 32.

vor seiner Berufung gliedert sich in zwei Teile, seine Rückkehr zu seinem Volk (V. 11-14) und seinen Aufenthalt in Midian (V. 15-22). Die Aufgabe dieses zweiteiligen Abschnitts 2,11-14.15-22 ist es, den Übergang des Mose von Ägypten nach Midian zu begründen.[17] Die Erzählung knüpft an einigen Stellen an die vorangehenden Abschnitte an: Die Bedrückung des Volkes Israel (בסבלתם)[18] wird ebenso wie das Heranwachsen des Mose am Pharaonenhof (V. 11) vorausgesetzt.[19]

An einem Tag will Mose den Streit zwischen zwei Hebräern vermitteln. Einer der Männer antwortet Mose mit der vorwurfsvollen Frage, wer ihn als ihren Aufseher (שׂר, vgl. 1,11) eingesetzt habe (V. 14). In der Erzählung wird die Tatsache, daß vor dem Hebräer mit Mose ein hochrangiger Ägypter vom Pharaonenhof steht, überhaupt nicht beachtet. Derselbe Zug kommt auch in der Fortsetzung vor, wenn Mose vor dem Pharao auftritt (Ex 5,1 usw.). Mose, der Adoptivsohn der Pharaonentochter, gilt dem Pharao wie ein Hebräer.

Der Hebräer setzt seine Rede fort und fragt Mose, ob er ihn umbringen wolle wie den Ägypter am vorigen Tag. Da versteht Mose, daß der von ihm begangene Mord bekannt geworden ist, und flieht vor dem Zorn des Pharaos nach Midian. Die Tötung des Fronaufsehers durch Mose wäre in Wirklichkeit kaum ein ausreichender Grund für den Pharao gewesen, den Adoptivsohn seiner Tochter umzubringen.

Diese und andere Umstände der Erzählung sind durch traditionale bzw. literarische Vorbilder erklärbar. Mose begeht seine Mordtat, um seine Brüder, die Hebräer, zu verteidigen, als ein Ägypter, offensichtlich ein Aufseher der Fronarbeiten, die Arbeiter

---

[17] So auch NOTH 1988, 19. Er sieht in V. 21f. ein sehr altes Überlieferungselement. Der Aufenthalt des Mose in Midian war eine Voraussetzung für seine erste Gottesbegegnug dort am Gottesberg.

[18] Ex 1,11 // 2,11.

[19] SCHMIDT 1988, 80. In V. 11 werden die israelitischen Fronarbeiter als Brüder Moses (אחיו) bezeichnet. Er hätte also am Hof des Pharao seine hebräische Identität bewahrt, was unwahrscheinlich klingt.

58

schlägt. Von der Situation her erinnert dieses Ereignis an die Erzählung über Jerobeam. Salomo macht den efraimitischen Jerobeam zum Aufseher über alle Fronarbeiten des Hauses Joseph (1 Kön 11,28). Als die israelitischen Fronarbeiter in Jerusalem beim Millo arbeiten, erhebt Jerobeam sich gegen Salomo (1 Kön 11,26-28). Die Erzählung ist leider unterbrochen und von einer prophetischen Erzählung (V. 29-39) überdeckt. Vielleicht wurden die Fronarbeiter seitens der jerusalemischen Werkführer schlecht behandelt und Jerobeam, selbst ein Efraimiter, verteidigte seine Stammesgenossen wie Mose seine Brüder, die Hebräer (Ex 2,11).[20] Diese Hypothese bleibt hier jedoch ohne Beweis.

Wegen dieses Zwischenfalls sucht Salomo Jerobeam zu töten, der jedoch nach Ägypten, an den Hof des Pharaos Schoschenk, flieht (1 Kön 11,40). Die Verse Ex 2,15 und 1 Kön 11,40 sind nahe Parallelen. Der König (Pharao / Salomo) will (בקשׁ) den Verbrecher (Mose / Jerobeam) töten (הרג / מות hi.). Der gesuchte Mann jedoch flüchtet (ברח) in ein fremdes Land (Midian / Ägypten).[21] Die Flüchtlinge bleiben in ihrem Asyl bis zum Tod des feindlichen Königs und kehren danach in ihre Heimat zurück.[22]

Der Abschnitt über die Flucht des Mose nach Midian und seinen Aufenthalt dort (Ex 2,15-22) ist eine Parallele zur Erzählung über die Begegnung Jakobs mit Rahel (Gen 29). In beiden Abschnitten hilft ein Flüchtling (Jakob / Mose) in einem fremden Land dem bzw. den einheimischen Mädchen beim Tränken ihrer Herde. Die Begegnung am Brunnen führt zu einer Eheschließung und der frischgebackene Ehemann (Jakob / Mose) bleibt in dem Haus seines Schwiegervaters. Es ist wahrscheinlich, daß Gen 29 als literarische Vorlage für Ex 2,15-22 diente.[23]

---

[20] So auch ALBERTZ 1992, 217f. Nach COOTE (1991, 75) bezieht die Mordtat des Mose (Ex 2,12) sich auf die Steinigung des salomonischen Fronaufsehers Adoniram durch die Israeliten (1 Kön 12,18).

[21] Ex 2,15aβb וַיְבַקֵּשׁ להרג את משה וַיִּבְרַח משה מפני פרעה וישב בארץ מדין
       1 Kön 11,40 וַיְבַקֵּשׁ שלמה להמית את ירבעם ויקם ירבעם וַיִּבְרַח מצרים

[22] Ex 4,18f. (2,23aα P); 1 Kön 11,40bβ.

[23] So auch VAN SETERS 1994, 31f. Nach SCHMIDT (1988, 84) herrscht

Mose kehrt nach Ägypten zurück, als er von Gott hört, daß
seine Widersacher gestorben sind (Ex 4,19 // Ex 2,23aα). Auch
Hadad bittet um die Erlaubnis, nach Edom zurückzukehren, als seine
Widersacher David und Joab gestorben sind (1 Kön 11,21). Hadad
sagt zu dem Pharao: "Laß mich (שלחני) in mein Land zurückkehren!"
Der Pharao jedoch widersetzt sich ihm und fragt, was ihm an seinem
Hof fehle, daß er in sein eigenes Land zurückkehren wolle. Hadad
jedoch wiederholt seine Bitte "Laß mich ziehen!"[24] Es ist möglich,
daß der Jahwist hier das Leitthema für seine Plagenerzählung
gefunden hat, wo das Wort "laß" (שלח, imp.) und der Widerstand des
Pharaos mehrmals vorkommen (Ex 5,1 usw.).

Aufgrund dieser Überlegungen sieht es so aus, als ob der
Abschnitt Ex 2,11-15a in seiner Entstehung den Erzählungen über
die zwei Widersacher Salomos, Prinz Hadad (1 Kön 11,14-22) und
Jerobeam (1 Kön 11,26-28.40), viel verdankt. Aus der Hadaderzählung stammen wahrscheinlich auch die zwei wichtigen Themen
des Exodus, daß Mose dem Kindermord (Ex 1,22) entgeht und daß
der Pharao sich weigert, die Hebräer wegziehen zu lassen (Ex 5,1
u.a.). Als literarische Vorlage für den Abschnitt Ex 2,15b-22 diente
besonders die Erzählung über Jakob und Rahel (Gen 29), wenn auch
die Hadaderzählung mit ihrem Thema "Heirat in einem fremden
Land" nicht weit davon liegt (1 Kön 11,19f.).[25]

Den Abschnitt Ex 2,23aβ-25 hat der priesterliche Verfasser
wahrscheinlich nicht ohne eine Vorlage aus den atl. Schriften

---

zwischen den beiden Erzählungen, ungeachtet der Gemeinsamkeiten, keine
unmittelbare literarische Abhängigkeit. Nach ihm ist die Aufgabe der Brunnenszene
(V. 15b-21a), den Überlieferungskern, die Tradition von Moses Ehe mit einer
Midianiterin (V. 21b.22a), sinnvoll einzuführen (SCHMIDT 1988, 85).

[24]   Vgl. VAN SETERS 1994, 66.

[25]   Auch nach VAN SETERS (1994, 32-34) dienten die Erzählungen über Hadad
und Jerobeam als Vorlage, als J die Exoduserzählung schrieb. Nach ihm haben dort
ihren Ursprung 1) der Kindermord, dem Mose entgeht; 2) die Flucht des Mose von
Ägypten nach Midian (in der Hadaderzählung von Midian nach Ägypten); 3) die
Erziehung des Kindes am Hof des Pharao; 4) die Heirat des Mose mit der Tochter
des Volksführers. Es ist jedoch zu beachten, daß die Erzählungen über Hadad und
Jerobeam kaum ohne eine lange Traditionsgeschichte entstanden sind. Deshalb ist
es möglich, daß die vor-dtr Traditionen J als Vorlage dienten.

verfaßt. Das Vokabular deutet darauf hin, daß er auf poetische Klageliteratur zurückgegriffen hat. Dafür spricht auch die Struktur der Schicht des priesterlichen Verfassers, in deren Abfolge von Notschilderung (1,13f.), Klage (2,*23-25) und Verheißung (6,2ff.) sich das Nacheinander von Klagepsalmen und Erhörung widerspiegelt.[26]

Die Abfolge "Notschilderung - Klage - Verheißung" kommt auch in den dtr Texten vor. Deswegen besteht eine zweite Möglichkeit darin, daß der priesterliche Verfasser diese Elemente aus DtrG und aus der ihm vorgegebenen Tradition entliehen hat. Nach WEIMAR stammt 2,23aβ aus der Tradition, während V. 23b eine Erweiterung von P ist, die er auf der Grundlage von 1 Sam 5,12 verfaßt hat.[27] Er hat auch bemerkt, daß die in V. 23aβ.24a geschilderte Abfolge "Aufschrei der Israeliten in einer konkreten Situation - Hören des Schreiens durch Gott", eine Parallele in 1 Sam 4,13f. hat.[28] WEIMAR sieht in V. 24b.25a eine Bildung von P und in V. 24a.25b eine vorpriesterschriftliche Tradition.[29] Die von P verfaßten V. 24b.25a drücken den gleichen Sachverhalt wie die

---

[26]   אנה und שועה begegnen nicht mehr im Pentateuch, kommen aber in Thr 1,4ff.; Jona 2,3; Ps 18,7; 34,16 u.a. vor. Auch die Wörter זעק (Thr 3,8 u.a.), שמע (Ps 34,18 u.a.) und ראה (Thr 5,1 u.a.) gehören zum Vokabular der poetischen Klageliteratur. SCHMIDT 1988, 96f.

[27]   Der Ausdruck שועה findet sich gewöhnlich im Zusammenhang des individuellen Klageliedes (z.B. Ps 39,13; 102,2) oder Dankliedes (z.B. Ps 18,7; 34,16), immer mit Bezug auf die Erhörung des Hilfeschreis durch Jahwe. Die einzige Belege des Wortes שועה außerhalb dieses Formzusammenhangs sind in Ex 2,23b und 1 Sam 5,12 zu finden. An diesen beiden Stellen wird das Wort שועה mit dem Verb עלה benutzt. WEIMAR 1973, 54f. Eine literarkritische Trennung zwischen V. 23aβ und V. 23b ist jedoch schwierig. In beiden Versteilen findet sich die Bildung מן העבדה. Diese Wiederholung könnte man zwar als literarkritisches Kriterium benutzen, aber ähnliche Wiederholungen kommen auch in 1,13f. (P) vor.

[28]   WEIMAR 1973, 59. Es ist jedoch zu bemerken, daß in 1 Sam 4,13f. nicht Gott den Schrei hört, sondern der Priester Eli.

[29]   Die Wendungen זכר ברית (V. 24b) und ראה (V. 25a) beziehen sich nicht auf ein konkretes Eingreifen Gottes für Israel, sondern deuten auf das folgende Exodusgeschehen: Jahwe/Elohim steht zur bᵉrit mit den Vätern und sorgt für die Israeliten. WEIMAR 1973, 65.

vorpriesterschriftliche Tradition in 24a.25b mit einer neuen Nuance aus.[30]

Die Theorie von WEIMAR erklärt den pleonastischen Charakter von V. 23aβ-25. Dadurch wird auch der lose Versteil 25b, dessen Zusammenhang mit V. 24a die Formulierungen in V. 24b.25a zerstört haben, erklärt. Diese traditionsgeschichtliche Atomisierung von Ex 2,23-25 ist nicht ganz überzeugend, jedoch vorstellbar.[31]

Bei der Untersuchung des traditionsgeschichtlichen Hintergrunds von Ex 1-2 haben wir festgestellt, daß sowohl J als auch P frühere atl. Texte bzw. ältere Traditionen hinter den Texten und allgemein verbreitete Sagenstoffe benutzt haben, als sie ihre Darstellung über die Unterdrückung der Israeliten in Ägypten und über die Kindheit und Jugend des Mose verfaßten.

Die Frage kommt auf, ob hinter Ex 1-2 überhaupt selbständige Exodusüberlieferungen zu finden sind. Nach VAN SETERS ist in Ex 1-2 keine alte Exodusüberlieferung literar- und traditionskritisch zu trennen. Seiner Meinung nach hat der Jahwist die Exoduserzählung frei verfaßt.[32] Sein Ausgangspunkt waren einige kurze Aussagen über die Befreiung der versklavten Israeliten aus Ägypten durch Jahwe, wie: "Ich bin Jahwe, dein Gott, der dich aus Ägypten geführt hat, aus dem Sklavenhaus" (Dtn 5,6).[33]

Dagegen ist WEIMAR der Meinung, daß dem Verfasser der Priesterschrift eine frühere Exodusüberlieferung zur Verfügung stand, die er bearbeitet und erweitert hat. Nach WEIMAR stellen Ex

---

[30] WEIMAR 1973, 69. Als Objekt zu וידע in V. 25b ist את נאקם zu ergänzen.

[31] Eine andere Meinung vertritt L. SCHMIDT (1993, 6-10), nach der der priesterliche Verfasser von dem vorpriesterlichen Bestand abhängig ist. Er hält den priesterlichen Text in Ex jedoch für eine Quellenschrift, die aufgrund der vorpriesterlichen Fassung der Exoduserzählung verfaßt wurde. Später wurden die vorpriesterliche und die priesterliche Fassung redaktionell zusammengeschloßen. Anders BLUM (1990, 219ff.), nach dessen Meinung die priesterlichen Texte als Ergänzung des vorpriesterlichen Bestandes entstanden sind.

[32] VAN SETERS 1994, 27.458.

[33] Vgl. auch Dtn 5,15; 6,21; 7,8; 9,26. Siehe näher zu den Dtn Formulae CHILDS 1967, 30-39. Die knapp formulierten Aussagen kommen auch z.B. in Jer 2,6; 11,4; Am 2,10; Mi 6,4 vor.

1,*1-5.7.13 (ohne בפרך); 2,23aβ.2,24a.25b eine nichtpriesterliche Tradition dar, die eine knapp formulierte Exposition zur Exodusgeschichte bilden:[34]

ואלה שמות בני ישראל	1,1aα
ראובן שמעון לוי ויהודה	1,2
יששכר זבולן (יוסף) ובנימן	1,3
דן ונפתלי גד ואשר	1,4
וירבו ויעצמו (בני ישראל)	1,7aβ
ויעבדו מצרים את בני ישראל	1,13*
ויאנחו בני ישראל מן העבדה ויזעקו	2,23aβ
וישמע אלהים את נאקתם וידע	2,24a.25b

1,1aα	Das sind die Namen der Söhne Israels:
1,2	Ruben, Simeon, Levi, Juda,
1,3	Issachar, Sebulon, (Josef), Benjamin,
1,4	Dan, Naftali, Gad und Ascher.
1,7aβ	Sie (die Söhne Israels) vermehrten sich und wurden stark.
1,13*	Die Ägypter machten die Söhne Israels zu Sklaven.
2,23aβ	Die Söhne Israels stöhnten wegen ihrer Sklaverei und sie klagten.
2,24a.25b	Gott hörte ihr Stöhnen und war wohlwollend.

Die rekonstruierte Überlieferung folgt dem Vorstellungsmodell "Not – Klage – Erhörung durch Gott – Eingreifen Gottes". Dies läßt nach der Meinung WEIMARs das abschließende Element des göttlichen Eingreifens für die Israeliten in der Fortsetzung, d.h. in der Meerwundererzählung, erwarten.[35] Diese Rekonstruktion ist ein interessanter Versuch, eine schriftliche Exodusüberlieferung hinter der heutigen Exoduserzählung zu finden. Wenn es eine solche Überlieferung wirklich gegeben haben sollte, könnte man sich

---

[34] WEIMAR 1973, 40.70-72.
[35] WEIMAR 1973, 73-76.

weiterhin vorstellen, daß auch der nicht-priesterliche Erzähler (J) die alte Exodusüberlieferung gekannt hat und mit Erzählstoffen aus der Patriarchentradition und besonders aus der Salomotraditionen neu erzählt und erweitert hat. Eine kritische Haltung gegenüber dieser Rekonstruktion einer älteren Exodusüberlieferung ist jedoch verständlich.[36]

4.3. Der geschichtliche Hintergrund von Ex 1-2

Im vorangehenden Kapitel blieb die Frage offen, ob dem nicht-priesterlichen (J) oder dem priesterlichen Verfasser eine schriftliche Exodusüberlieferung vorgegeben war oder ob sie ihre Darstellung aufgrund kurzer Exodusformulare verfaßt haben, die sie in dtn Traditionen bzw. in den Propheten gefunden haben. In diesem Kapitel werden wir kurz überlegen, inwieweit die in Ex 1-2 beschriebenen Ereignisse historisch möglich bzw. wahrscheinlich sind.

Hinter dem in Ex 1,11 erwähnten Städtenamen Pitom (פתם) steht vermutlich der ägyptische Name *Pr-'Itm,* "Haus des Atum".[37] Der zweite Stadtname Ramses (רעמסס) wird allgemein mit der Ramsesstadt im Ostdelta aus dem 13. Jh. gleichgesetzt.[38] Es wird auch bestritten,

---

36 Vgl. SCHMIDT (1988, 90) "Doch reichen die sehr detailliert vorgetragenen syntaktischen und sprachlichen Begründungen [von WEIMAR] für die Abhebung einer P^G vorgegebenen Vorlage kaum aus. Die Priesterschrift hat eben einen breiteren Stil, der Wiederholungen liebt." Auch VAN SETERS (1994, 23 Anm. 23) hält es für unnötig, mit WEIMAR hinter P eine selbständige Tradition zu sehen.

37 Pitom wurde z.B. mit *Tell er-Reṭābe* in *Wādi eṭ-Tumēlāt* identifiziert. NOTH 1988, 11; FOHRER 1964, 15 Anm. 12. Nach REDFORD (1982, 1054ff.) handelt es sich um *Tell el-Maschūṭa* (12 km östlich von *Tell er-Reṭābe*), das er mit der Umgebung von Sukkot (Ex 12,37; 13,20) gleichsetzt. Siehe zur Diskussion über die Identifikation von Pitom: SCHMIDT 1988, 36f.; HOUTMAN 1993, 125f.

38 Außer Ex 1,11 wird "Ramses" auch in Ex 12,37; Num 33,3.5 erwähnt. Der ägyptische Name der Stadt Ramses (*Pr-R'mśśw-mrj-Imn-'3-nhtw* "Haus des Ramses, geliebt von Amun, groß an siegreicher Kraft") weist auf Pharao Ramses II. (1292-1225 v.Chr.) hin. NOTH 1988, 11; AHARONI 1979, 195. Die Stadt

daß die zwei Städtenamen Pitom und Ramses historische Erinnerung aus dem 13. Jh. bewahrt haben.[39] LXX liest nach den zwei Städtenamen Pitom und Ramses noch einen dritten, Heliopolis.[40]

Einen anderen Ausgangspunkt für die Überlegungen zum geschichtlichen Hintergrund der Erzählung stellt die Bezeichnung der Israeliten als Hebräer (העברים) in der Exoduserzählung dar.[41] Das Apellativum *ḫabiru* wurde seit dem 2. Jt. v.Chr. im Alten Orient als Bezeichnung für Leute benutzt, die nicht die Rechte der alteingesessenen Landesbewohner hatten.[42] Von dem Apellativum *ḫabiru* ist das Gentilizium *'ibrî* abgeleitet. Die Hebräer gehören zu der größeren Gruppe, die im Ägyptischen mit den Konsonanten *'pr* bezeichnet wird.[43] Man kann jedoch angesichts der weiten Verbreitung und der umfassenden Bedeutung des altorientalischen Begriffs nicht ohne weiteres die Israeliten mit den in einigen ägyptischen Dokumenten erwähnten *'pr*-Leuten identifizieren.[44]

Ein Musterbrief aus der Zeit des Ramses II. (1292-1225) erwähnt "die *'pr*, die Steine ziehen für den großen Pylon von ... (Name des Gebäudes) ... des Ramses, des Geliebten des Amon."[45]

---

wird z.B. mit *Ṣān el-Ḥagar* (Tanis) identifiziert. Eine zweite Möglichkeit ist, daß es sich um eine Ortschaft beim heutigen Dorf *Qantîr*, im Gebiet des östlichen Nildeltas handelt. FOHRER 1964, 15. Zur Diskussion, siehe SCHMIDT 1988, 37f.; HOUTMAN 1993, 126f.

[39] Nach REDFORD (1963, 401-418; 1982, 1054-1058) ist Ex 1,11 ein priesterlicher Einschub aus dem 7. Jh. oder später. VAN SETERS (1994, 24) folgt der Auffassung von REDFORD und ist der Meinung, daß Pitom erst um 600 v.Chr. gebaut wurde.

[40] ... καὶ Ὠν, ἥ ἐστιν Ἡλίου πόλις. Vgl. Joseph, der Asenat, die Tochter Potiferas, des Priesters von On (= Heliopolis), zur Frau bekam (Gen 41,45). Dies kann der Grund für den Zusatz in LXX sein.

[41] Das Wort העברים (Pl.) begegnet im Buch Exodus in Ex 1,15.16.19; 2,6.7.11.13; 3,18; 5,3; 7,16; 9,1.13; 10,3. Die zahlreichen Belege des Wortes sprechen nach ALBERTZ (1992, 76) für die Zugehörigkeit der Exodusgruppe zu der Klasse der Entwurzelten.

[42] NOTH 1988, 11.

[43] Siehe dazu LORETZ 1984, Kap. 5.5; ALBERTZ 1992, 75f.; KNAUF 1994, 103f.

[44] NOTH 1988, 11; FOHRER 1964, 16.

Es war nicht ungewöhnlich, daß semitische Nomadengruppen in Notlagen auf der Suche nach Wasser und Weideland nach Ägypten einwanderten (vgl. Gen 12,10; 41,56f.; 42,1ff.; 43,1ff.).[46] Einige Forscher sind allerdings der Meinung, daß die Israeliten keine ehemaligen Nomaden waren.[47] Die semitischen Einwanderer haben vermutlich zeitweilig ihre Arbeitskraft für die staatlichen Bauarbeiten gestellt.[48] Die Frage, unter welchen Umständen die

[45] NOTH 1988, 11; FOHRER 1964, 16; ALBERTZ 1992, 75. Der Musterbrief des Ramses II. gehört zu der Leidener Sammlung.

[46] Dies wird durch einen Brief eines Grenzbeamten bestätigt: "Wir haben das Durchschleusen der Š'św-Stämme von Edom durch die Festung des Mernephtah, die in Tkw ist, zu den Teichen von Pr-'Itm des Mernephtah ..., die im Gebiet von Tkwsind, beendet, um sie und ihre Herden zu versorgen." Papyrus Anastasi VI, 51-61; ANET 259. Die Beduinen durften bis zu den Wasseranlagen in der Nähe der Grenzfestung passieren, um ihre Herde zu tränken. Man darf diese Nachricht jedoch nicht als eine gute Illustration zur israelitischen Einwanderung nach Ägypten betrachten, da der Grenzübergang vermutlich nur eine kurzfristige Erlaubnis betraf. NOTH 1988, 10; HERRMANN 1970, 43-48; AHARONI 1979, 196; DONNER 1984, 88-91; SCHMIDT 1988, 36.

[47] Nach ALBERTZ (1992, 75) hatte sich die Exodusgruppe wirtschaftlich weitgehend ägyptischer Lebensart angepaßt und hatte keinerlei Kenntnisse nomadischer Lebensgewohnheiten und Überlebensstrategien und gerät deshalb fortlaufend in Not. Dazu kommt, daß Mose einen ägyptischen Namen hatte. ALBERTZ zieht die Schlußfolgerung, daß die Hebräer keine Nomaden waren. Daraus folgt, daß die Jahwereligion von Hause aus keine nomadische Religion ist. Es läßt sich einwenden, daß die Hebräer wohl in Ägypten, innerhalb mehrerer Generationen, ihre nomadische Identität verloren. Jahwe ist von seinem Charakter her keine Vegetations- bzw. Fruchtbarkeitsgottheit. Demzufolge ist die Jahwereligion auch nicht als eine Religion des Kulturlandes einzuordnen. ALBERTZ ist mit HELCK (1972, 180) der Meinung, daß die Exodusgruppe eine Abteilung Kriegsgefangener von ethnisch unterscheidlicher Herkunft gewesen sei. So auch KNAUF 1994, 103.

[48] Wenn dies der Fall war, "hätten die von den Erzählern geschilderten Fronarbeiten als die üblichen Dienstleistungen für den Staat bzw. den Pharao gegolten und keineswegs den hinterhältigen Absichten gedient, die ihnen unterstellt werden." FOHRER 1964, 17. Eine Arbeitsliste (Pap. Brooklyn 35.1446) aus dem 18. Jh. v. Chr. enthält u.a. Semiten unter dem Dienstpersonal eines ägyptischen Hauses. SCHMIDT 1988, 58. Anders GÖRG 1978, 272-280 und KNAUF 1994, 106. Nach deren Meinung wurden die Israeliten aus Ägypten vertrieben. Sie verweisen auf eine Stele, die den König Sethnacht (1190-1187) wegen der Vertreibung der "Asiaten" rühmt. Nach GÖRG beruht das Thema der Fronarbeit der Israeliten in Ägypten auf einer jahwistischen Aktualisierung der Tradition in der salomonischen Zeit. ALBERTZ (1992, 74) kritisiert die These GÖRGs mit Recht

Israeliten sich für eine längere Zeit in Ägypten niederlassen konnten, bleibt jedoch ohne Antwort. Man kann nur allgemein feststellen, daß eine israelitische Gruppe für einen nicht näher zu bestimmenden Zeitraum im östlichen Nildelta seßhaft wurde.[49]

Die Übereinstimmung zwischen den atl. Angaben und den ägyptischen Quellen reicht aus, um den Kern der alttestamentlichen Überlieferung für historisch wahrscheinlich zu halten: Eine Nomadengruppe, die später zu Israel gehörte, wurde im östlichen Delta des Nils im 13. Jh. zu Bauarbeiten zwangsverpflichtet.[50] Über die Unterdrückung in Ägypten fehlte dem Verfasser der Exoduserzählung jedoch eine genauere Vorstellung, weshalb die nähere Beschreibung der Sklavenarbeit mit Anleihen z.B. aus der Salomotradition bzw. der atl. Salomogeschichte gefärbt wurde.

Die Situation Israels in Ägypten spiegelt sich in der Aussetzungsgeschichte wider. Lokalkolorit bringt u.a. das Papyrusboot (תבת גמא) im Schilfdickicht des Nils.[51] Die ägyptischen Wörter in V. 3 sind jedoch nicht unbedingt ein Beweis für eine alte, in Ägypten entstandene Vorlage der Exoduserzählung. Auch spätere Erzähler in Israel konnten die lokalen Gegebenheiten in Ägypten kennen und darstellen. Der Name des Mose ist dagegen ein stärkeres Argument für den ägyptischen Ursprung der Exodustradition.

Die Namensätiologie in V. 10b verbindet den Namen Mose mit dem Verb משׁה "herausziehen". Es handelt sich um ein aktives Partizip "der, der herauszieht". Eigentlich würde man aufgrund der Ereignisse in V. 5 die passive Partizipform -Form מָשׁוּי "der, der herausgezogen wurde" erwarten. Das Verb משׁה kommt noch in Jes 8,6 (qal); 2 Sam 22,17; Ps 18,17 (hi.) vor. Die Namensdeutung setzt die naive Vorstellung voraus, daß die Pharaonentochter Hebräisch gesprochen habe.[52]

---

und weist auf den Befreiungsimpuls hin, ohne den die Exodustradition kaum später im Jerobeamaufstand verwendet und literarisch ausgeformt worden wäre.

[49]   SCHMIDT 1988, 37.
[50]   FOHRER 1964, 15; HERMANN 1970, 29f.35f.; WEIMAR-ZENGER 1975, 118f.; DONNER 1984, 89f.; SCHMIDT 1988, 40; ALBERTZ 1992, 73f.
[51]   SCHMIDT 1988, 58; HOUTMAN 1993, 275.

Historisch am wahrscheinlichsten, aber nicht sicher, ist die Herleitung des Namens Mose von dem ägyptischen Verb *mśj* "gebären", das auch in den Pharaonennamen Thut-Mose und Ra-mses enthalten ist. Das Verb hat in den Namen die Bedeutung: "Der Gott x ist geboren bzw. hat (ihn) geboren." Mose könnte eine Kurzform dieses Namenstyps sein, bei dem das theophore Element weggefallen ist.[53]

Der ägyptische Name Mose ist eine schwerlich aus sekundären Umständen ableitbare Tatsache in der Erzählung über die Geburt des israelitischen Befreiers und spricht für einen historischen Kern hinter der Mosetradition. Wenn man den Namen frei erfunden hätte, hätte man eher einen jahwehaltigen Namen ausgesucht.[54] Die mit dem Namen Mose verknüpften Legenden und allgemeinen Sagenmotive machen ihn nicht zu einer unhistorischen Gestalt.[55]

Fazit

Aufgrund der Untersuchung von Ex 2 sieht es so aus, als ob die nichtpriesterliche Erzählung über die Jugend des Mose (Ex 2,11-15a) unter Rückgriff auf Erzählungen über die zwei Widersacher Salomos, Prinz Hadad (1 Kön 11,14-22) und Jerobeam (1 Kön 11,26-28.40), verfaßt wurde. Aus der Hadaderzählung kommen vermutlich die zwei wichtigen Themen des Exodus, daß Mose dem Kindermord (Ex 1,22) entgeht und daß der Pharao sich weigert, die Hebräer wegziehen zu lassen (Ex 5,1 u.a.). Außerdem hat der

---

[52] FOHRER 1964, 21; SCHMIDT 1988, 73f.; HOUTMAN 1993, 289.

[53] SCHMIDT 1988, 74. Nach FOHRER (1964, 21) handelt es sich um einen Bestandteil theophorer ägyptischer Namen, die den Namensträger als "Sohn" (*ms[w]*) einer Gottheit bezeichnen. Die zweite Möglichkeit besteht nach seiner Meinung darin, daß der Namensträger als Abbild der Gottheiten hingestellt wird (z.B. Tut-mose, Ra-mses).

[54] So auch FOHRER 1964, 22; SCHMIDT 1988, 58f.

[55] FOHRER 1964, 3.7.20. Siehe dazu auch SCHMIDT 1988, 58-61.

Verfasser auch andere Traditionen als Vorlage benutzt, wie allgemeine Sagenstoffe mit dem Aussetzungsmotiv und die atl. Erzählung über Jakob und Rachel.

Es ist unklar, in welcher Form der nichtpriesterliche Verfasser (J) die früheren Erzählungen z.B. über Hadad und Jerobeam vorgefunden hat, die er als Vorlage für seine Exoduserzählung benutzte. Die Erzählungen über Hadad und Jerobeam, wie auch viele andere Abschnitte in der dtr Salomogeschichte sind nicht ohne eine Traditionsgeschichte enstanden. Daraus ergibt sich, daß der nichtpriesterliche Verfasser für seine Exoduserzählung entweder vor-dtr Salomotraditionen oder die dtr Salomogeschichte als Vorlage benutzt hat.

5. Die Fronverschärfung (Ex 5)

5.1. Literarkritik

In Ex 5 bittet Mose den Pharao, das Volk Israel in die Wüste zu entlassen, damit es dort ein Fest für Jahwe feiern kann. Der Pharao weigert sich, das Volk zu entlassen, und als Strafe für die Bitte legt er den israelitischen Zwangsarbeitern erschwerende Arbeitsbedingungen auf. Er befiehlt den Werkführern, dem Volk nicht mehr wie bisher Stroh zur Herstellung von Ziegeln zu geben. Die Israeliten sollen sich selbst das Stroh zusammenlesen, aber dasselbe Soll an Ziegeln wie früher anfertigen. Die israelitischen Listenführer versuchen vergeblich, die Rücknahme der erschwerenden Anordnung des Pharaos zu erreichen.

Ex 5 macht größtenteils den Eindruck, einheitlich zu sein. Es gibt jedoch einige Ausnahmen von diesem Sachverhalt. Die Erwähnung Aarons in 5,1.(4).20 neben Mose ist wahrscheinlich ein Zusatz des jehowistischen Redaktors.[1] Dazu kommt, daß in einigen Einzelheiten, besonders in V. 1-5, der Gedankengang nicht ganz folgerichtig ist. Nach der Bitte in V. 1 soll der Pharao die Israeliten in die Wüste ziehen lassen (שלח), so daß sie dort ein Fest für Jahwe feiern (חגג) können. In V. 3 ist die Forderung an den Pharao etwas anders formuliert. Die Sprecher (1. Pers. Pl.) sagen, daß der Gott der Hebräer ihnen begegnet sei. Deshalb bitten sie den Pharao, sie drei Tagesmärsche weit in die Wüste gehen zu lassen, um dort Jahwe Schlachtopfer darzubringen (זבח). Aus der Person (1. Pers. Pl.) ist zu schließen, daß hier ganz Israel spricht.

Man braucht jedoch nicht eine Spannung zwischen V. 1 und V. 3 zu sehen oder V. 3 als eine Doppelung von V. 1 zu betrachten. Die verneinende Antwort des Pharaos in V. 2 fordert die weitere Begründung und Erklärung der Bitte, die in V. 3 ausgedrückt wird. V. 3 kann man auch nicht als ein sekundäres Element aus der Erzählung aussondern. Er bezieht sich wörtlich auf 3,18, wo Jahwe

---

[1]   SCHMIDT 1988, 250.

dem Mose Anweisungen für die künftigen Verhandlungen mit dem
Pharao gibt. Auch die für die Erzählung notwendigen V. 8.17
greifen auf V. 3 zurück. In V. 17 wiederholt der Pharao wütend den
Wunsch der Hebräer, ihrem Gott Schlachtopfer darzubringen (V.
3.8), und behauptet zweimal, daß die Israeliten faul (נרפים) sind.

In V. 4 antwortet der König Ägyptens auf die Bitte Moses und
Aarons und befiehlt ihnen, ihre Fronarbeit zu tun. In V. 5 kommt
auffälligerweise eine zweite Redeeinleitung des Pharaos und seine
verspätete Frage, warum Mose und Aaron die Israeliten vom
Frondienst abhalten wollen. V. 4 und V. 5 stellen folglich eine
Doppelung dar. V. 4 paßt schlechter in den Kontext und setzt voraus,
daß auch Mose fronpflichtig gewesen wäre, was dem Abschnitt 2,11-
15 (J) widerspricht. V. 5 dagegen greift auf 1,8-12 (J) zurück.
Darum scheint V. 5 Teil des ursprünglichen Bestandes zu sein.[2]

V. 9 hebt sich aus dem Kontext heraus, weil in ihm nichts über
die Herstellung der Ziegel gesagt wird, anders als in den restlichen
Versen (V. 7f.10-18). Außerdem verdoppelt V. 9 den vorangehenden
V. 8. Eine Lösung wäre, V. 9 als eine spätere Zufügung von P
anzusehen. Dies würde auch das für P typische Wort עבדה
"Sklavenarbeit" (vgl. 1,13f.; 2,23) in V. 9 erklären. Auch in V. 11
begegnet derselbe Begriff עבדה. In der Schicht des Jahwisten kommt
dagegen der Begriff סבלות "die Fronarbeiten" (Ex 1,11; 2,11; 5,4f. J)
vor.[3] Muß man aus dieser Inkonsequenz in der Wortwahl

---

[2]   SCHMIDT 1988, 245. Nach NOTH (1988, 38) ist V. 4 ein Fragment von E.
Nach der Meinung von HOUTMAN (1993, 467) kann zwischen V. 4 und V. 5
keine Zäsur sein. Auch VAN SETERS (1994, 74f.) versucht, die Dublette in V. 5
in Anlehnung an Überlegungen NOTHs (1988, 38) wegzuerklären. Nach seiner
Meinung handelt es sich in V. 5 nicht um eine neue Rede des Pharaos, sondern um
seine Gedanken, die sich an V. 4 anschließen. Gegen diese Möglichkeit sprechen
der Ausruf הן und die Verbform והשבתם (2. Pers. Pl. masc.) in V. 5, die darauf
deuten, daß der Pharao die Berater des Volkes wirklich anredet.
[3]   L. SCHMIDT (1993, 6) macht darauf aufmerksam, daß der priesterliche
Verfasser in 6,2-8 zwei für J typische Begriffe סבלות (Ex 1,11; 2,11; 5,4f. J) und
נצל hi. "herausreißen" (3,8; 5,4f. J) benutzt, die anderswo in P nicht vorkommen.
Die Benutzung der beiden Begriffe in 6,6f. ist nach seiner Meinung nur
verständlich, wenn dem Verfasser (P) die nichtpriesterliche Darstellung in Ex 1-5
schriftlich vorlag.

schließen, daß V. 9 und V. 11 nicht zu der Schicht des Jahwisten gehören?[4] Dies ist wohl kaum ein hinreichendes Argument, V. 9 und V. 11 aus der Grunderzählung auszusondern. Wir müssen unten weitere Gründe für das auffällige Vorkommen des Begriffs עבדה in der Schicht des Jahwisten (V. 9.11) untersuchen.

M. NOTH hat darauf aufmerksam gemacht, daß Mose in den Verhandlungen mit dem Pharao in seltsamer Weise in den Hintergrund geraten ist. In 5,1-5.(20f.).22f. verhandeln Mose und Aaron, während in 5,6-19 die israelitischen Listenführer (שטרים) Verhandlungen mit dem Pharao führen. In V. 3 weist das Pronomen "wir" auf das ganze Volk Israel hin. Daraus schließt NOTH, daß in 5,3-19 ein altes Überlieferungsstück vorliegt, in dem die Israeliten insgesamt mit dem Pharao verhandeln, während andernorts in der Schicht von J Mose der Verhandlungspartner Pharaos ist. J habe dieses Traditionsstück seiner Darstellung eingefügt.[5]

Die Beobachtung NOTHs ist zutreffend und bemerkenswert,[6] obwohl seine Schlußfolgerungen im Blick auf das alte Traditionsstück wohl nicht stimmen.[7] Wir werden unten näher erörtern, ob der Abschnitt (V. 6-19) über die Verhandlungen der israelitischen Listenführer mit dem Pharao durch eine schriftliche Vorlage erklärt werden kann.

Aufgrund der literarkritischen Untersuchung ist unser Ergebnis, daß das von dem nichtpriesterlichen Verfasser (J) verfaßte Kapitel Ex 5 einheitlich ist, abgesehen von V. 4 und den Erwähnungen Aarons (V. 1.4.20), die später zugesetzt wurden.[8]

---

[4]   In der Wortwahl des Jahwisten sind in Ex 5 auch weitere Variationen zu beobachten: "Sagen" (V. 17) – "Schreien" (V. 8); "Ziegel streichen" (V. 7) – "Ziegel machen" (V. 16); "Häcksel" (תבן V. 7.10-13.16.18) – "Stroh" (קשׁ V. 12). SCHMIDT 1988, 247.

[5]   NOTH 1988, 38-40.

[6]   Diese Beobachtung macht auch SMEND 1963, 90f.

[7]   Ein Problem besteht darin, warum J diese Spannung nicht ausgeglichen hat. Ferner ist auf 3,18 hinzuweisen, wo vorausgesetzt wird, daß sowohl Mose als auch die Ältesten Israels Verhandlungen mit dem Pharao führen sollen, wie es in Kap. 5 tatsächlich geschieht. Auch SCHMIDT (1988, 253-255) kritisiert die Theorie NOTHs.

[8]   So auch SCHMIDT (1988, 247). Er weist darauf hin, daß es nicht möglich ist, in Ex 5 einen parallelen E-Bericht auszusondern. Nach VAN SETERS (1994,

5.2. Form und Tradition

Kapitel 5 blickt einerseits auf 1,9-12 zurück und bringt eine Verschärfung in die Bedingungen der Fronarbeit (סבלות)[9]. Andererseits bereitet Kap. 5 den Boden für die Plagenerzählung (Kap. 7ff.) und ist ihre unentbehrliche Voraussetzung. Die harte Reaktion des Pharaos auf die Bitte Moses, die Fron zu erleichtern, gibt eine Legitimation für die Plagen. Die Rückbezüge[10] auf frühere Stellen von J sprechen dafür, daß Kap. 5 zu der Geschichtsschreibung des Jahwisten gehört.[11] Es ist jedoch auch ein Bruch zwischen Kap. 5 und den früheren Abschnitten des Jahwisten zu beobachten. In Ex 5 wird nicht auf einen früheren Aufenthalt Moses am Hof des Pharaos angespielt.[12]

Daneben gibt es in Kap. 5 Begriffe, die nicht in anderen Texten des Jahwisten vorkommen. In 1,11 bezeichnet der Jahwist die Fronbeamten mit dem Begriff שרי מסים. In 5,6.10.13f. wird dagegen das Wort "Antreiber" (נגשׂים)[13] verwendet. Außerdem kommt in Kap. 5 der Titel שטר "Aufseher" (V. 6f.10.14f.19) vor,[14] der

70) stammt das einheitliche Kap. 5 von J. Nach seiner Meinung geben die Spannungen keinen Anlaß, frühere Traditionen hinter der Erzählung oder Bearbeitung anzunehmen. J hat Kap. 5 als eine Brücke zwischen der Berufungserzählung des Mose und der Plagenerzählung verfaßt. Auch nach CHILDS (1974, 95) handelt es sich bei Ex 5 um eine spätere redaktionelle Brücke.

[9]   1,11; 2,11; 5,5. (J). 5,4 ist später.

[10]   סבלתם "ihre Fronarbeiten" (V. 5 // 1,11; 2,11; vgl. 6,6f. P); לבן לבנים "Ziegel streichen" (V. 7 // Gen 11,3); פוץ "zerstreuen" (V. 12 // Gen 11,4.8f.10. 18 u.a.); דבר יום ביומו "Tagessoll" (V. 13.19 // Ex 16,4); אוץ "drängen" (V. 13 // Gen 19,15); שעה "hinblicken" (V. 9 // Gen 4,4f.).

[11]   SCHMIDT 1988, 248. So auch VAN SETERS (1994, 70f.), der auf die salomonischen Assoziationen in Ex 5 hinweist.

[12]   SCHMIDT (1988, 255) weist darauf hin, daß "auch der Plagenzyklus den persönlichen Umgang mit Pharao voraussetzt, ohne an die nach 2,5ff. entstandenen Bindungen zu erinnern." Daraus folgert er, daß die Überlieferungen von Kindermord und Aussetzung ursprünglich nicht zu dem Zusammenhang von Ex 5 und 7ff. gehört haben könnten.

[13]   Ex 3,7; Jes 9,3; Sach 9,8, Hi 3,18 u.a.

[14]   שטריו V.6.10; שטרי בני ישראל, V. 14f.19. שטר (VT 25x) < Akk. ṣatāru "schreiben". Diese Beamten konnten lesen und schreiben. HOUTMAN 1993, 469.

außerhalb von Ex 5 auch in jüngeren Schriften des AT, oft im Zusammenhang mit den Richtern und Ältesten Israels, belegt ist.[15]

Am Anfang des Kapitels 5 teilt Mose dem Pharao ein Jahwewort mit, dem die Prophetenformel vorangeht: "So spricht Jahwe, der Gott Israels". Der Pharao will dem Jahwewort nicht gehorchen (V. 2), weshalb Mose die Forderung Jahwes wiederholt und sie mit der Androhung von Pest und Schwert unterstrich (V. 3). Es ist anzunehmen, daß dieser Zug seinen Ursprung in den prophetischen Texten hat, in denen die Trias "Pest, Hunger, Schwert" häufig vorkommt.[16]

Nach VAN SETERS hat der Jahwist den klagenden Mose in V. 22f. so gezeichnet, daß er an den Propheten Jeremia (Jer 20,9) erinnert. Mose leistet hier erstmals Fürbitte für Israel und ist Vermittler zwischen Jahwe und dem Volk.[17] Diese Beobachtungen deuten darauf hin, daß Ex 5 in mehreren Einzelheiten von den prophetischen Traditionen bzw. Prophetenbüchern abhängig ist. Die Darstellung von J in Kap. 5 ist jedoch nicht allein durch die Prophetentraditionen zu erklären.

Der Inhalt des Jahwewortes in V. 1 ist die Aufforderung an den Pharao, die Israeliten gehen zu lassen (שׁלח), damit sie für Jahwe in der Wüste ein Fest feiern können. Diese Forderung des Mose an den Pharao wird ein Leitmotiv der Exoduserzählung.[18] Für uns

---

[15] Num 11,16; Dtn 1,15; 16,18; 20,5.8f.; 29,9; 31,28; Jos 1,10; 3,2; 8,33; 23,2; 24,1; 1 Chr 23,4; 26,29; 27,1; 2 Chr 19,11; 26,11; 34,13; Spr 6,7. VAN SETERS (1994, 72) verwendet den Begriff שׁטר als eine Kriterium für die Spätdatierung des Werkes des Jahwisten. SCHMIDT (1988, 248f.261) dagegen steht der Möglichkeit, daß man den Titel שׁטר als ein Kriterium für die Spätdatierung des Kap. 5 (und für das Werk des Jahwisten überhaupt) verwenden kann, mit Vorbehalt gegenüber.

[16] Jer 14,12; 21,9; 24,10; 27,8.13; Ez 6,11; 7,15. Nur in Ex 5,3 kommen diese zwei zusammen. VAN SETERS (1994, 74) ist der Meinung, daß Ez 20,8 hinter V. 3 steht.

[17] VAN SETERS 1994, 75. Siehe dazu auch AURELIUS 1988, 160-167.

[18] (4,21-23); 5,2; 7,14.27; 8,17; 9,2; 10,4. In 8,4.24; 9,28 ist ein Zugeständnis des Königs, das Volk zu lassen. Der Pharao jedoch bereut und läßt das Volk nicht ziehen (8,28; 9,7.35; 10,20.27).

interessant ist die Beobachtung, daß das Motiv des Lassens (שלח) auch in 1 Kön 11,21 vorkommt. An dieser Stelle bittet Hadad den Pharao: "Laß mich (שלחני) in mein Land zurückkehren!" Der Pharao widersetzt sich zuerst der Bitte Hadads und will ihn nicht lassen. Anhand der Kap. Ex 1-2 sind wir zu dem Ergebnis gekommen, daß der nichtpriesterliche Erzähler (J) auf die Hadad- und Jerobeam-erzählungen (1 Kön 11) zurückgriff, als er die Exoduserzählung verfaßte. Das Thema des "Lassens" hat er wahrscheinlich aus der dtr Hadaderzählung (1 Kön 11,21f.) bzw. aus der der dtr Erzählung vorgegebenen früheren Hadadtradition übernommen.

Der nichtpriesterliche Verfasser (J) bezeichnet die harte Arbeit der Israeliten normalerweise mit dem Wort סבל, wie wir oben gesehen haben. In V. 9.11 benutzt er jedoch auffälligerweise das Wort עבדה, das in Ex sonst nur in der Schicht des priesterlichen Verfassers (1,14; 2,23; 6,6.9) begegnet.[19] Das Vorkommen des Wortes עבדה in 5,9.11 erklärt sich wahrscheinlich aufgrund der Tradition in 1 Kön 12, die J als seine Vorlage benutzte. In 1 Kön 12,4 bitten die Israeliten Rehabeam, die harte Fron (מעבדת הקשה) seines Vaters zu erleichtern.

Wir wollen noch kurz auf das Wort תבן "Stroh, Häcksel" hinweisen. Es kommt 8mal in Ex 5,3-21 vor und wird ein Leitwort des Abschnitts. Die acht Vorkommen des Wortes תבן in Ex 5 machen die Hälfte von sämtlichen Belegen des Wortes im AT aus.[20] Ein zweiter Beleg des Wortes תבן in 1 Kön 5,8 kommt von der Situation her unserer Stelle nahe. Nach 1 Kön 5,8 waren die Israeliten gezwungen, das Stroh für die 40 000 Streitwagenpferde Salomos zu bringen. Es entsteht der Verdacht, daß dieser riesige Aufwand, das Stroh für den König Salomo zwangsweise zu sammeln – einigermaßen modifiziert – in der Ziegelarbeit der Israeliten in Ägypten Ex 5,3-21 veranschaulicht wird.[21]

---

[19] Das Wort עבדה kommt aber auch in Gen 29,27; 30,28 und 1 Kön 12,4 vor.

[20] Gen 24,25.32, Ri 19,19; 1 Kön 5,8, Jes 11,7; 65,25; Jer 23,28; Hi 21,18; 41,19.

[21] SÄRKIÖ 1994, 50; 153 Anm. 417.

Ungeachtet der Verschärfung der Fronarbeit, bezeichnen in Ex 5,15f. die Vertreter der Israeliten sich selbst (dreimal) noch als Knechte (עבדיך) des Pharaos und drücken dadurch ihre Loyalität aus. Der Pharao aber lehnt ihre Berufung für die Erleichterung der verschärften Arbeitsbedingungen ab. In V. 16 geben die israelitischen Berater dem Pharao zu verstehen, daß die Schuld, daß die Israeliten ihr Tagessoll an Ziegeln nicht erreichen können, bei den Antreibern und dem Pharao selbst liegt, weil ihnen nicht wie früher Stroh gegeben wird.

Für die Wörter וחטאת עמך am Ende des V. 16 hat man mehrere Deutungen gegeben.[22] Eine mögliche Übersetzung ist: "Du versündigst dich an deinem Volk".[23] Vorausgesetzt, daß diese Deutung richtig ist, wundert man sich, daß die Israeliten als das *eigene* Volk des Pharaos bezeichnet werden.

Dieser merkwürdige Zug der Erzählung kommt aber auch in Ex 1,22 vor, wo der Pharao "seinem ganzen Volk" (לכל עמו) den Befehl gibt, die Knaben in dem Nil zu werfen. Aus erzählerischen und inhaltlichen Gründen können die Wörter "seinem ganzen Volk" (לכל עמו) nur auf die Israeliten bezogen sein, die ja gezwungen werden, ihre eigenen Söhne in den Nil zu werfen, was auch in der folgenden Erzählung (2,1-10) vorausgesetzt wird. Das Verfahren der Mutter Moses in Ex 2,3 beweist, daß dieser Befehl die Hebräer betrifft, die demgemäß das Volk des Königs sind.

Eine mögliche Erklärung für die Bezeichnung der Israeliten als das eigene Volk des Pharaos in Ex 1,22 und 5,16 ist, daß der Verfasser durch ein literarisches Vorbild beeinflußt war, in dem die

---

[22]   **1.** Die ägyptischen Antreiber (= עמך) waren Schuld, daß die Israeliten ihr Soll an Ziegeln nicht fertigmachen konnten, weil die Antreiber ihnen kein Stroh für das Ziegelstreichen gaben; **2.** וחטאת עמך "Der Fehler (ist) bei dir." Nach einer Textkorrektur: וחטאת לעמך **3.** "Du versündigst dich an deinem Volk." **4.** Das Wort חטאת wird als Substantiv verstanden: "Dein Volk (bekommt) die Schuld", d.h. die Ägypter bekommen Schuld und Bestrafung (vgl. die Plagen) wegen der schlechten Behandlung der Israeliten. Siehe dazu SCHMIDT 1988, 244; HOUTMAN 1993, 477.

[23]   So übersetzen die Wörter חטאת עמך in V. 16 NOTH (1988, 35.38) und SCHMIDT (1988, 243.263).

Israeliten durch ihren eigenen König unterdrückt waren. Der Verfasser hat (unbemerkt?) diesen Zug seiner Vorlage in Ex 1,22 und 5,16 eingetragen, obwohl er nicht in die Situation in Ägypten paßt.[24]

In 1 Kön 12 rufen die Israeliten ihren künftigen Befreier Jerobeam aus seinem Asyl in Ägypten und bitten König Rehabeam um eine Erleichterung des harten Jochs, das Salomo ihnen auferlegt hat. Die Berater der Israeliten versichern ihre Loyalität und versprechen, dem König zu dienen (נעבדך, 1 Kön 12,4.7; vgl. Ex 5,15f.), vorausgesetzt, daß die Bedingungen des harten Dienstes (עבדת הקשה, vgl. Ex 5,9.11) erleichtert werden.

Dem Vorschlag seiner jungen Berater folgend, antwortet Rehabeam auf die berechtigte Bitte des Hauses Joseph mit einer Verschärfung der Fronarbeit. Er sagt dem Volk (עם הזה, 1 Kön 12,6f.9f.) provozierend, daß er das Joch ihrer Fronarbeit nicht leichter, sondern härter machen wird. Die Ähnlichkeiten in der Situation und in den Einzelheiten in Ex 5 und 1 Kön 12 sprechen dafür, daß 1 Kön 12 oder seine vor-dtr Form als Vorlage fungierte, als der nichtpriesterliche Verfasser (J) Ex 5 verfaßte.[25]

---

[24] Auch ALBERTZ (1992, 219) plädiert für diese Möglichkeit in Ex 5,16. Die auffällige Formulierung in Ex 5,16, daß Pharao gegen sein eigenes Volk gesündigt habe, erklärt sich nach seiner Meinung dadurch, daß die ehemalige Einzelerzählung Ex 5, ... 3.4*.6-19 einmal ein Propagandatext aus dem Arbeitskampf gegen Salomo bzw. Rehabeam war. "Die eigenen Unterdrücker [Salomo, Rehabeam] wurden bewußt polemisch dem Pharao gleichgesetzt, der Israel einst in Ägypten mit Fronarbeit geknechtet hatte!" Nach ALBERTZ wurde der Kampf gegen salomonische Fronarbeit von Jerobeam und den Nordstämmen wahrscheinlich unter Berufung auf die Befreiung der Väter von der ägyptischen Fron geführt. Die alten religiösen Erinnerungen haben ihre erste erzählerische Ausgestaltung von den aktuellen Erfahrungen des Jerobeamaufstandes her bekommen. "Die parallelisierende Aktualisierung verlieh der alten Exodustradition unmittelbare gesellschaftliche Relevanz und gab den Aufständischen gegen die Herrschaftsansprüche der Davididen die notwendige religiöse Motivation und Legitimation." Vgl. dazu auch CRÜSEMANN 1978, 122.

[25] Auch nach VAN SETERS (1994, 71f.) hat der Jahwist Ex 5 aufgrund 1 Kön 12 geschrieben. Er bestreitet die Möglichkeit, daß Ex 5 und 1 Kön 5;7;9 zuverlässig die salomonischen Bauarbeiten beschreiben und J aus der salomonischen Zeit stammt (gegen CRÜSEMANN und ALBERTZ). Nach ihm handelt es sich in Ex 5 eher um eine Schilderung der exilszeitlichen Fronarbeiten in Babylonien, wo Ziegel

Fazit

Zusammenfassend können wir jetzt sagen, daß der nichtpriesterliche Verfasser (J) Ex 5 vor allem aufgrund der Vorlage in 1 Kön 12 bzw. dessen vor-dtr Form geschrieben hat. Von 1 Kön 12 hat er u.a. das Thema: "Die Bitte der Israeliten an den König, ihre Fronarbeit zu erleichtern" – "Die Antwort des Königs auf die Bitte mit der Verschärfung der Arbeitsbedingungen" bekommen. Der Verfasser greift möglicherweise auf die Stellen über die Herstellung und Bearbeitung von Baumaterialien in Ex 1,11 und Gen 11,3 zurück. Er hat außerdem weitere Anklänge an die Salomogeschichte mit wörtlichen und thematischen Parallelen geschaffen. Solche sind das Thema des "Lassens aus dem Land" (Ex 5,1 u.a. // 1 Kön 11,21f.) und die Aufgabe der Israeliten, für den König riesige Mengen von Stroh überall im Land zu sammeln (Ex 5,11 // 1 Kön 5,8).

(vgl. Ex 5) im Gebrauch waren. J habe Pharao als ein kritisches Ebenbild Nebukadnezzars beschrieben. Ex 5 enthält nach VAN SETERS also keine verdeckte Salomokritik. Nach CRÜSEMANN (1978, 175f.) ist die Schilderung der Fronarbeit in Ex 5 aufgrund eigener Kenntnisse und eigener Erfahrungen aus der Zeit Salomos verfaßt. Die parallelen Stellen in Ex 5 und 1 Kön 12 seien nicht literarisch voneinander abhängig, hätten aber einen gemeinsamen Hintergrund in den Erfahrungen aus der Zeit Salomos. Die Leser sahen in Ex 5 indirekte Kritik an Salomo. So auch ALBERTZ 1992, 217f. Nach seiner Meinung handelt es sich bei Ex 5 um einen Propagandatext, der bei dem Aufstand Jerobeams benutzt wurde. Die Parallelität zwischen Ex 5 und 1 Kön 12 erkläre sich durch das gleiche geschichtliche Milieu, nicht durch literarische Abhängigkeit. SCHMIDT (1988, 249f.255f.) ist der Meinung, daß die eigenständige Überlieferung, die J aufgegriffen hat, als er Ex 5 schrieb, nicht (mehr) zu gewinnen sei. Nach seiner Meinung beschreibt J die Sklavenarbeit der Israeliten in Ägypten und verweist gleichzeitig auf die Bedingungen der Israeliten in der salomonischen Monarchie. "Unter verschiedenen Aspekten ist Ex 5 insbesondere mit der lebendigen Beschreibung des »harten Jochs« in 1 Kön 12 verglichen worden."

6. Die Meerwundererzählung (Ex 13,17-14,31)

6.1. Literarkritik

Ex 14 ist "einer der literarkritisch und traditionskritisch umstrittensten Texte des Pentateuch." Dies beruht auf dem komplizierten Entstehungsprozeß des Textes. Im Laufe dieses Prozesses sind in Ex 14 verschiedene Geschichtsverständnisse ineinandergearbeitet worden, die sich jedoch nicht mehr mit Sicherheit rekonstruieren lassen.[1] Zunächst werden wir einige Versuche, Ex 14 literar- und tradtionskritisch zu erklären, im Überblick darstellen.

M. NOTH als Vertreter der klassischen Urkundenhypothese benutzt die unterschiedlichen Gottesbezeichnungen "Jahwe" und "Gott" wie auch die Verwendung der Wörter "Pharao" und "der König von Ägypten" als Kriterien für die Trennung der Pentateuchquellen. Nach seiner Analyse gehören die Spaltung des Meeres und dessen Durchquerung durch die Israeliten zu der P-Schicht, während bei J das Meer durch Ostwind zum trockenen Land wurde und die Israeliten sich still am Meer hinstellten. Durch die Erscheinung Jahwes in der Wolkensäule wurden die Ägypter in Panik versetzt und flohen dem Meer entgegen, das gerade in sein gewöhnliches Bett zurückkehrte.[2]

G. FOHRER hat die J-Quelle etwa so wie NOTH abgegrenzt.

---

[1]   SCHMITT 1979, 14. Es gibt keinen Konsens über die Quellenverteilung bzw. über die Traditionsgeschichte von Ex 14. Man ist u.a. darüber uneinig, ob in Ex 14 zwei jahwistische Quellen anzunehmen sind (FOHRER 1964 findet in Ex 14 neben J eine zweite jahwistische Quelle N, aber ist der Meinung, daß P nicht vertreten ist); ob der jahwistischen Schicht eine vorjahwistische Vorlage zugrundeliegt (WEIMAR-ZENGER 1975, 22f.); ob die jahwistische Schicht nachträglich bearbeitet wurde (STOLZ 1972, 94-97); ob die jahwistische Schicht in ihrer Gesamtheit aus exilisch-nachexilischer Zeit stammt (H.H. SCHMID 1976, 54-60; VAN SETERS 1994).

[2]   NOTH 1988, 83f. P: 14,1-4.8.9aβb.10abβ.15-18.21aαb.22f.26.27aα.28f.; J: 13,20-22; 14,5b.6(oder 7).9aα.10bα.13f.19b. 20.21aβ.24.25b.27aβb.30f. Unsicher bleibt die Zuweisung zu J oder P bei 14,11f.25a. E: fragmentarisch 13,17-19; 14,5a.6 (oder 7).11f. – 19a.

Seiner Ansicht nach ist P jedoch in Ex 14 keinesfalls beteiligt, weil die Auszugserzählung von P schon mit der abschließenden Formel in 12,40-42a beendet worden sei.[3] FOHRER verteilt die Erzählung auf drei Quellen, J, E und Nomadenquelle (N), wobei die Spaltung des Meeres durch Mose der Schicht von E zugerechnet wird.[4]

B.S. CHILDS distanziert sich von der Quellenscheidung FOHRERs und schließt sich grundsätzlich der Lösung NOTHs an, obwohl seine Schichtung in einigen Einzelheiten von der NOTHs abweicht. Nach CHILDS erklären sich die Eigentümlichkeiten von P in der Meerwundererzählung dadurch, daß P von einer früheren Quelle, möglicherweise von E, abhängig ist.[5] Dies bedeutet, daß CHILDS Ex 14 unter einer redaktionsgeschichtlichen Fragestellung betrachtet.[6]

Einen redaktionsgeschichtlichen Ansatz wählt auch H.-C. SCHMITT, der sich NOTHs Rekonstruktion von P anschließt und die P-Schicht mit der Endgestalt vergleicht.[7] Nach der Meinung von SCHMITT besteht die Erzählung von P aus drei Teilen, die durch die Jahwe-Reden in V. 1-4a; V. 15-18; V. 26 markiert werden.[8] Auch

---

[3]   FOHRER (1964, 98) schließt sich den Arbeiten von Smend und Eissfeldt an. Schon WELLHAUSEN (1899, 77) weist darauf hin, daß die P-Schicht in der Meerwundererzählung von dem Stil und Wortschatz der Plagenerzählung von P abweicht.

[4]   FOHRER 1964 99-107. J: 13,21f.; 14,5b.10abα.13f.19b.20b.21aβ.24.25b. 27aβ.30-31a. Nicht genau abgrenzbar bleiben V. 6-9. Unsicher ist die Beteiligung von J in 14,11f.20aα; E: 13,17-19; 14,16.19a.21aαb. 22f.26-27aα.28f. Nicht genau abgrenzbar bleiben V. 6f. Unsicher ist die Beteiligung von E in 14,10bβ-12.15.20aα; N: 13,20; 14,1-3.5a.20aβ.25a.27b.31b. Unsicher sind V. 6-9 und 10bβ.11f.15.

[5]   CHILDS (1974, 219f.) J: 13,21f.; 14,5b.6.9aα.10bα.11 14.19b.21aβ.24. 25b.27aβb.30f.; P: 13,20; 14,1-4.8.9aββb.15-18.221aαb.22f.26.27a.28f.; E: 13,17-19; 14,5a.7.19a.25a. CHILDS hält es für möglich, daß sowohl V. 5a als auch V. 5b zu J gehören und der Wechsel "Pharao" – "der König Ägyptens" keine literarkritische Bedeutung hat. Gegen NOTH ordnet er V. 20 zu P, V. 11f. zu J und V. 20 zu E (obwohl "Wolkensäule" bei E problematisch ist) ein.

[6]   CHILDS 1974, 224-229.

[7]   SCHMITT 1979, 143-145.

[8]   SCHMITT 1979, 145f.

80

L. SCHMIDT folgt der literarkritischen Lösung NOTHs und weicht von ihr nur in einigen Einzelheiten ab.[9] Er ist jedoch gegen H.-C. SCHMITT der Meinung, daß die Erzählung von P in Ex 14 durch die beiden Reden Jahwes in V. 1.2a.3.4a und 15.16*.17f. in zwei Teile gegliedert ist. Mit seinen formgeschichtlichen Überlegungen möchte SCHMIDT zeigen, daß die priesterliche Erzählung einen fortlaufenden Zusammenhang bildet, der durch Stücke aus der vorpriesterlichen Version unterbrochen wird.[10] Nach ihm läßt sich die Endgestalt von Ex 14 nur so erklären, daß hier eine Redaktion zwei schriftliche Vorlagen zusammengearbeitet hat.[11]

P. WEIMAR und E. ZENGER (1975) haben eine vorjahwistische Vorlage hinter der Meerwundererzählung herausgearbeitet.[12] WEIMAR greift das Thema in seiner späteren Untersuchung (1985) erneut auf, in der er Ex 14 sehr eingehend analysiert. Nach der Ansicht WEIMARs ist die Meerwunder-erzählung in mehreren Phasen entstanden, wobei alte Traditionen und neues Material, d.h. Zusätze der Redaktoren, in die Erzählung eingetragen wurden. In dem Enstehungsprozeß wurden zwei Traditionslinien, nicht-priesterlicher und priesterlicher Erzählfaden, verarbeitet.[13] Er unterscheidet literar- und traditionskritisch vier Textschichten und deren redaktionelle Erweiterungen: Pre-J + J (= I); R^{JE} + Dtr (II); Pre-P + P^g (= III); R^P (= IV).[14]

9   L. SCHMIDT 1993, 19f. V. 2b sei sekundär. Sekundär sei auch der Befehl, den Stab zu erheben, V. 16a. So auch KOHATA 1986, 232f.
10   L. SCHMIDT 1993, 21-23. Nach ihm zeigt die Form der Erzählung, "daß die priesterliche Schicht in Ex 14 eine selbständige Darstellung von der Errettung am Meer ist, die zunächst ohne die vorpriesterliche Erzählung tradiert wurde."
11   L. SCHMIDT 1993, 25.
12   WEIMAR-ZENGER 1973,22f. Ex 14,5a.9aαb.10bγ.13a*.14.24a*b.25a. 27b. 28b.30a*.31aβ.
13   WEIMAR 1985, 41f.61-67.
14   WEIMAR 1985, 269-274. **Pre-J**: 14,5a.9aα.10bα*(nur ויראו מאד).13aα. 14.24aβb.25a.27b.28b.30a* (ohne ביום ההוא). 31aβ; J-Redaktion: 14,10bα* (ohne ויראו מאד).25b.30b; **R^{JE}** (Eine grundlegende Neubearbeitung): 13,17aα.19; 14,5b. 6.11aα* (ויאמרו אל משה).11b.21aβ.24aα.27aβ.31b (+ 15,20f.); – **Dtr** (punktuelle Bearbeitung des vorgegebenen Erzählzusammenhangs): 13,21a.22;14,19b.20aγb. 24aγ; – **Pre-P** (priesterliche Vorlage): 14,8b.15aα.16aβb.21aαb.22.23aαb.26aba.

Nach WEIMAR stammt die älteste, vorjahwistische Form der Erzählung aus der salomonischen Zeit, aus den prophetischen Kreisen des Nordens. Der Jahwist habe die bearbeitete Meerwundererzählung kurz nach dem Untergang des davidisch-salomonischen Großreichs in die breitere Exoduserzählung eingefügt. Nach Ansicht WEIMARs ist die priesterliche Vorlage in der Exiliszeit entstanden und hat Gemeinsamkeiten mit der Wegtheologie des zweiten Jesaja (Jes 40-48, bes. 43,16; 51,10). P^g habe die priesterliche Vorlage kurz nach dem Exil bearbeitet.[15] Nach WEIMAR folgte die vorpriesterliche Meerwundererzählung in Ex 14[16] direkt auf die Selbstvorstellung Jahwes gegenüber Mose in Ex 6[17].[18]

Nach der Auffassung WEIMARs besteht die Exoduserzählung also aus einer nichtpriesterlichen und einer priesterlichen Vorlage und deren Neubearbeitung und Fortschreibung. Dieser Auffassung kommt das überlieferungsgeschichtliche Modell E. BLUMs über nichtpriesterliche und priesterliche Kompositionen nahe.[19] BLUM folgt im großen und ganzen der Quellenzuweisung NOTHs.[20] Nach

---

27aα.28a*.29; – P^g: 14,1.2a.4.8aα*β.10bβ.15b.16aα.17abα.18a.28a*; – R^P :13, 17aββ.18.20.21b; 14,2b.3.7aαb.8aα*(מצרים מלך).9aβ*(ohne רכב).9b.11a* (ohne die Wörter משה אל ויאמרו).12.13aββb.15aβ. 17bβ.18b.19a.20aα.23aβγ.26bβ.30a*. (nur ההוא ביום).31aα – Gl. 14,7aβ.9aβ* (nur רכב). 20aβ.

15   WEIMAR 1985, 269ff.

16   Ex 14, 8b.15aα.16* (ohne "und du, erhebe deinen Stab und").21aα[1]. b.22.23aα.26abα.27aα[1].28a* (ohne "die Streitwagen und die Streitwagenfahrer des ganzen Heeres des Pharao).29. BLUM (1990, 259 Anm. 114) wendet sich gegen WEIMAR und stellt fest, daß V. 8b.15aα.16 keinen geschlossenen erzählerischen Zusammenhang bieten. Daraus zieht er die Schlußfolgerung, daß P in der Meerwundererzählung kein Traditionsstück in sein Werk aufgenommen hat. So auch L. SCHMIDT 1993, 31.

17   Ex 6,2* (ohne "ich bin Jahwe").5a.6a.bα[1].7b.

18   WEIMAR 1985, 183ff. SCHMIDT (1993, 31f.) bestreitet dies und sagt, daß Ex 14,8b nicht an Ex 6,7b angeschlossen werden kann. Nach ihm folgte bei P 14,1 direkt auf 12,41. Dadurch wird unterstrichen, daß in der priesterlichen Schicht zwischen dem Auszug aus Ägypten, von dem sie in 12,41 berichtet, und der Errettung am Meer eine enge Verbindung besteht.

19   BLUM "Studien zur Komposition des Pentateuch" 1990 ; ALBERTZ 1992, 71.

BLUM verlangt die Geschlossenheit und Eigenständigkeit der priesterlichen Komponente in Ex 14 eine Erklärung. Darum hält er die priesterliche Kompositionsschicht in Ex 14 für eine Einzelüberlieferung und nicht für einen Teil der durchlaufenden P-Quelle.[21]

H. LAMBERTY-ZIELINSKI stimmt der Analyse von WEIMAR zu und unterscheidet zwei Linien in der Meerwundererzählung: Grundschicht J + Fortschreibung JE und Grundschicht P + Fortschreibung R^P.[22] Auch M. VERVENNE unterscheidet in Ex 14 zwei Erzählfäden, nämlich eine vor-dtn Bearbeitung (JE) und eine spätere priesterliche Redaktion, die JE als Vorlage benutzt hat.[23] VERVENNE ist ebenso wie WEIMAR der Ansicht, daß keine von den beiden Schichten ein ursprüngliches literarisches Ganzes (d.h. eine Quelle) ist. Er steht jedoch (gegen WEIMAR) der Möglichkeit skeptisch gegenüber, daß der Entstehungsprozeß der Erzähllinien Schicht für Schicht zu rekonstruieren sei.

Auch T. KRÜGER findet Spuren von Redaktionsarbeit in der Meerwundererzählung. Nach der herkömmlichen Unter-scheidung von priesterlicher und jahwistischer Quelle[24] interpretiert er den übriggebliebenen Textbestand als Redaktion, die in den Rahmen eines Gen - 2 Kön umfassenden Geschichtswerks gehört. Das Ziel dieser Redaktion sei es, die divergierenden Darstellungen des Meerwunders

---

[20] BLUM 1990, 256f. Er weist V. 9 ganz zu P. Die Zuweisungen zu P in V. 10 sind – abgesehen von 10bβ - unsicher.

[21] BLUM 1990, 260f. L. SCHMIDT (1993, 25) wendet sich gegen BLUM und plädiert dafür, daß der priesterliche Faden in Ex 14 zu der ursprünglich selbständigen Priesterschrift gehöre.

[22] LAMBERTY-ZIELINSKI 1993, 57-119.

[23] VERVENNE 1994, 77-87. Vor-dtn Bearbeitung (JE): 13,17-19.21f.; 14,5-7.8c.9ab*.10b-e.11-12*.13-14.19-20.21bc*.24-25.27b-d*.28c.30.31; priesterliche Redaktion 13,20; 14,1-4.8ab.9b*.10a.11-12*.15-18.21a. 21bc*.21d. 22-23.26.27a.27b-d*.28ab.29.31*.

[24] **P**: Ex 14,1.2a.3.4.8a*.10abβ.15.16*.17.18.21aα^1.b.22.23.26.27aα^1.28a. 29. KRÜGER 1996, 520 Anm. 9. **J**: Ex 13,20.21aα*; 14,5a.6.9aα^2.10bα.13-14. 19b.20aαβ*.b.21aα^{2}β.24*.25b.27aα^{2}βb.28b.30. KRÜGER 1996, 522 Anm 19.

miteinander zu verbinden, neu zu interpretieren und in größere literarische Zusammenhänge einzuordnen.[25]

Die oben betrachteten Untersuchungen beruhen mehr oder weniger auf dem traditionsgeschichtlichen Modell NOTHs und unterscheiden in Ex 14 zwei Hauptschichten, Erzählfäden bzw. Kompositionen, die das Meerwunder unterschiedlich darstellen. Nach der priesterlichen Darstellung spaltet Mose das Meer mit seiner Hand, während nach der jahwistischen Erzählung Jahwe das Meer durch starken Ostwind trocknen läßt. Nach der Schichtung NOTHs überquert Israel das Meer nur in der P-Darstellung, während bei J die Israeliten still stehen und schauen, wie Jahwe sie vor der Gewalt der Ägypter rettet. Die Auffassung von J. VAN SETERS unterscheidet sich von diesem Konsens.

Nach VAN SETERS handelt es sich in 13,17f. nicht um eine Dublette für das Itinerar in 12,37; 13,20. In beiden Fällen gehe es um dieselbe Route, die jedoch von einem unterschiedlichen Gesichtspunkt aus betrachtet werde. In 12,37; 13,20 wird die Route beschrieben und in 13,17f. der Grund für diese Route angegeben. Wegen des weiteren Verlaufes der Ereignisse muß der in 13,20 erwähnte "Rand der Wüste" gleichzeitig am Meer sein. Deswegen setzt V. 20 den vorangehenden V. 18 voraus, in dem von der Beziehung zwischen Wüstenweg und Meer die Rede ist. Wolken- und Feuersäule in 13,21f. gehören nach ihm zu derselben Schicht wie die vorangehenden Verse. Daraus ergibt sich nach VAN SETERS, daß der Abschnitt 13,17-22 ganz vom Jahwisten stammt.[26]

Nach seiner Ansicht gehört außer der Wolken- und Feuersäule (13,21f.; 14,24) auch der Führungsengel (14,19a) zur Schicht des Jahwisten, weil der Engel auch anderswo bei ihm vorkommt.[27] Es handle sich also in 14,19a und 14,19b entgegen der üblichen Meinung nicht um Dubletten.

In der durch VAN SETERS abgegrenzten Schicht des

---

[25] KRÜGER 1996, 524ff.

[26] VAN SETERS 1994, 128f.

[27] VAN SETERS 1994, 130. Der Engel Jahwes (מלאך יהוה) in dem brennenden Busch (Ex 3,2f.). Vgl. Führungsengel bei J auch in Ex 23,20ff; 33,2.

Jahwisten[28] fliehen (14,5a)[29] die Israeliten aus Ägypten und überqueren das Meer.[30] Charakteristisch für P ist, daß der Auszug der Israeliten nicht eine Flucht, sondern ein Siegesmarsch ist.[31] VAN SETERS ist der Meinung, daß die priesterliche Schicht aufgrund der Vorlage in der jahwistischen Darstellung verfaßt wurde. Die Durchquerung des Meeres stammt grundsätzlich von dem Jahwisten. P präzisiert nur den Vorgang und berichtet, wie Mose das Meer mit seiner Hand spaltet und wie das Wasser zur Rechten und Linken wie eine Mauer steht.[32]

Nach diesem forschungsgeschichtlichen Überblick über die Literarkritik von Ex 14 werden wir nochmals die Auszugserzählung (Ex 13,17-14,31) literarkritisch untersuchen. Nach 13,17aαβ ließ der Pharao das Volk aus Ägypten ziehen. Dies entspricht dem Thema "Entlassen" in der Plagenerzählung des Jahwisten.[33] Das "Entlassen" des Volkes kommt auch in 14,5b vor: Der Pharao und seine Diener[34] bereuen, daß sie das Volk aus ihrem Dienst *entlassen*

---

[28] Aufgrund seiner literarkritischen Analyse sondert VAN SETERS (1994, 130-132) die Schicht des Jahwisten in 13,17-22; 14,5-7.9aα.10.11-14.19-20.21aβγ. 22a.23.24.25b.27aβb.28.30f. aus.

[29] VAN SETERS berücksichtigt nicht die Spannung zwischen 14,5a und 14,5b. V. 5b setzt voraus, daß der Pharao die Israeliten wegziehen ließ.

[30] VAN SETERS 1994, 131f. Nach ihm läßt sich diese These dadurch begründen, daß vorpriesterliche Texte: Dtn 11,4; Jos 2,10; 4,22f.; 24,6f. von dem Jahwisten abhängig sind und den Meeresübergang beschreiben. Diese Begründung ist jedoch nicht unwiderleglich. Es erheben sich die Fragen, ob diese Texte tatsächlich vorpriesterlich und abhängig vom Jahwisten sind, und ob diese Texte wirklich den Durchzug der Israeliten durchs Meer beschreiben. In Dtn 11,4 wird nicht über die Spaltung des Meeres und über den Durchzug der Israeliten berichtet. Jos 2,10; 4,22f. entsprechen der J-Erzählung. An beiden Stellen wird erzählt, wie Jahwe das Meer trocknete (*ybš*, hif.). An beiden Stellen kommt jedoch "Schilfmeer" (vgl. Ex 13,18) als Exodusgewässer vor. Ex 13,18 wird gegen VAN SETERS häufig zu P gerechnet. Dafür spricht auch die Beschreibung des Auszugs als Siegesmarsch (vgl. 14,8). An der interessanten Stelle Jos 24,6f. wird weder die Austrocknung des Meeres noch der Durchzug beschrieben.

[31] Zu der priesterlichen Schicht gehören nach VAN SETERS (1994, 130-132) u.a. 14,1-4.8.9aβb.15-18.22b.29b.

[32] VAN SETERS 1994, 130-133.

[33] Vgl. Ex 5,1f.; 12,33 u.a. VAN SETERS 1994, 129.

[34] Die Diener des Pharaos gehören zu der Schicht des Jahwisten (Ex 9,20; 10,7;

haben. Zu diesem Gedanken steht der vorangehende Versteil V. 5a
im Widerspruch. Nach V. 5a wird dem König Ägyptens nämlich
mitgeteilt, daß die Israeliten *geflohen* seien. Die unterschiedliche
Bezeichnung für den Pharao und die inhaltliche Spannung zwischen
V. 5a und V. 5b sprechen für ihre Zugehörigkeit zu verschiedenen
literarischen Schichten.[35] Ich halte es für wahrscheinlich, daß
13,17aαβ; 14,5b zu der Bearbeitung des Jahwisten gehört. V. 5a ist
vermutlich ein Teil einer früheren Tradition, die der Jahwist benutzt
hat.

13,17b gibt eine Erklärung für den Umweg des Volkes auf den
Wüstenweg zum Schilfmeer (V. 18). Nach 13,18a ließ Gott das Volk
sich auf den Wüstenweg wenden (שׁוב). Hier greift der Bearbeiter auf
das Thema "Wenden" zurück, das in dem priesterlichen Abschnitt
14,1.2a.3f. vorkommt. 13,18b berichtet nochmals über den Auszug
der Israeliten aus Ägypten, obwohl darüber schon in Ex 12,37.41.50
erzählt wurde. Nach V. 18b zogen die Israeliten siegessicher in
einem Triumphzug aus Ägypten. Dieses Thema kommt auch in 14,8b
vor. 13,20 setzt das in 12,37a unterbrochene Wüstenitinerar fort und
gibt genaue geographische Angaben über die Marschroute der
Israeliten. Es ist nicht leicht zu bestimmen, zu welcher Schicht diese
Angabe gehört. Mir scheint am besten, 13,20 zu J zu zählen.[36]

11,8 u.a.). FOHRER 1964, 99.

[35] Nach NOTH (1988, 83) gehört V. 5a zu E und V. 5b zu J. Er bemerkt (1988,
88), daß die Rede über Israels "Flucht" in V. 5a (E) in Spannung zu den Plagen-
und Passaerzählungen steht, nach denen der Pharao den Israeliten befiehlt, aus dem
Land auszuziehen. NOTH hält es für möglich, daß ein Teil der E-Erzählung, der
uns nicht erhalten ist, über die Flucht der Israeliten berichtete. Nach der Ansicht
FOHRERs (1964, 99) erzählen J (12,32) und E (12,31) über die Entlassung des
Volkes durch den Pharao. J und E können über die Reue (V. 5b) des Pharaos
berichten, aber nicht über die Flucht der Israeliten (V. 5a) reden. Flucht der
Israeliten (V. 5a) setzt voraus, daß sie ohne Wissen und Willen des Pharaos das
Land verlassen haben (gegen J und E). Daraus entsteht seine Vermutung, daß die
"Flucht" der Israeliten aus N stammt (vgl. 12,32). Nach ALBERTZ (1992, 72)
gehört die Erwähnung über die Flucht der Israeliten in 14,5a zu den Resten einer
alten Mose-Erzählung Ex 1,9-12.15-2,23aα; 4,19-20a.24-26(?) ... (Diese
Rekonstruktion der "frühen" Schicht beruht auf WEIMAR-ZENGER 1975, 22ff.).

[36] Die itinerarische Angabe in 13,20 wird bei den Autoren unterschiedlich
eingeordnet: Nach NOTH (1988, 83ff.), VAN SETERS (1994, 130ff.) und

Demgegenüber sieht es so aus, als ob 13,17b.18 zu der priesterlichen Fortschreibung (R^P) der Auszugserzählung gehören, die neue Themen in die Erzählung einbringt. Als er über den Wüstenweg und das Schilfmeer schrieb, hat der priesterliche Verfasser vermutlich auf Dtn 2,1 zurückgegriffen.[37]

In 13,19 wird auf die Josephserzählung (Gen 50,25) Bezug genommen.[38] Dadurch hat ein Redaktor (JE) die Auszugserzählung mit den Patriarchenerzählungen verbunden. In 13,21a.22 (Gl. 21b) wird mit der Erwähnung der Gegenwart Jahwes in Wolken- und Feuersäule der Boden für die Theophanie Jahwes in 14,19b.20aβ bereitet. Eine Dublette für 14,19b stellt V. 19a dar, nach dem der Führungsengel Gottes die Funktion der Wolken- und Feuersäule hatte.[39]

Nach 14,2a bekamen die Israeliten vor Pi-Hachirot durch Mose den Befehl, sich zwischen Migdol und dem Meer zu lagern. V. 2b dupliziert V. 2a und setzt zu, daß die Lagerstelle gegenüber von Baal-Zaphon war. V. 2b ist wahrscheinlich eine Glosse aus V. 9. Der Befehl Jahwes von V. 2a wird in V. 4b ausgeführt. Der Zusammenhang zwischen V. 2a und V. 4b wird jedoch durch V. 3.4a unterbrochen. Es kann sein, daß V. 3.4a ein fortgeschritteneres Stadium der priesterlichen Fortschreibung vertreten als V. 2a.4b. Dies ist jedoch nicht sicher. Die Verhärtungs- (חזק) und Verherrlichungsmotive (כבד) in dem priesterlichen V. 4a kommen auch in V. 8a.17abα vor.

KRÜGER (1996, 522 Anm 18) gehört 13,20 zu J (nach FOHRER 1964, 99ff. zu N). Einer anderen Meinung ist CHILDS (1974, 219f.), der 13,20 P zuordnet. WEIMAR (1985, 269ff.) und VERVENNE (1994, 77ff.) halten 13,20 für einen Zusatz des priesterlichen Fortschreibers (R^P).

[37]   LAMBERTY-ZIELINSKI 1993, 231. Nach ihr stammt 13,18 von R^P.

[38]   Nach NOTH (1988, 83) stammen Ex 13,17-19 wie auch Gen 50,25 aus E.

[39]   So auch NOTH (1988, 84). Nach ihm stammt der Führungsengel (V. 19a) aus E und die Wolken- und Feuersäule aus J. Die wörtliche Parallelität zwischen V. 19a und V. 19b stützt die Annahme, daß V. 19a in diesen Kontext eingearbeitet wurde:

V. 19a   ויסע מלאך האלהים ההלך לפני מחנה ישראל וילך מ<u>אחריהם</u>

V. 19b   ויסע עמוד הענן מפניהם ויעמד מ<u>אחריהם</u>

Nach V. 5a wird dem König Ägyptens mitgeteilt, daß das Volk Israel geflohen sei. Der durch die jahwistische Bearbeitung (V. 5b) unterbrochene Gedanke der früheren Tradition in V. 5a nimmt in V. 6 seine Fortsetzung: Als dem König von Ägypten mitgeteilt wird, daß das Volk geflohen sei, läßt er seinen Streitwagen (רכבו) anspannen und nimmt seine Leute mit. In V. 7aαb folgt eine erhebliche Steigerung, nach der der Pharao 600 ausgewählte Streitwagen (רכב בחור) mit je einem Extrakämpfer (שלש) mitgenommen habe. Nach der zweiten, glossenartigen Steigerung in V. 7aβ hat der Pharao nicht nur die ausgewählten, sondern alle Streitwagen Ägyptens mitgenommen.[40] V. 7aβ ist offensichtlich das jüngste Element in V. 6f. und V. 7aαb ist wiederum später als V. 6.

Mit V. 7aαb (7aβ) gehören die wiederholten Angaben über Streitwagen und Pferde (רכב ופרשיו) des Pharaos in V. 9aβ.17bβ.18bβ.23aβ.26bβ.28aα* zusammen. Auch die etwas zusammenhangslose Notiz über die Hemmung der Räder der Streitwagen durch Jahwe (V. 25a) setzt voraus, daß Streitwagentruppen den Israeliten nachjagten. Daraus ergibt sich die Vermutung, daß V. 25a zu derselben "Streitwagenschicht" wie V. 7aαb u.a. gehört. Die "Streitwagenschicht" gründet sich auf die vorjahwistische Erwähnung des persöhnlichen Streitwagens des Pharaos in V. 6. Die "Streitwagenschicht" gehört m.E. jedoch nicht zur jahwistischen, sondern zur priesterlichen Fortschreibung (R^P). Dieser Tatbestand ist dadurch zu erklären, daß der nichtpriesterliche und der priesterliche Erzählfaden in dieser Entstehungsphase des Textes schon zusammengearbeitet waren.

Nach V. 9aα jagen die Ägypter hinter den Israeliten her und holen sie ein, als sie gerade am Meer lagern. V. 9aβγ gehören zu der priesterlichen Fortschreibung, "Streitwagenschicht". V. 9b hängt

---

[40] Nach NOTH (1988, 83) handelt es sich in V. 6 und V. 7 um Dubletten. Auch FOHRER (1964, 99) macht darauf aufmerksam, daß in V. 6f. dreimal von den die Verfolgung aufnehmenden Streitwagen die Rede ist: V. 6 "seine Streitwagen und sein Kriegsvolk"; V. 7 "600 auserlesene Streitwagen"; V. 7 "alle Streitwagen Ägyptens". Nach ihm gibt der Text jedoch keine Anhaltspunkte für die Verteilung auf J, E und N.

seinerseits mit V. 2a.4b zusammen. V. 8aβ dupliziert den Anfang des Verses 9 "Und er jagte hinter den Israeliten her". Es liegt nahe, daß es sich um eine Wiederaufnahme handelt, durch die V. 8b in den Text eingeschlossen wurde.

V. 10 läßt sich auf zwei Erzählvarianten aufteilen. Die nichtpriesterliche Variante (V. 10bα) ist durch die Furcht der Israeliten gekennzeichnet, während das Schreien der Israeliten die priesterliche Variante (V. 10abβ) charakterisiert. Diese Zweiteilung des Verses 10 ist im Hinblick auf die weitere Quellenaufteilung von großer Bedeutung.

Der zu dem priesterlichen Erzählfaden gehörende V. 9aα findet also seine Fortsetzung in V. 10abβ, wo die Israeliten zu Jahwe schreien, als der Pharao sich nähert. Die priesterliche Komposition mit dem Thema des Schreiens wird in V. 15 fortgesetzt, wo Jahwe Mose vorwurfsvoll fragt, warum er geschrien habe. Die Frage Jahwes ist auffällig, weil nicht Mose geschrien hat, sondern das Volk.[41] Diese Spannung macht es wahrscheinlich, daß V. 15 ursprünglich nicht die Fortsetzung von V. 10abβ war. M.E. ist der nach V. 10abβ unterbrochene Erzählfaden erst wieder in V. 27b zu finden, wo Jahwe auf den Hilfeschrei der Israeliten mit seiner rettenden Aktion antwortet. Diese Überlieferung endet mit der Notiz, daß die Israeliten die ertrunkenen Ägypter am Strand (V. 30b) sahen und Jahwe fürchteten (V. 31aβ).[42]

Es liegt m.E. nahe, daß der priesterliche Redaktor die Frage Jahwes an Mose in V. 15 verfaßt hat, um einen Anhaltspunkt für die zwei Befehle Jahwes (V. 15b.16*) an Mose zu bekommen. Jahwe sagt zu Mose: "Sprich zu den Israeliten, daß sie aufbrechen. Du aber strecke deine Hand aus über das Meer und spalte es,[43] damit die Israeliten mitten in das Meer hinein auf trockenem Boden gehen

---

[41] Nach NOTH (1988, 90) antwortet Jahwe auf das "Schreien" der Israeliten (V. 10bβ) mit einer vorwurfsvollen Frage, wobei Mose als der Sprecher der "schreienden" Israeliten angeredet wird. Auch CHILDS (1974, 226) hat die Spannung zwischen V. 10 und V. 15 bemerkt.

[42] Anders z.B. KRÜGER 1996, 520f.

[43] Die Wörter הרם את מטך stellen eine Glosse aus der Plagenerzählung dar.

können."

Aus dieser literarkritischen Lösung folgt, daß das Thema "Spaltung und Durchquerung des Meers" auch in den folgenden Versen von diesem priesterlichen Redaktor (P) stammt:[44] Mose gehorcht dem Befehl Jahwes und spaltet das Meer mit seiner Hand (V. 21aαb). Die Israeliten gehen auf trockenem Boden (ביבשה) mitten in das Meer hinein und die Ägypter folgen ihnen (V. 22a.23aαb). Mose streckt wieder seine Hand über das Meer und das Wasser bedeckt die ganze Streitmacht des Pharaos (V. 26abα.27aα[1]. 28a*.29a). In diese Bearbeitungsschicht (P) wurden später die "Streitwagenschicht" und die Zusätze über das Wasser als Mauer (V. 22b.29b) eingefügt.

Die zweite Erzähllinie in V. 10bα ist durch das Motiv der Furcht charakterisiert: Die Israeliten erheben ihre Augen[45] und sehen, daß die Ägypter hinter ihnen her ziehen, und fürchten sich sehr. Der Erzählfaden setzt sich in V. 13a fort,[46] wo Mose dem Volk sagt: "Fürchtet euch nicht! Bleibt stehen, und schaut zu, wie Jahwe euch heute rettet." Der Befehl stehenzubleiben bedeutet, daß in dieser Überlieferung von einem Durchzug durch das Meer nicht berichtet wird.[47] In dem Abschnitt V. 11-13 fällt auf, daß die Antwort des Mose in V. 13 nicht auf den Vorwurf des Volkes in V. 11f. eingeht, sondern glatt an V. 10bα anknüpft. Aus diesem Grund stellen V. 11f., in denen das Thema "Murren" vorkommt, wahrscheinlich nichtpriesterliche Fortschreibung dar.[48] In V. 14, wie auch in V. 24.25b, erscheint der Gedanke des heiligen Krieges. Diese Verse gehören vermutlich auch zu der nichtpriesterlichen Fortschreibung.

---

[44]   14,21aαb.22a.23aαb.26abα.27aα[1].28a*.29a.

[45]   Die Wendung נשא עינים "die Augen aufheben" kommt auch in der jahwistischen Bearbeitung der Josephsgeschichte in Gen 37,25* und 43,29 vor. Derselbe Ausdruck begegnet auch in der Abraham- (Gen 18,2) und Jakoberzählung (Gen 33,1). Siehe dazu SÄRKIÖ 1994, 64 Anm. 258.

[46]   V. 13b ist wahrscheinlich eine Glosse.

[47]   So auch FOHRER 1964, 103.

[48]   Etwa so auch NOTH (1988, 83f.). Nach ihm gehören V. 11f. zu E.

90

In V. 19.20 wird mehrmals auf unterschiedliche Weise erzählt, daß sich etwas zwischen das Heerlager Israels und das der Ägypter stellt, nämlich der Engel Gottes, die Wolkensäule und die Dunkelheit. Der Text ist wegen der späteren Zusätze in V. 20aβ zerstört. Es scheint mir wahrscheinlich, daß sich nach der frühesten Form der nichtpriesterlichen Tradition die Dunkelheit zwischen die zwei Heerlager stellt (V. 20*).[49] Ein starker Ostwind macht das Meer in der Nacht zu trockenem Land (לחרבה), V. 21aβγ.[50] Nach dieser Überlieferung kehrt das Meer beim Anbruch des Morgens zurück, die Ägypter fliehen ihm entgegen und sterben alle (V. 27aα²β.28b). Israel sieht die Machttat Jahwes, durch die er das Volk rettet (V. 30a.31aαb).

Aufgrund unserer literarkritischen Untersuchungen besteht die Auszugsgeschichte aus einem priesterlichen und einem nichtpriesterlichen Erzählfaden, denen beiden eine alte Überlieferung zugrundeliegt. Diese Erzählfäden wurden durch Bearbeitung und Fortschreibung ergänzt und in einer späteren Stufe, vor der priesterlichen Fortschreibung, zusammengewoben.[51] Es ist wohl nicht möglich, den Entstehungsprozeß der Erzählung vollständig, Schritt für Schritt zu dokumentieren. Im folgenden wird jedoch ein Versuch für eine plausible Rekonstruktion dargelegt.

---

49 ויבא [חשך] בין מחנה מצרים ובין מחנה ישראל ולא קרב זה אל זה כל הלילה

50 NOTH (1988, 84) macht aufmerksam auf die zwei Worte für das Trockene, die die jahwistischen und priesterlichen Schichten bezeichnen: V. 21aβ (J) חרבה "das Trockene"; V.16.22.29 (P) יבש "das Trockene". "Die beide Worte für das «trocken Sein» lassen sich hier in der gleichen Weise auf J und P verteilen wie in der Sintflutgeschichte."

51 Unsere Grundlösung über den priesterlichen und nichtpriesterlichen Erzählfaden, die durch Redaktion und Fortschreibung ergänzt wurden, erinnert an die Theorien von WEIMAR (1985), LAMBERTY-ZIELINSKI (1993) und VERVENNE (1994). Unsere Schichtung unterscheidet sich jedoch von diesen Theorien. Siehe oben, z.B. Anm. 14.

Die priesterliche Komposition

1. **P vorgegebene Meerwundererzählung**:
   Ex 14,9aαb.10abβ.27b.30b.31aβ.
2. Priesterliche Bearbeitung (P):
   Die Themen "Verhärtung des Pharao" und "Spaltung des
   Meeres".14,1.2a.3f.8a.9b.15.16*(ohne: חרם את מטך).17abα.21a
   αb.22a.23aαb.26abα.27aα[1].28a*(ohne: את הרכב ואת הפרשים).29a.
3. *Weitere Fortschreibung* (R[P]):[52]
   "Siegessicheres Israel": 13,17b.18; 14,8b
   "Streitwagen und Pferde":14,7aαb. 9aβ. 17bβ. 23aβ. 25a. 26bβ. 28aα*
   "Wasser als Mauer": 14,22b.29b.
4. [Glossen]: 14,2b (< V. 9).7aβ.16*(חרם את מטך).18(< V. 4).

13, 17* ... *denn Gott sagte sich, das Volk könnte es bereuen, wenn
sie Kampf zu erwarten hätten, und sie könnten nach Ägypten
zurückkehren.* 18 *So ließ Gott das Volk sich wenden auf den
Wüstenweg zum "Schilfmeer".* Geordnet zogen die Israeliten aus
Ägypten hinauf.

14,1 Und Jahwe sprach zu Mose: 2 Sprich zu den Israeliten, daß sie
sich wenden und sich lagern vor Pi-Hachirot zwischen Migdol und
dem Meer. [Gegenüber von Baal-Zaphon sollt ihr am Meer lagern.] 3
Der Pharao aber wird von den Israeliten denken: "Sie irren umher
im Lande, die Wüste hat sie eingeschlossen." 4 Und ich will das Herz
des Pharaos verhärten, daß er sie verfolgt, und ich will mich dann
am Pharao und seiner ganzen Kriegsmacht verherrlichen, damit die
Ägypter erkennen, daß ich Jahwe bin. Und so taten sie es. 7 *Er
nahm 600 auserlesene Streitwagen* [und alle anderen Streitwagen
Ägyptens] *und in jedem einen Kämpfer.* 8 Jahwe verhärtete das
Herz des Pharaos, des Königs von Ägypten, so daß er die Israeliten
verfolgte, *und die Israeliten zogen mit erhobener Hand aus.* 9 **Die**

---

[52]   Diese Schicht wurde erst in der Phase hinzugefügt, als nichtpriesterliche und
priesterliche Komposition schon zusammengearbeitet waren.

Ägypter jagten *mit allen Pferden und Streitwagen des Pharaos,*
mit seiner Streitmacht **hinter ihnen her und holten sie ein, als**
sie gerade am Meer lagerten, bei Pi-Hachirot vor Baal-Zaphon.
10* **Als der Pharao sich näherte, schrien die Israeliten zu**
Jahwe. 15 Und Jahwe sagte zu Mose: "Warum schreist du zu mir?
Sprich zu den Israeliten, daß sie aufbrechen. 16 Du aber [erhebe
deinen Stock und] strecke deine Hand aus über das Meer und spalte
es, damit die Israeliten mitten in das Meer hinein auf trockenem
Boden gehen können. 17 Ich will das Herz der Ägypter verhärten,
damit sie hinter ihnen hineinziehen, und ich will mich verherrlichen
am Pharao und seiner ganzen Kriegsmacht, *an seinen Streitwagen*
und Pferden. [18 Die Ägypter sollen erkennen, daß ich Jahwe bin,
wenn ich mich am Pharao, an seinen Streitwagen und Pferden
verherrliche.] 21* Da streckte Mose seine Hand über das Meer. Da
wurde das Wasser gespalten 22 und die Israeliten gingen auf
trockenem Boden mitten in das Meer hinein, *während das Wasser*
ihnen zur Rechten und Linken als eine Mauer stand. 23 Die Ägypter
setzten nach und gingen hinter ihnen, *alle Rosse des Pharao, seine*
Streitwagen und Pferde, mitten in das Meer hinein. 25* *Er hemmte*
die Räder an ihren Wagen und ließ sie nur schwer vorankommen.
26 Da sagte Jahwe zu Mose: "Strecke deine Hand wieder aus über das
Meer, damit das Wasser zurückkehrt über die Ägypter, *über ihre*
Streitwagen und Pferde". 27* Und Mose streckte seine Hand über
das Meer. **Und Jahwe schüttelte die Ägypter mitten in das**
Meer hinein. 28* Das Wasser kehrte zurück und bedeckte
Streitwagen und Pferde, die ganze Streitmacht des Pharaos, die den
Israeliten ins Meer nachgezogen war. 29 Die Israeliten aber waren
auf trockenem Boden mitten durch das Meer gezogen, *während*
rechts und links von ihnen das Wasser wie eine Mauer stand. 30*
Als Israel die Ägypter tot am Strand liegen sah 31*
fürchtete das Volk Jahwe.

Die nichtpriesterliche Komposition

1. **J vorgegebene Meerwundererzählung**
   14, 5a.6.10bα.13a.20aαb.21aβγ.27aα²β.28b.30a.31aαb

2. Jahwistische Bearbeitung und Fortschreibung (J):
   "Lassen des Volkes": 13,17aαβ; 14,5b
   "Wolken- und Feuersäule": 13,21a.22; 14,19b.20aβ
   "Heiliger Krieg": 14,14.24.25b
   "Murren": 14,11f.
   Bruchstück von einem "Wüstenitinerar": 13,20 (J vorgegebenes Material)

3. *Jehowistisches Element*: 13,19; 14,19a (JE)

4. [Glossen]: 13,17aγ.21b; 14,13b

13,17 Als der Pharao das Volk ziehen ließ, führte sie Gott nicht den Weg ins Philisterland [das wäre der nächste (Weg) gewesen]. 19 *Mose nahm die Gebeine Josephs mit; denn dieser hatte die Söhne Israels beschworen: "Wenn Gott sich euer annimmt, dann nehmt meine Gebeine von hier mit hinauf!"* 20 Sie brachen von Sukkot auf und schlugen ihr Lager in Etam am Rand der Wüste auf. 21 Jahwe zog vor ihnen her, bei Tag in einer Wolkensäule, um ihnen den Weg zu zeigen, bei Nacht in einer Feuersäule, um ihnen zu leuchten, [so daß sie Tag und Nacht gehen konnten]. 22 Die Wolkensäule wich bei Tag nicht von der Spitze des Volkes, und die Feuersäule nicht bei Nacht.

14,5 **Dem König von Ägypten wurde gemeldet, daß das Volk geflohen sei.** Der Pharao und seine Diener aber änderten ihre Meinung über das Volk und sagten: "Was haben wir getan, daß wir Israel aus unserem Dienst entlassen haben!" 6 **Er ließ seinen Streitwagen anspannen und nahm seine Leute mit. 10* Die Israeliten erhoben ihre Augen und sahen, daß die Ägypter hinter ihnen her zogen, und sie fürchteten sich sehr.** 11 Und sie sagten zu Mose: "Hast du uns etwa, weil es keine Gräber in Ägypten gab, herausgeholt, damit wir in der Wüste sterben? Was hast du uns angetan damit, daß du uns aus Ägypten herausgeführt hast? 12 Haben wir das nicht schon in Ägypten zu dir gesagt: Laß uns, wir wollen den Ägyptern dienen. Denn es ist besser für uns, den Ägyptern zu dienen als in der Wüste zu sterben." 13 **Mose sagte zu dem Volk: "Fürchtet euch nicht! Bleibt stehen, und schaut zu, wie Jahwe euch heute rettet.** [Wie ihr die Ägypter heute seht, so seht ihr sie niemals wieder.] 14 Jahwe kämpft für euch, ihr aber könnt ruhig abwarten. 19 *Der Engel Gottes, der vor dem Heerlager Israels zog, brach auf und trat hinter sie.* Und die Wolkensäule brach von ihrer Spitze auf und trat hinter sie. 20 **(Dunkelheit) stellte sich zwischen das Heerlager Ägyptens und das Heerlager Israels,** und die Wolke "blieb dunkel" in dieser Nacht,[53] **so daß sie während der ganzen Nacht nicht aneinander herankommen konnten. 21* Jahwe ließ durch einen starken Ostwind die ganze Nacht hindurch das Meer hinweggehen und machte so das Meer zu trockenem Land.** 24 Zur Zeit der Morgenwache blickte Jahwe in der Feuer- und Wolkensäule zum Lager der Ägypter hinunter und versetzte das Lager der Ägypter in panischen Schrecken. 25* Da sagten die Ägypter: "Wir wollen vor Israel fliehen; denn Jahwe selbst kämpft für sie gegen die Ägypter." 27* **Das Meer aber kehrte beim Anbruch des Morgens in sein gewöhnliches Bett zurück, und die Ägypter flohen ihm entgegen 28* Von ihnen blieb nicht ein einziger übrig. 30* So errettete an jenem Tag Jahwe Israel aus der Gewalt der Ägypter 31* und Israel sah die große Machttat, die Jahwe an den Ägyptern vollbracht hatte, und sie glaubten an Jahwe und an seinen Knecht Mose.**

---

[53] NOTH 1988, 81.

6.2. Form und Tradition des priesterlichen Erzählstranges (Ex 14)

Wie die literarkritische Untersuchung gezeigt hat, sind in Ex 14 unterschiedliche Traditionen über das Meerwunder miteinander verflochten. Am einfachsten wird der Geschensablauf in der dem priesterlichen Verfasser vorliegenden Tradition (14,9aαb.10abβ. 27b.30b.31aβ) berichtet:

> Die Ägypter jagten hinter ihnen [den Israeliten] her
> und holten sie ein, als sie gerade am Meer lagerten.
> Als der Pharao sich näherte, schrien die Israeliten zu Jahwe.
> Und Jahwe schüttelte die Ägypter mitten in das Meer hinein.
> Als Israel die Ägypter tot am Strand liegen sah,
> fürchtete das Volk Jahwe.

In dieser knapp formulierten Tradition wird die wunderbare Rettung der Israeliten durch Jahwe ohne nähere Details berichtet. Die Erzählung ist allerdings nicht vollständig. Die Anfangssituation (Expositio) der Erzählung, d.h. die Erwähnung des Auszugs der Israeliten aus Ägypten und der Verfolgung durch die Ägypter, fehlt. Es ist möglich, daß sich der fehlende Anfang der Tradition hinter der priesterlichen Bearbeitung in 14,2.4 beziehungsweise in Kap. 12 verbirgt. Die Erzählung läßt sich folgendermaßen strukturieren:

(Expositio
1. der Auszug der Israeliten und die Verfolgungsjagd der Ägypter)

Korpus
2. Die Schilderung der Notlage der Israeliten (V. 9*)
3. Der Hilferuf der Israeliten an Jahwe (V. 10*)
4. Die rettende Aktion Jahwes (V. 27*)

Schluß
5. Die Ehrfurcht der Israeliten als Reaktion auf die Hilfe Jahwes (V. 30-31*)

Das Korpus folgt dem dreiteiligen Schema "Not – Klage – Eingreifen Gottes".[54] Im ersten, zweiten und dritten Teil sind die Israeliten und Ägypter Subjekte: Die Israeliten ziehen aus, und die Ägypter setzen ihnen nach (1). Die Israeliten lagern am Meer, und die Ägypter holen sie ein (2). Als der Pharao sich nähert, schreien die Israeliten zu Jahwe (3). Ihre Situation ist von menschlichen Möglichkeiten aus beurteilt völlig hoffnungslos. Es sieht so aus, als ob die starken ägyptischen Truppen bald die kleine Schar der Israeliten nach Ägypten zurückbringen oder ihr sogar Schaden zufügen.

Der vierte Teil, in dem Jahwe allein als Subjekt vorkommt, bedeutet jedoch einen Wendepunkt in der Erzählung und verändert das vermutete Schicksal der Israeliten. In dem fünften Teil treten wiederum die Ägypter und die Israeliten als Subjekte auf: Die Ägypter liegen tot am Strand, die Israeliten sehen die Rettung und fürchten Jahwe.

Die rettende Aktion Jahwes wird ganz schlicht, ohne nähere Erläuterungen, berichtet: Jahwe schüttelt die Ägypter mitten in das Meer. Die Ägypter können sich der Macht und Stärke Jahwes nicht widersetzen. Ihr Untergang erinnert beinahe an die besessenen Schweine, die sich den Abhang hinab in das galiläische Meer stürzen und umkommen (Mt 8,32 Par.).

Die knappe Tradition und die Tatsache, daß über das wunderbare Eingreifen Jahwes keinerlei Details berichtet werden, haben vermutlich zu einigen Fragen geführt: Wie war es möglich, daß die ägyptischen Krieger in das Meer gerieten? Hat Jahwe irgendein Hilfsmittel bzw. einen Agent für sein Wunder benutzt? Diese Überlegungen bildeten den Ausgangspunkt für die weiteren Traditionen und Bearbeitungen der Meerwundererzählung.

In der priesterlichen Bearbeitung (P) der schlichten Tradition

---

54   Vgl. WEIMAR (1973, 73-76) hat dieses Vorstellungsmodell in etwas ausgedehnterer Form ("Not – Klage – Erhörung durch Gott – Eingreifen Gottes) in der den Kapiteln Ex 1-2 vorgegebenen Tradition (1,1aα.2-4.7aβ.13*; 2,23aβ. 24a.25b) gefunden. Siehe dazu oben.

wird das Meerwunder rationalisiert, indem solche Umstände geschaffen werden, unter denen es möglich war, daß die ägyptische Streitmacht durch das Meer überflutet wurde. Die Lösung des P ist es, daß die Israeliten auf trockenem Boden mitten in das gespaltene Meer hineingingen und die Ägypter ihnen nachsetzten. Deswegen ergänzt P die ihm vorgegebene Tradition u.a. durch die Spaltung des Meeres:[55]

> Und Jahwe sprach zu Mose:»Sprich zu den Israeliten, daß sie sich wenden und sich lagern vor Pi-Hachirot zwischen Migdol und dem Meer. Der Pharao aber wird von den Israeliten denken: "Sie irren umher im Lande, die Wüste hat sie eingeschlossen." Und ich will das Herz des Pharao verhärten, daß er sie verfolgt, und ich will mich dann am Pharao und seiner ganzen Kriegsmacht verherrlichen, damit die Ägypter erkennen, daß ich Jahwe bin.« Und so taten sie es.
>
> Jahwe verhärtete das Herz des Pharaos, des Königs von Ägypten, so daß er die Israeliten verfolgte. **Die Ägypter jagten hinter ihnen her und holten sie ein, als sie gerade am Meer lagerten,** bei Pi-Hachirot vor Baal-Zaphon.
>
> **Als der Pharao sich näherte, schrien die Israeliten zu Jahwe.** Und Jahwe sagte zu Mose: "Warum schreist du zu mir? Sprich zu den Israeliten, daß sie aufbrechen. Du aber strecke deine Hand aus über das Meer und spalte es, damit die Israeliten mitten in das Meer hinein auf trockenem Boden gehen können. Ich will das Herz der Ägypter verhärten, damit sie hinter ihnen hineinziehen, und ich will mich verherrlichen am Pharao und seiner ganzen Kriegsmacht."

---

[55]   14,1.2a.3f.8a.15.16*.17abα.21aαb.22a.23aαb.26abα.27aα[1].

Da streckte Mose seine Hand über das Meer. Da wurde das Wasser gespalten und die Israeliten gingen auf trockenem Boden mitten in das Meer hinein. Die Ägypter setzen nach und gingen hinter ihnen mitten in das Meer hinein. Da sagte Jahwe zu Mose: "Strecke deine Hand wieder aus über das Meer, damit das Wasser zurückkehrt über die Ägypter". Und Mose streckte seine Hand über das Meer. **Und Jahwe schüttelte die Ägypter mitten in das Meer hinein.** Das Wasser kehrte zurück und bedeckte die ganze Streitmacht des Pharaos, die den Israeliten ins Meer nachgezogen war. Die Israeliten aber waren auf trockenem Boden mitten durch das Meer gezogen. **Als Israel die Ägypter tot am Strand liegen sah, fürchtete das Volk Jahwe.**

In dieser bearbeiteten Erzählung wird von Anfang an deutlich gemacht, daß Jahwe die Ereignisse lenkt. Daß die Israeliten sich in auffälliger Weise von ihrem ursprünglichen Weg abwenden und am Meer lagern, hat einen erzähltechnischen Sinn: Die Ägypter sollen hinter ihnen her gelockt werden. Jahwe wird das Herz des Pharaos verhärten, so daß er die Israeliten verfolgt und in die Falle geht. Mose ist der Agent der rettenden Aktion Jahwes.[56] Jahwe gibt ihm dreimal Aufträge (V. 2.16.26), die er ausführt (V. 4b.21.27).[57] Nach dem Befehl Jahwes errichten die Israeliten ihr Lager am Meer.

Als die Ägyptern sich nähern, spaltet Mose das Meer gemäß der Anordnung Jahwes mit seiner Hand, und die Israeliten gehen mitten in das Meer hinein. Die Ägypter folgen ihnen. Als die Israeliten das Meer überquert haben, streckt Mose seine Hand nach dem Auftrag Jahwes wieder über das Meer und läßt das Wasser zurückkehren. Als Israel die toten Ägypter sieht, antwortet es auf die wunderbare Rettungstat Jahwes mit Ehrfurcht. Die Struktur der durch P bearbeiteten Erzählung läßt sich folgendermaßen darstellen:

[56] So auch CHILDS 1974, 227; KRÜGER 1996 521f. Vgl. den nichtpriesterlichen Faden (JE), wo Jahwe selbst tätig ist.
[57] Siehe H.-C. SCHMITT 1979, 145f.

Expositio

1. Der Auftrag Jahwes an Mose, am Meer zu lagern und die Weissagung Jahwes über den kommenden Sieg über die Ägypter (V. 1.2a.3f.).

Korpus

2. Die Verfolgungsjagd der Ägypter und die Notlage der Israeliten (V. 8a.9).
3. Der Hilferuf der Israeliten an Jahwe (V. 10*).
4. Die rettende Aktion Jahwes durch Mose:
   a. Der Auftrag Jahwes an Mose, das Meer zu spalten (V. 15.16*.17*).
   b. Mose spaltet das Meer und die Israeliten gehen hindurch, die Ägypter hinter ihnen (V. 21*.22a.23*).
   c. Der Auftrag Jahwes an Mose, das Wasser über die Ägypter zurückkehren lassen (V. 26*).
   d. Mose läßt das Wasser über die Ägypter zurückkehren (V. 27.28*.29a).

Schluß

5. Die Ehrfurcht der Israeliten als Reaktion auf die Hilfe Jahwes (V. 30*.31*).

Nach M. NOTH ist die Errettung Israels am Meer als der eigentliche Kern des Exodusthemas anzusprechen.[58] In ihrem jetzigen Zusammenhang kommt die Meerwundererzählung jedoch recht unerwartet, wie ein Nachspiel nach dem eigentlichen Exodus.[59] In der priesterlichen Schicht führt Jahwe das Volk schon

---

[58] NOTH 1988, 82.

[59] Nach COATS (1967, 253ff.) weist die Formel "Jahwe führte uns aus Ägypten" nicht auf das Meerwunder, sondern auf die vorangehenden Ereignisse hin: Indem er die Erstgeborenen Ägyptens tötete, zwang Jahwe den Pharao, die Israeliten aus Ägypten ziehen zu lassen. Aus diesem Grund gehört das Meerwunder nach COATS nicht zum Exodus, sondern zu den Wüstentraditionen. Dafür sprechen seines Erachtens auch das "Murren"-Motiv und die Parallelität zwischen

vor dem Meerwunder aus Ägypten (Ex 12,41.50). Doch in 14,1 bekommt Mose den Befehl Jahwes, an die Grenze Ägyptens zurückzukehren. Dadurch wird das Meerwunder gleichsam ein Tor zur Wüstenwanderung. Durch die Anklänge an die Plagenerzählung ("Verhärtung" V. 4; Ausstrecken der Hand, V. 21) möchte der priesterliche Verfasser ausdrücken, daß der mit der Plagenerzählung begonnene Plan Jahwes, die Israeliten aus Ägypten zu befreien, durch das Meerwunder in Erfüllung gebracht wurde. In dieser Weise ist also das Meerwunder in dem priesterlichen Erzählfaden die Erfüllung des Exodus.[60]

Ein weiterer Grund für die Gleichsetzung des Meerwunders mit dem Exodus bei P sind vermutlich die mythischen Assoziationen mit dem Kampf zwischen Gott und dem Chaoswasser in den Schöpfungstexten.[61] Durch die Spaltung des Meeres besiegt Mose die feindlichen Mächte Ägyptens.[62]

Die bearbeitete priesterliche Darstellung der Spaltung des Meers erinnert an die Erzählung vom Übergang über den Jordan (Jos 3-4). Es ist zu vermuten, daß P in seiner Meerwundererzählung die Spaltung und die Durchquerung des Gewässers aus dieser Erzählung übernommen hat.[63]

VAN SETERS ist der Ansicht, daß sich auch in der Darstellung des Jahwisten Einflüsse aus dem dtr Bericht über den Jordanübergang nachweisen lassen. Dazu gehört nach VAN SETERS die Gegenwart Jahwes, der in der Wolken- und Feuersäule bzw. in der Lade Jahwes vor den Israeliten herzieht, als sie das Meer / den Jordan überqueren.[64] Dies trifft wahrscheinlich nicht zu. Erstens

---

den Themen "Meer" und "Fluß" in den Wüsten-Landnahme-Traditionen. CHILDS (1974, 222) weist auf die komplizierte Traditionsgeschichte der Meerwundererzählung hin, die bei JE ein Teil der Wüstentraditionen, bei P dagegen ein Teil des Exodus ist. Siehe auch VAN SETERS 1994, 139f.

[60]   CHILDS 1974, 222f.

[61]   Vgl. Jes 44,26-28; 51,9-11; Ps 74,12-17; 89,9-12.

[62]   CHILDS 1974, 223; VAN SETERS 1994, 145f.

[63]   CHILDS 1974, 223.

[64]   VAN SETERS 1994, 141. Nach seiner Meinung hat der exilszeitliche Jahwist die Meerwundererzählung ohne eine frühere, eigenständige Tradition verfaßt.

bricht die Wolkensäule nach der Meerwundererzählung von der Spitze der Israeliten auf und tritt hinter sie (Ex 14,19f.). Davon, daß sie von ihnen herzieht, ist also nicht die Rede. Zweitens ist es literarkritisch unwahrscheinlich, daß der Meeresübergang der Israeliten überhaupt ein Teil der jahwistischen Darstellung war.

Dagegen scheint es, als ob die weitere Fortschreibung des priesterlichen Erzählfadens (R^P) einige Züge aus der Erzählung über die Jordanüberquerung genommen habe, und zwar das Thema "Wasser als Mauer" (Ex 14,22b.29b // Jos 3,16)[65] und den Begriff חמשים "Kampfordnung" (Ex 13,18 // Jos 4,12).[66]

Der schmale und flache Jordan war leicht zu überqueren. Warum wird dann der Übergang in Jos 3-4 wie ein Wunder beschrieben? Nach VAN SETERS ist Dtr in Jos *3-4 von einem Topos assyrischer Texte abhängig, in denen eine erfolgreiche Durchquerung eines breiten Flusses (Eufrat, Tigris) ohne Verluste ein Zeichen des göttlichen Schutzes und ein gutes Omen für den weiteren Feldzug ist.[67]

Bei P wird der Schauplatz der wunderbaren Rettung der Israeliten durch Ortsnamen genau lokalisiert. Die geographische Einordnung des Meerwunders ist jedoch keine einfache Aufgabe. Damit hängt die Frage nach der Lokalisation des Exodusgewässers zusammen. Das Exodusmeer wird einmal in der priesterlichen Fortschreibung (R^P) als "Schilfmeer" (13,18) bezeichnet. In ihr kommt auch häufig das Thema "die Streitwagen und Pferde des Pharaos" vor. Auf diese Fragen wird unten eingegangen. Zuerst wird die nichtpriesterliche Form der Meerwundererzählung betrachtet.

---

65   Der priesterliche Verfasser hat das Wort חמה "(Wasser)Mauer" in Ex 14,22b.29b aufgrund des entsprechenden Wortes נד "Damm", "Wall" in Jos 3,13.16 (auch in Ex 15,8; Ps 78,13) verwendet. VAN SETERS 1994, 144. Die Frage stellt sich jedoch, warum er nicht dasselbe Wort נד benutzt hat.

66   Nach VAN SETERS (1994, 144) hat *der Jahwist* den Begriff חמשים aus der Erzählung über den Jordanübergang bekommen.

67   VAN SETERS 1990, 1-12; 1994, 144f. Jos 3,2f.4b.6f.9-11.13*-16; 4,10b.11*-14 stellen nach VAN SETERS (1994, 141) die Grundschicht der Erzählung über den Jordanübergang dar.

102

6.3. Form und Tradition des nichtpriesterlichen Erzählstranges (Ex 14)

Unserer literarkritischen Untersuchung zufolge ist auch hinter der nichtpriesterlichen (jahwistischen) Bearbeitung eine frühere Version des Meerwunders zu finden:[68]

> Dem König von Ägypten wurde gemeldet, daß das Volk geflohen sei. Er ließ seinen Streitwagen anspannen und nahm seine Leute mit.
>
> Die Israeliten erhoben ihre Augen und sahen, daß die Ägypter hinter ihnen her waren, und sie fürchteten sich sehr.
>
> Mose sagte zu dem Volk: "Fürchtet euch nicht! Bleibt stehen und schaut zu, wie Jahwe euch heute rettet.
>
> (Die Dunkelheit) stellte sich zwischen das Heerlager Ägyptens und das Heerlager Israels, so daß sie während der ganzen Nacht nicht aneinander herankommen konnten. Jahwe ließ durch einen starken Ostwind die ganze Nacht hindurch das Meer hinweggehen und machte so das Meer zu trockenem Land. Das Meer aber kehrte beim Anbruch des Morgens in sein gewöhnliches Bett zurück, und die Ägypter flohen ihm entgegen. Von ihnen blieb nicht ein einziger übrig.
>
> So errettete an jenem Tag Jahwe Israel aus der Gewalt der Ägypter und Israel sah die große Machttat, die Jahwe an den Ägyptern vollbracht hatte, und sie glaubten an Jahwe und an seinen Knecht Mose.

Diese Erzählung beschreibt den Geschehensablauf detaillierter als die P vorgegebene Tradition, hat jedoch eine ähnliche Struktur mit einem dreiteiligen Korpus, gerahmt von Expositio und Schluß:

---

[68] 14, 5a.6.10bα.13a.20aαb.21aβγ.27aα^{2}β.28b.30a.31aαb.

Expositio
1. Die Flucht der Israeliten und die Verfolgung der Ägypter (V. 5a.6).

Korpus
2. Die Schilderung der Notlage der Israeliten (V. 10*).
3. Das Versprechen des Mose, daß Jahwe helfen wird (V. 13a).
4. Die rettende Aktion Jahwes durch Naturmächte:
   a. Die Dunkelheit (V. 20*)
   b. Der Ostwind (V. 21*)
   c. Das Meer (V. 27*)

Schluß
5. Der Glaube der Israeliten als Reaktion auf die Hilfe Jahwes (V. 30*.31*).

Die nichtpriesterliche Erzählung weicht in einigen Einzelheiten von der knappen Tradition hinter P ab: Der König von Ägypten setzt mit seinem Streitwagen dem Volk (d.h. den Israeliten) nach. Die Israeliten fürchten sich sehr, als sie die Ägypter kommen sehen. Sie schreien jedoch nicht zu Jahwe. Anscheinend hat Mose in dieser Tradition eine Vermittlerrolle zwischen dem Volk und Jahwe. Er weiß schon von vornherein, daß Jahwe das Volk retten wird und sagt dies dem Volk zu.

Der vierte Teil der Disposition, die Rettung der Israeliten, ist in unserer Erzählung deutlich länger als in der priesterlichen Tradition. Dort findet die Rettung der Israeliten innerhalb einer kurzen Zeit statt: Als sich die Ägypter dem israelitischen Lager nähern, läßt Jahwe sie in das Meer stürzen. Die nichtpriesterliche Erzählung dagegen spannt die Ereignisfolge über zwei Tage und stellt eine stürmische Nacht dazwischen.

Die nichtpriesterliche Version spekuliert, unter welchen Umständen die wunderbare Rettung der Israeliten möglich war und wie Jahwe die Ägypter besiegen konnte. Ihr zufolge waren Naturmächte, nämlich die Dunkelheit, der starke Ostwind und das zurückkehrende Meer, Mittel des rettenden Eingreifens Jahwes.

Durch die Dunkelheit hindert Jahwe die Ägypter, bis zum Lager der Israeliten zu kommen. Durch den Ostwind läßt er das Meer hinweggehen und macht es zum trockenen Land. Beim Anbruch des Morgens wollen die Ägypter die Israeliten überfallen und nähern sich ihrem Lager. Sie treten, ohne dies zu bemerken, auf trockenen Meeresboden und das Meer kehrt in sein gewöhnliches Bett zurück. Die Ägypter versuchen vergebens vor dem Meer zu fliehen. Etwa so sind die Ereignisse aufgrund der knappen Erzählung zu rekonstruieren. Auf den Sieg Jahwes über die Ägypter folgt die Reaktion der Israeliten: Sie glauben an Jahwe und an Mose, den Vermittler zwischen Jahwe und dem Volk.

Die rekonstruierte Erzählung ist folgerichtig, aber nicht ganz vollständig. Ein Defizit ist das Schweigen über die Lage der Israeliten am Meer. Aufgrund der Erzählung ist auch nicht klar, wie und warum die Ägypter auf den getrockneten Meeresboden gerieten (V. 27*). Auf dieses Defizit wird in der nächsten Phase der Entstehung des Textes, in der jahwistischen Bearbeitung eingegangen.[69]

Als der Pharao das Volk ziehen ließ, führte sie Gott nicht den Weg ins Philisterland. Jahwe zog vor ihnen her, bei Tag in einer Wolkensäule, um ihnen den Weg zu zeigen, bei Nacht in einer Feuersäule, um ihnen zu leuchten. Die Wolkensäule wich bei Tag nicht von der Spitze des Volkes, und die Feuersäule nicht bei Nacht.

Dem König von Ägypten wurde gemeldet, daß das Volk geflohen sei. Der Pharao und seine Diener aber änderten ihre Meinung über das Volk und sagten:"Was haben wir getan, daß wir Israel aus unserem Dienst entlassen haben!"

---

[69] Jahwistische Bearbeitung und Fortschreibung: "Lassen des Volkes" (13,17aαβ; 14,5b); "Wolken und Feuersäule" (13,21-22a; 14,19b.20aβ); "Heiliger Krieg" (14,14.24.25b); "Murren" (14,11f.).

Er ließ seinen Streitwagen anspannen und nahm seine Leute mit.

Die Israeliten erhoben ihre Augen und sahen, daß die Ägypter hinter ihnen her waren, und sie fürchteten sich sehr. Und sie sagten zu Mose: "Hast du uns etwa, weil es keine Gräber in Ägypten gab, herausgeholt, damit wir in der Wüste sterben? Was hast du uns angetan, daß du uns aus Ägypten herausgeführt hast? Haben wir das nicht schon in Ägypten zu dir gesagt: »Laß uns, wir wollen den Ägyptern dienen. Denn es ist besser für uns, den Ägyptern zu dienen, als in der Wüste zu sterben.«"

Mose sagte zu dem Volk: "Fürchtet euch nicht! Bleibt stehen, und schaut zu, wie Jahwe euch heute rettet. Jahwe kämpft für euch, ihr aber könnt ruhig abwarten."

Und die Wolkensäule brach von ihrer Spitze auf und trat hinter sie und **stellte sich zwischen das Heerlager Ägyptens und das Heerlager Israels**, und die Wolke blieb dunkel in dieser Nacht, **so daß sie während der ganzen Nacht nicht aneinander herankommen konnten. Jahwe ließ durch einen starken Ostwind die ganze Nacht hindurch das Meer hinweggehen und machte so das Meer zu trockenem Land.** Zur Zeit der Morgenwache blickte Jahwe in der Feuer- und Wolkensäule zum Lager der Ägypter hinunter und versetzte das Lager der Ägypter in panischen Schrecken. Da sagten die Ägypter: "Wir wollen vor Israel fliehen; denn Jahwe selbst kämpft für sie gegen Ägypten." **Das Meer aber kehrte beim Anbruch des Morgens in sein gewöhnliches Bett zurück, und die Ägypter flohen ihm entgegen. Von ihnen blieb nicht ein einziger übrig.**

So errettete an jenem Tag Jahwe Israel aus der Gewalt der Ägypter und Israel sah die große Machttat, die Jahwe an Ägypten vollbracht hatte, und sie glaubten an Jahwe und an seinen Knecht Mose.

Im Vergleich mit der früheren nichtpriesterlichen Tradition ist die Darstellung des Jahwisten durch die direkten Reden des Pharaos (V. 5b), der Israeliten (V. 11f.), des Mose (V. 13a.14) und der Ägypter (V. 25b) gekennzeichnet. Die durch den Jahwisten bearbeitete Erzählung ist folgendermaßen zu strukturieren:

Expositio
1. Jahwe führt sein Volk (13,17*.21a.22a).

Korpus
2. Der Pharao setzt den Israeliten nach, die er hatte wegziehen lassen (14,5.6).
3. Die Schilderung der Notlage der Israeliten und ihr Murren (V. 10*.11f.).
4. Das Versprechen des Mose, daß Jahwe helfen wird (V. 13a.14).
5. Die rettende Aktion Jahwes durch seine Theophanie. Heiliger Krieg: Jahwe kämpft für sein Volk (V. 19b.20.21*.24.25*.27*).

Schluß
6. Der Glaube der Israeliten als Reaktion auf die Hilfe Jahwes (V. 30*.31*).

Für die jahwistische Bearbeitung sind Jahwetheophanie (V. 13,21a.22; 14,19b.20aβ), Heilsorakel (V. 13f.) und die Jahwekriegsvorstellung (V. 14.24.25b) bezeichnend.[70] In der jahwistischen

---

[70] So auch H.-C. SCHMITT 1979, 153; VAN SETERS 1994, 134. Jahwekriegserzählungen in dtr Texten sind u.a. Jos 10,6-11; 1 Sam 7,7f. Siehe dazu WEIMAR 1976, 38-73. Nach VAN SETERS (1994, 134) bestätigt die für die Jahwekriegserzählungen typische Struktur in Ex 14 (1. Hilferuf an Jahwe,V. 10b; 2. Jahwe kämpft für sein Volk,V. 13f.; 3. Verwirrung [*hmm*] unter den Feinden,V. 24; 4. Die totale Vernichtung der Feinde,V. 28) das Ergebnis seiner Literarkritik. Strukturen sind jedoch kein unproblematisches Kriterium für Literarkritik, da trotz des Strukturschemas immer auch individuelle Variation zu finden ist. In der Jahwekriegserzählung in 1 Sam 14,1-15 z.B. fehlt das Schreien zu Gott. Unsere jahwistische Bearbeitungsschicht folgt recht genau dem gängigen

Schicht wird die aktive Rolle Jahwes betont. Er war in der Wolken- und Feuersäule bei Tag und Nacht anwesend und führte sein Volk. Er war auch die entscheidende Größe in dem Kampf.[71]

Bei dem Meerwunder tritt das direkte Eingreifen Jahwes in den Vordergrund. Jahwe wirkt nicht mehr ausschließlich durch Naturmächte (Dunkelheit, Ostwind, Meer), sondern benutzt seine Theophanie als Mittel des rettenden Eingreifens (13,21f.; 14,19f.). Jahwe blickt in der Wolkensäule zu den Ägyptern hinunter und versetzt sie in Panik. Dadurch erhält die Erzählung Züge des Jahwekrieges (V. 14.24.25b): In panischem Schrecken fliehen die Ägypter vor Jahwe, der selbst gegen sie kämpft, geraten auf den trockenen Meeresboden und werden von dem zurückkehrenden Meer überflutet.

Es wird angenommen, daß der Ursprung der Jahwetheophanie in Wolken und Feuer in Gewitter (Wolken, Blitz, Donner) und vulkanischer Aktivität (Rauch, Feuer) liegt.[72] In Mesopotamien zog der in der Theophanie verhüllte Gott vor dem König und der Armee her. In der Kampfsituation verursachte die Herrlichkeit (*melammu*) der Theophanie Gottes Panik unter den Feinden (vgl. V. 24). Dies führte zu der Verknüpfung der Vorstellung von der Theophanie mit der des heiligen Kriegs. Die vor der Kriegsmacht ziehende Theophanie war vergleichbar mit den Standarten (vgl. die Lade Jahwes, Num 10,34) und Fahnen, die vor dem Heer getragen wurden. Nach VAN SETERS hat der Jahwist die Theophanie Jahwes in einer bestimmten physischen Säulenform rationalisiert und dadurch den westlichen und östlichen Zug, die Sturmwolke und den

---

Schema des Jahwekrieges.

[71] NOTH 1988, 91; FOHRER 1964, 102. Bei J sind Wolken- und Feuersäule die Repräsentation der göttlichen Gegenwart. Der Führungsengel (V. 19a) ist ein konkurrierendes Zeichen der Gegenwart Jahwes.

[72] FOHRER 1964, 102. Anders VAN SETERS 1994, 137. Nach ihm gibt es keine natürlichen Erklärungen für die Jahwetheophanie in Wolken- und Feuersäule. Er bestreitet die Möglichkeit (S. 139), daß die Jahwetheophanie traditionsgeschichtlich aus den Sinaierzählungen (Ex 19-24; 32-34) stammt. NOTH (1988, 86) ist dagegen der Meinung, daß Wolken- und Feuersäule überlieferungsgeschichtlich aus der Sinaitradition stammen (vgl. 19,18 J).

108

Schimmer des Feuers, kombiniert. Diese Hypothese ist jedoch nicht ganz einwandfrei.[73]

Das Heilsorakel in V. 13f. ist eine Parallele zu Jes 7,4-9. An beiden Stellen werden die Israeliten ermahnt, sich nicht zu fürchten (אל תירא) und still zu sein (שקט/חרש).[74] Ebenfalls gemeinsame Züge mit Ex 14,13 weist 1 Sam 12,16 auf.[75] Die Annahme ist nicht von der Hand zu weisen, daß 1 Sam 12,16 und Jes 7,4-9 Vorlage für den vorjahwistischen Vers Ex 14,13 waren.[76] Eine weitere Möglichkeit ist, daß in 1 Sam 12,16 und Jes 7,4-9 traditionelle Redeweise vorliegt, die auch dem Verfasser von Ex 14,13 bekannt war.[77]

---

[73]   Die Phänomene des Sturmes gehören zu den Theophanien in den westlichen Religionen des Nahen Osten, z.B. in Ugarit und in Palästina (vgl. Ps 50,3; Jes 29,6; 66,15; Sach 7,14 u.a.). Das Feuer ist demgegenüber das wichtigste Element in den östlichen Religionen, z.B. in Mesopotamien. VAN SETERS 1994, 137f. Man muß jedoch darauf hinweisen, daß auch in der atl. Religion das Feuer zusammen mit den Sturmphänomenen vorkommt (2 Sam 22,8-15; Ps 97,2-4; 104,1-4, u.a.). Deshalb muß man nicht unbedingt einen mesopotamischen Hintergrund hinter der Wolken- und Feuersäule in der Exoduserzählung postulieren.

[74]   H.-C. SCHMITT 1979, 153; VAN SETERS 1994, 134.

[75]   VAN SETERS 1994, 136.

1 Sam 12,16

גם עתה התיצבו וראו את הדבר הגדול הזה אשר יהוה עשה לעיניכם

Ex 14,13a

ויאמר משה אל העם אל תיראו התיצבו וראו את ישועת יהוה אשר יעשה לכם היום

[76]   Nach VAN SETERS (1994, 136) stammt Ex 14,13 von dem Jahwisten. Es ist jedoch gegen ihn darauf hinzuweisen, daß das Thema "Murren" (V. 11f.) den Zusammenhang zwischen V. 10b und V. 13a zerreißt, und deshalb zu einer späteren Schicht als V. 13a gehören muß. Nach VAN SETERS (1994, 135) stammt das "Murren" in V. 11f. von dem Jahwisten. Deshalb muß V. 13a zu einer vorjahwistischen Erzählung gehören.

[77]   1 Sam 12,16 stammt wahrscheinlich von DtrN und ist deshalb in die Exilszeit zu datieren. Eine literarische Abhängigkeit unseres Verses Ex 14,13 von 1 Sam 12,16 würde eine sehr späte Datierung für die "vorjahwistische Schicht" bedeuten.

6.4. Die Beziehung zwischen dem priesterlichen und dem nichtpriesterlichen Erzählstrang

Wir haben oben die Entwicklung beider Erzähllinien der Meerwundererzählung verfolgt. Die Frage kommt auf, ob die zwei Erzählstränge miteinander Kontakt hatten, ob also zwischen den zwei Traditionslinien gegenseitige Aufnahmen und Einflüsse nachzuweisen sind. Die nichtpriesterliche Grunderzählung scheint eine Weiterführung der kurzen Erzählung hinter P darzustellen. In der nichtpriesterlichen Grunderzählung wird das eigentliche Meerwunder durch die Aufnahme der Naturmächte als Mittel des Wunders rationalisiert. Es sieht also so aus, als ob die nichtpriesterliche Tradition von der priesterlichen Tradition abhängig sei.

Auch in der priesterlichen Bearbeitung (P) der Meerwundererzählung zeigt sich eine Rationalisierung des Meerwunders. Der Gedanke, daß das Meer ausgetrocknet wird, der in der nichtpriesterlichen Tradition vorkommt (dort durch den Ostwind), wird durch P weitergeführt: Mose spaltet das Meer. So entsteht die Vermutung, daß die nichtpriesterliche Tradition Einfluß auf P ausgeübt hat. Irgendwann nach der ersten Bearbeitungsphase wurden die zwei Traditionslinien zusammengeflochten. Weitere Fortschreibung (R^P) im Anschluß an die priesterliche Tradition fand erst nach der Vereinigung des priesterlichen und des nichtpriesterlichen Erzählfadens statt.

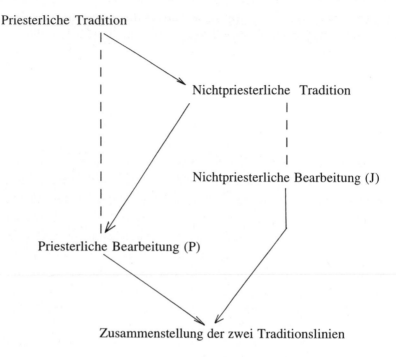

Priesterliche Tradition

Nichtpriesterliche Tradition

Nichtpriesterliche Bearbeitung (J)

Priesterliche Bearbeitung (P)

Zusammenstellung der zwei Traditionslinien

Fortschreibung
(R^P)

Fortschreibung
(R^{JE})

Wir haben oben eine priesterliche und eine nichtpriesterliche Meerwundertradition rekonstruiert. Diese Rekonstruktionen bleiben jedoch ohne paralleles Beweismaterial hypothetisch. Wenn wir entsprechende Traditionen im AT finden, würde dies für die Stichhaltigkeit der Rekonstruktionen sprechen. Eine auffallende Parallele ist tatsächlich in Jos 24,6f. zu finden.[78]

---

[78]   Nach VAN SETERS (1994, 132) stammt Jos 24,6f. von dem nach-dtr Jahwisten. Gegen ihn ist einzuwenden, daß die traditionsgeschichtlich frühe Form

Der Abschnitt ist wegen des Personenwechsels nicht unproblematisch.[79] Es sieht so aus, als ob die Wörter in V. 6b "mit Wagen und Pferden bis zum Schilfmeer" einen Zusatz darstellen. In dem vorangehenden Vers wird nur allgemein auf das Meer hingewiesen. Der Zusatz ist wahrscheinlich eine Angleichung an R[P] ("Streitwagenschicht").

Jos 24,6f.

ואוציא את אבותיכם ממצרים ותבאו הימה

וירדפו מצרים אחרי אבותיכם [ברכב ובפרשים ים סוף]

ויצעקו אל יהוה

וישם אפל ביניכם ובין המצרים

ויבא עליו את הים ויכסהו

ותראינה עיניכם את אשר עשיתי במצרים

1. Ich führte eure Väter heraus aus Ägypten,
   und ihr seid ans Meer gekommen.
2. Die Ägypter aber verfolgten eure Väter.
3. Da schrien sie zu Jahwe.
4. Und er legte zwischen euch und die Ägypter eine Finsternis und er ließ das Meer über sie kommen, so daß es sie überflutete.
5. Mit eigenen Augen habt ihr gesehen, was ich in Ägypten getan habe.

Die kurze Erzählung folgt derselben Struktur wie auch die priesterliche und nichtpriesterliche Tradition.

---

des Erzählungsfragments in Jos 24,*6f. für eine frühere Datierung spricht.

[79] Es handelt sich um eine Rede Jahwes, wo er über sich selbst in der 1. Pers. Sg. spricht (V. 6aα.7aβγ). Eine Ausnahme von der Regel ist jedoch der Anfang von V. 7aα, wo über Jahwe in der 3. Pers. Sg. gesprochen wird. Über die Israeliten wird in V. 6aβ.7aα.7aβγ in der 2. Pers. Pl. geredet. In V. 6aα.6b.7aα spricht Jahwe jedoch über "eure Väter" und verwendet 3. Pers. Pl. Dazu kommt noch V. 7, in dem vorausgesetzt wird, daß die angeredeten Israeliten selbst, und nicht nur ihre Väter, die Großtat Jahwes in Ägypten gesehen haben.

Expositio
1. Jahwe führt die Israeliten aus Ägypten an das Meer.

Korpus
2. Die Schilderung der Notlage der Israeliten.
3. Der Hilferuf der Israeliten zu Jahwe.
4. Die rettende Aktion Jahwes.

Schluß
5. Die Israeliten sehen die Rettung Jahwes.

Die Erzählung in Jos 24,*6f. hat Züge sowohl aus der priesterlichen als auch aus der nichtpriesterlichen Tradition entnommen. Die erste Hälfte der Erzählung (2.-3. Teil) entspricht der priesterlichen Tradition (Ex 14,9aαb.10abβ). Die zweite Hälfte der Erzählung (4. Teil) berichtet, wie Jahwe durch die Dunkelheit und die Überschwemmung des Meeres die Ägypter vernichtet. Die Naturmächte als Mittel der rettenden Aktion Jahwes erinnern an die nichtpriesterliche Tradition (Ex 14,20aαb*. 27aα²β.31aα).

In der Erzählung in Jos 24,*6f. fehlen die späteren Elemente der Meerwundererzählung, sowohl die Theophanie Jahwes in der Wolkensäule und die Züge des heiligen Krieges (vgl. die Bearbeitung des Jahwisten) als auch die Spaltung und die Durchquerung des Meeres, die Verhärtung des Pharaos und die Hervorhebung der Streitwagen und Pferde (vgl. die priesterliche Bearbeitung). Diese Überlegungen deuten darauf hin, daß die kurze Erzählung in Jos 24,*6f. kurz vor oder nach der nichtpriesterlichen Tradition entstanden ist.

6.5. Die Lokalisierung des Meerwunders

In den Traditionen hinter dem priesterlichen und dem nichtpriesterlichen Erzählfaden bleibt der Schauplatz des Meerwunders völlig offen. Das Hauptinteresse der traditionsgeschichtlich frühesten Stufe der Erzählung liegt auf dem Wunder selbst, nicht auf seiner geographischen Verortung. In der P vorgegebenen Tradition wird nur das Nötigste über die geographischen Gegebenheiten mitgeteilt, nämlich daß die Israeliten am Rand eines namentlich unbekannten Gewässers (ים) lagerten (Ex 14,9*; so auch Jos 24,6a).

Dies gilt auch für die früheste Form der nichtpriesterlichen Meerwundererzählung, die ja aufgrund der Traditionen hinter dem priesterlichen Erzählfaden verfaßt wurde. Offensichtlich hat die nichtpriesterliche Erzählung die Standort der Israeliten am Rand des Meeres als eine Selbstverständlichkeit betrachtet und sie darum nicht explizit erwähnt. Daß das Meer in der nichtpriesterlichen Darstellung einfach fehlt, ist jedoch als ein erzählerisches Defizit anzusehen.

Der Jahwist zeigt etwas mehr Interesse für die Route der Israeliten. Seiner Bearbeitung zufolge führt Jahwe sie nicht den gewöhnlichen Weg, nämlich den Meeresweg (Via Maris) an der Küste des Mittelmeers entlang, ins Philisterland, sondern zieht in einer Wolkensäule bei Tag und in einer Feuersäule bei Nacht vor ihnen her und zeigt dem Volk den unabgesteckten Weg durch die Wüste.

Der Jahwist hat weiteres geographisches Material, nämlich ein Fragment des Wüstenitinerars (13,20), der Meerwundererzählung zugefügt. Im Anschluß an 12,37 skizziert J den weiteren Weg der Israeliten von Sukkot[80] nach Etam[81] am Rand der Wüste, wo sie

---

[80]   Sukkot (vgl. Ex 1,11; 12,37) ist vielleicht mit *tell el-maschuṭā* gleichzusetzen. FOHRER 1964, 108; CHILDS 1974, 229; AHARONI 1979, 196.

[81]   Etam befindet sich irgendwo an der Ostgrenze Ägyptens. Die genaue Lage ist jedoch unbekannt. 13,20 scheint vorauszusetzen, daß Etam einen Tagesmarsch entfernt von Sukkot liegt. Siehe NOTH 1988, 86; CHILDS 1974, 229; AHARONI 1979, 196.

ihr Lager errichten. Über die Lage des Meeres unterrichtet uns auch der Jahwist nicht. Der Leser muß nur vermuten, daß Etam gleichsam am Rand des Meers lag.[82]

Bei dem Jahwisten gehört das Meerwunder nicht zu der Auszugserzählung, sondern zu den Wüstenerzählungen. Deshalb können wir nichts Sicheres darüber sagen, wie weit entfernt von Ägypten die Israeliten nach Meinung des Jahwisten schon waren, als sie das Wunder am Meer erlebten.[83] Wir können natürlich darüber spekulieren, um welches Meer es sich plausiblerweise handeln könnte. Das Seengebiet nördlich von *es-Suwēs* (Golf von Suez) der die Lagune des sirbonischen Sees wurden manchmal als Schauplatz des jahwistischen Meerwunders vorgeschlagen.[84]

Erst P zeigt mehr Interesse für den historischen und geographischen Rahmen der Meerwundererzählung. Von ihm stammt die genaue Lokalisierung des Schauplatzes des Wunders (14,2a.9b; vgl. Gl. 2b): Auf göttlichen Befehl hin ändern die Israeliten ihre Marschrichtung und lagern an dem üblichen direkten Weg (*Via Maris*) nach Palästina. Die Stelle des Lagers vor Pi-Hachirot zwischen Migdol und dem Meer, vor Baal-Zaphon (V. 2) ist sehr genau bezeichnet (Siehe Karte). Diese Ortsangaben deuten auch auf den Schauplatz des Meerwunders. Auf der östlichen Seite der Israeliten lag der sirbonische See, der den Weitermarsch der Israeliten von Ägypten versperrte.[85]

---

[82]   So auch KRÜGER 1996, 524.

[83]   Anders NOTH (1988, 86), der 13,20 zu der Schicht des Jahwisten zählt. Daraus folgert er, daß J die Israeliten aus der Gegend von Sukkot (12,37-39) am folgenden Tag nach "Etam am Rande der Wüste" gelangen läßt. Nach NOTH hat J wahrscheinlich gedacht, daß Etam einen Tagesmarsch entfernt von Sukkot liegt. Weil keine weiteren Ortsangaben bei J über den Schauplatz des Meerwunders vorkommen, ist Etam zugleich die Stelle des Meerwunders und liegt folglich am Meer, vermutlich in dem Seengebiet nördlich von *es-Suwēs*.

[84]   NOTH (1988, 86) und FOHRER (1964, 102) sind für das Seengebiet nördlich von *es-Suwēs*. FOHRER hält auch die Lagune des sirbonischen Sees für möglich.

[85]   NOTH 1988, 86f. So auch FOHRER 1964, 108; CHILDS 1974, 229; SEGERT 1994, 201.

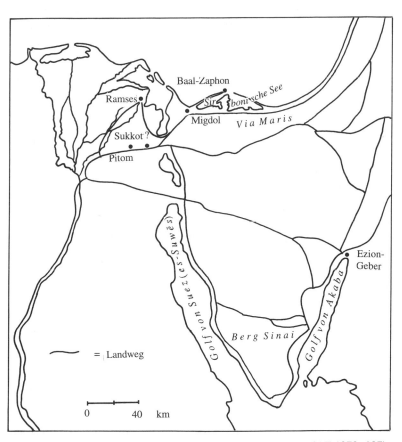

(Karte im Anschluß an AHARONI 1979, 197)

Pi-Hachiroth ist sonst nicht bekannt. Nach der üblichen Meinung handelt es sich um einen Ort an der Ostgrenze Ägyptens mit einem ägyptischen Namen.[86] Baal-Zaphon deutet wahrscheinlich auf ein Heiligtum hin, an dessen Stelle in hellenistisch-römischer Zeit Zeus Kasios verehrt wurde. Es liegt an der Mittelmeerküste östlich der Nilmündungen am westlichen Ansatzpunkt der Nehrung, die den sirbonischen See vom Mittelmeer trennt.[87] Migdol lag an der üblichen Straße vom Delta nach Palästina, nordöstlich der ägyptischen Grenzfestung *Tr* (Siehe Karte).[88]

Der Konsens der Wissenschaftler neigt zu einer Deutung der Wörter פי החירת und מגדל als Ortsnamen. Auch meines Erachtens ist diese Deutung am sichersten. Auffällig ist jedoch, daß die Lagerstelle der Israeliten durch drei Ortsnamen bestimmt wird,[89] wenn doch

---

[86] NOTH 1988, 86; CHILDS 1974, 229. Nach FOHRER (1964, 108) wurde Pi-Hachirot oft in der Gegend von Qantara gesucht. In Anm. 22 stellt er die unterschiedlichen Namenserklärungen vor. Eine Möglichkeit ist *Pi-Ḥ-r-t* "Tempel der Göttin *Ḥ-r-t*" oder *Pr-Ḥwt-Ḥr* "Wohnsitz der Hathor". M. GÖRG 1989 (BN 50) 7f. bestreitet diese Deutungen. AHARONI (1979, 196) plädiert für die Theorie ALBRIGHTs (BASOR 109, 1948. S. 16), nach der der Name *pi-ha-ḥiroth* von dem Verb *ḥrt* "graben" abzuleiten ist. Dies würde auf einen der mehreren Kanäle des Nils hindeuten.

[87] NOTH (1988, 87), FOHRER (1964, 108), CHILDS (1974, 229) und AHARONI (1979, 196) u.a. schließen sich in der Identifikation Baal-Zaphons der Theorie von EISSFELDT (1932) an.

[88] NOTH 1988, 87. Nach CHILDS (1974, 229) ist die genaue Lage Migdols unbekannt, aber es wird häufig mit *Tell-el-Heir* (zwischen Qantara und Pelusiumin) gleichgesetzt. Nach AHARONI (1979, 196) ist Migdol eine bekannte ägyptische Grenzfestung nordöstlich von Sile.

[89] NOTH (1988, 87) wundert sich über die genauen Ortsangaben in 14,2: "Es ist auffällig, daß gerade P als jüngste Quelle so genaue Angaben über den Schauplatz des Meerwunders macht. Diese führen in eine andere Gegend als die unbestimmten Mitteilungen der älteren Quellen ... Man muß fragen, ob P hiermit eine sehr alte und vielleicht sogar authentische Lokaltradition weitergibt ... oder ob es sich um eine sekundäre Lokalisierung handelt, die die Errettung Israels am Meer an einer passend erscheinenden Stelle in der Nähe der zu allen Zeiten viel begangenen ägyptischpalästinischen Verbindungsstraße ansetzte." So auch FOHRER (1964, 108), der jedoch 13,20; 14,1-3.5a zu N einordnet. Nach ihm verbirgt sich hinter N vermutlich eine Tradition, die früher und zuverlässiger ist als die Traditionen mit unbestimmteren Lokalisierungen, die J und E zur Verfügung standen.

die Bestimmung "am Meer vor Baal-Zaphon" genügt hätte. Deswegen gehen wir noch auf die Möglichkeit ein, daß es sich bei פי החירת und מגדל um zwei Apellativa statt um zwei Ortsnamen handelt.

LXX liest anstelle des Wortes החירת das Wort τῆς ἐπαύλεως "Militärlager",[90] das dem hebräischen Wort חצרות "Siedlung", "eingehegter Hof"[91] nahekommt. Wenn das Wort פי (= פה) "Mündung", "Eingang" bedeutet, könnte der Ausdruck פי החצרות auf die Mündung eines Geheges, oder spezifischer, auf den Eingang eines Militärlagers hinweisen.[92] Das Wort מגדל hat seinerseits die Bedeutung "Turm". Die Ostgrenze Ägyptens war mindestens teilweise mit einer niedrigen Mauer, *Limes*, und einer Kette von Grenzfestungen, vermutlich mit Wachtürmen, versehen.[93]

Wenn unsere Überlegungen stimmen, ist die Geschehensabfolge in der Darstellung des P (14,1.2a.3f. usw.) folgendermaßen zu rekonsturieren: Die Israeliten wenden sich und kehren aus der Wüste zurück an die Grenze Ägyptens. Sie schlagen ihr Lager neben dem ägyptischen *Limes*, vor dem Eingang eines Militärlagers, zwischen dem Wachturm (bzw. dem Ortschaft Migdol) und der Lagune des sirbonischen Sees, gegenüber von Baal-Zaphon auf. Die Ägypter können leicht die ausgezogenen Israeliten sehen, die sich vor der ägyptischen Grenzmauer lagern. Dies provoziert die Ägypter, das israelitische Lager anzugreifen. Die Lagune des sirbonischen Sees bietet die Gelegenheit für Mose, mit seiner Hand das Meer zu spalten, und für die Israeliten, auf trockenem Meeresboden durch das Meer zu gehen. Die Ägypter dagegen, die nach den Israeliten gehen,

---

[90] "In military language *quarters*, ἔ. ποιεῖσθαι *encamp*." LIDDELL-SCOTT 1968, 611.

[91] חצר "Ständige, aber mauerlose Siedlung" (Lev 25,31); "Hof, eingehegter Raum" (z.B. 2 Sam 17,18). KOEHLER-BAUMGARTNER 1985, 325. Vgl. den Stadtnamen Hazor. Das Problem dieser Hypothese ist, daß LXX nur selten die ursprünglichen Formen der Ortsnamen besser bewahrt hat als MT.

[92] Nach M. GÖRG 1989 (BN 50) 7f. hat der Ausdruck פי החירת die Bedeutung "Mündung der Wasserläufe". Er widerlegt die Bedeutung "Haus der Hathor".

[93] Siehe dazu AHARONI 1979, 197.

ertrinken.

Die Meerwundererzählung ist wohl nicht ohne einen historischen Kern entstanden und weiterentwickelt worden. Die Israeliten haben wahrscheinlich bei dem Auszug aus Ägypten etwas erlebt, das sie als Wunder deuteten. Die Tradition hinter dem priesterlichen Erzählfaden kommt wohl dem historischen Ereignis am nächsten, das sich folgendermaßen rekonstruieren läßt: Bei einer günstigen Gelegenheit gingen bzw. flüchteten aus Ägypten Fronarbeiter, die später ein Teil der Israeliten wurden. Eine vermutlich zahlenmäßig kleine Truppe der Grenzwache versuchte, diese sog. Moseschar festzunehmen, kam aber am "Meer" um.[94]

Entgegen der Meinung des P wird das Meerwunder durch seinen Nachfolger R[P] an das "Schilfmeer" (13,18) verlegt. Die Fragen über das Exodusgewässer im allgemeinen und über das "Schilfmeer" insbesondere werden im folgenden Kapitel näher erörtert.

6.6. Das Exodusgewässer

In Ex 13,17-15,21 werden für das Exodusgewässer mehrere Termini verwendet. Meistens wird es als ים "Meer"[95] bzw. מים "Wasser"[96] bezeichnet. In dem Meerlied kommen außerdem mythisch geprägte Bezeichnungen des Exodusgewässers vor.[97] Einmal in der Meerewundererzählung (13,18) wird das Exodusmeer namentlich definiert und als ים סוף "Schilfmeer" bezeichnet.[98] Nach einer häufig vertretenen Meinung handelt es sich dabei um ein kleineres, nicht mehr mit Sicherheit zu identifizierendes Gewässer

---

[94] Etwa so auch FOHRER 1964, 109f.

[95] Ex 14,1.9.16.21.22.23.26.27.28.29.30; 15,4.8.10.

[96] Ex 14,21.22.26.28.29; 15,8.10.

[97] מצולה "Tiefe" (Ex 15,5); תהום "Urflut" (Ex 15,5); נצלים "Bäche" (Ex 15,8).

[98] Nach FOHRER (1964, 105). ist die Satzkonstruktion in 13,18 nicht sehr klar, so daß es nicht ausgeschlossen sein mag, daß das Wort "Schilfmeer" ein späterer Zusatz ist, der den Ort genauer lokalisieren sollte.

nördlich des Roten Meeres.[99]

Der Begriff ים סוף hat auch andere Bedeutungen als das Meer, an dem Israel vor den hinterherjagenden Ägyptern errettet wurde. Mit ים סוף wird auch das Gewässer bezeichnet, an das die Israeliten gelangten, *nachdem* sie die wunderbare Errettung am Meer schon erlebt hatten (Num 33,10f.). Dazu kommt noch die Bedeutung des Begriffs als geographischer Ort, der in keinerlei Beziehung zum Meerwunderereignis steht (z.B. 1 Kön 9,26).[100]

Nach Num 33,8-11 (P) durchqueren die Israeliten das Meer nach Pi-Hachirot und lagern sich nach mehreren Tagesmärschen am Ufer des ים סוף. Es wird hier also ein Unterschied zwischen dem Exodusmeer und dem ים סוף gemacht. In der priesterlichen Schicht in Ex 13f. ist die Abfolge verdichtet dargestellt und ים סוף mit dem Exodusgewässer identifiziert gegen Num 33,8-11. Der Verfasser von Ex 13,18 hat vermutlich Num 33,8-11 (P) als Vorlage benutzt. Die Unterschiede zwischen den Stellen sprechen dafür, daß P nicht der Verfasser von Ex 13,18 sein kann. Daraus ergibt sich, daß Ex 13,18 zu der Redaktion von R[P] gehört.[101] Zu derselben Redaktion gehört wahrscheinlich auch der Beleg des Namens ים סוף in dem Meerlied (Ex 15,4).[102]

---

[99]   Nach BRIGHT (1981, 122f.) z.B ist es unwahrscheinlich, daß die Israeliten das Nordende des Roten Meeres, d.h. den Golf von Suez, überquerten. Er ist der Meinung, daß mit ים סוף "Schilfmeer" ein Gewässer östlich von Avaris, vermutlich der Menzale-See, gemeint sei, den die Israeliten nicht weit entfernt von dem heutigen El-Qantara durchzogen. Nach NOTH (1988, 85) bezeichnet ים סוף in 1 Kön 9,26 den Golf von 'Akaba auf der Ostseite der Sinaihalbinsel, der in der Luftlinie mehr als 200 km vom Ostrand des Nildeltas entfernt ist. Er erwägt auch andere Möglichkeiten, so den Golf von *es-Suwēs* auf der Westseite der Sinaihalbinsel oder das Seengebiet nördlich von *es-Suwēs*.

[100]   Siehe dazu LAMBERTY-ZIELINSKI 1993, 2. Die Aufgabe ihrer ausführlichen Monographie ist es, zu eruieren, wie ים סוף in den Exoduskontext gelangte und welche Bedeutung der Begriff in diesem Kontext hat.

[101]   Auch nach NORIN (1977, 36-40.205) stammt die Zuordnung des Meerwunders zum ים סוף von einem Verfasser, der später als P ist. Anders BATTO (1983, 28-30), der Ex 13,18 in die Schicht von P einordnet.

[102]   M.E. könnten spätere, nachexilische Zusätze in dem vorexilischen Meerlied Ex 15,1-21 u.a. V. 4f.(bzw. 4b.5a).8-10.19 sein. Nach NORIN (1977, 94.105) handelt es sich bei Ex 15,4 um einen dtr Zusatz. Dagegen plädiert BATTO (1983,

סוּף יָם kommt im AT nicht selten als ein Nicht-Exodusterminus vor. Bei einer näheren Betrachtung der Belege wird deutlich, daß die einzige sichere Identifizierung des mit dem Terminus יָם סוּף gemeinten Gewässers der Golf von Akaba ist.[103] Der Name und die Ortslage des Meeres יָם סוּף waren in Israel bekannt, wie vor allem aus 1 Kön 9,26 hervorgeht. In diesem Zusammenhang dient יָם סוּף zur Näherbestimmung Ezion-Gebers, einer Stadt, in der Salomo seine Flotte baute.[104]

Der Nicht-Exodusterminus יָם סוּף wird z.B. als geographische Näherbestimmung in dem Ausdruck "Weg von יָם־סוּף" benutzt (Num 14,25; Dtn 1,40; 2,1). In Ex 23,31 stellt der Terminus יָם סוּף (= Golf von Akaba) eine Grenzmarkierung im Grenzitinerar des davidisch-salomonischen Reichs dar.[105] יָם סוּף dient auch als Richtungs-angabe[106] oder Durchgangsstation[107] in geographischen Texten.[108]

Wenn unsere Überlegungen zutreffen und R^P mit dem Terminus יָם סוּף wirklich den Golf von Akaba meint, ist es problematisch, daß R^P das Meerwunder an den Golf von Akaba auf der Ostseite der Sinaihalbinsel verlegt, der in der Luftlinie mehr als 200 km vom

---

30) in Anlehnung an CROSS-FREEDMAN (1955, 237-50) und CROSS (1975, 121-124) dafür, daß der Beleg von יָם סוּף in dem Meerlied (Ex 15,4) aus der vormonarchischen Zeit stammt. Nach VAN SETERS (1994, 147f.) sind archaische Sprache und ugaritische Mythologie keine brauchbaren Beweise für die Frühdatierung von Ex 15 (vgl. BATTO 1983, 31), weil ähnliche Charakteristika auch in den exilisch-nachexilischen Psalmen und Prophetentexten zu finden sind. VAN SETERS ist der Meinung, daß Ex 15 jünger als die Meerwundererzählungen von J und P sein muß, weil Ex 15 Züge von diesen beiden kombiniert, z.B. Ex 15,8 "Wind" (J) und "Mauer" (P).

103 Vgl. 1 Kön 9,26; Ex 23,31; Num 14,25; 21,4; 33,10f.; Dtn 1,40; 2,1; Jer 49,21. NOTH 1988, 85; FOHRER 1964, 106; LAMBERTY-ZIELINSKI 1993, 190-226. Nach der Meinung von BATTO (1983, 27) kommt außer dem Golf von Akaba auch der Golf von Suez, wie auch das Rote Meer allgemein in Frage. Nach FOHRER (1964, 106) könnte nur das "Schilfmeer", in das Jahwe die Heuschrecken wehen läßt (Ex 10,19 J), der Golf von *es-Suwēs* auf der Westseite der Sinaihalbinsel oder das Seengebiet nördlich davon sein.

104 Siehe dazu SÄRKIÖ 1994, 171-75.

105 LAMBERTY-ZIELINSKI 1993, 220-226.

106 Num 14,25; 21,4; Dtn 1,40; 2,1.

107 Num 33,10f.; Ri 11,16.

108 LAMBERTY-ZIELINSKI 1993, 195-217.

Ostrand des Nildeltas entfernt ist. Man hat deswegen versucht, das "Schilfmeer" allgemein mit dem Roten Meer zu identifizieren oder auch den Ausdruck סוף ים umzuinterpretieren und andere Deutungen als "Schilfmeer" zu finden, jedoch mit ungenügenden Argumenten.[109]

ים סוף wurde als jüngster in die Reihe der Exodustermini in Ex 13-15 eingebracht, nämlich von dem nachpristerlichen Redaktor (R^P) in Ex 13,18 und 15,22. Die folglich junge Lokalisierung (Ex 13,18) des Meerwunders am Golf von Akaba hat sich, ungeachtet der geographischen Probleme, weithin durchgesetzt. Es ist nämlich anzunehmen, daß alle anderen Erwähnungen über das "Schilfmeer" als Schauplatz des Meerwunders[110] auf den Beleg in Ex 13,18 (R^P) zurückgehen.[111] Auf den Grund für die auffällige Gleichsetzung des Exodusgewässers mit dem Golf von Akaba wird weiter unten eingegangen.

Der Ursprung des Namens ים סוף ist nicht klar. Man kann ihn schwerlich von סוף "Schilf" ableiten, weil an der Küste des Roten Meeres, auch des Golfes von Akaba, kein Schilf wächst.[112] Es gibt auch Versuche, den Namen mythologisch zu erklären. Nach einem Versuch würde ים סוף "Meer der Vernichtung" bzw. "Meer des Endes" bedeuten. Aber diese Ableitungen erweisen sich ebenfalls als unhaltbar.[113] Daß der Golf von Akaba ים סוף heißt, wurde auch

---

[109] Siehe dazu FOHRER 1964, 105 Anm. 19.

[110] Ex 15,4.22, Dtn 11,4; Jos 2,10; 4,23; 24,6; Ps 106,7.9.22; 136,13.15; Neh 9,9; Ri 11,16 (?).

[111] FOHRER 1964, 195f. ; LAMBERTY-ZIELINSKI 1993, 228.

[112] BATTO 1983, 27f.; LAMBERTY-ZIELINSKI 1993, 228.

[113] Nach BATTO (1983, 31) handelt es sich bei dem Terminus ים סוף in Ex 15,4 nicht um die gewöhnliche geographische Bezeichnung ים סוף (= Rotes Meer) sondern um einen mythischen Begriff, worauf die anderen mythischen Termini (תהמת, מצולת) in dem Kontext (15,5) hinweisen. In Anlehnung an SNAITH (1965, 395-98) leitet BATTO den Terminus ים סוף von der Wurzel סוף "ein Ende finden" (Jes 66,17; Am 3,15; Ps 73,19; Est 9,28) bzw. סוֹף "Ende" (vgl. Koh 3,11; 7,2; 12,13; 2 Chr 20,16) ab. Er stützt diesen Schluß mit dem Hinweis auf Jona 2,6, wo er eine mythische Konnotation sieht: "Das Wasser reichte mir bis an die Kehle,/ die Urflut (תהום) umschloß mich; / Todesmacht (סוּף) umschlang meinen Kopf." Nach

unter Hinweis auf den Ortsnamen סוף II (Dtn 1,1) erklärt.[114] Es
erhebt sich jedoch die Frage, ob ein unbekannter, nur in Dtn 1,1
belegter Ort den Namen für den bedeutenden Golf von Akaba
geliefert haben könnte.

Man hat die Frage aufgeworfen, welche neuen Elemente ים סוף
eigentlich gegenüber ים einbringt. Es wird angenommen, daß ים auf
der Stufe von R[P] nicht mehr die Funktion eines Exodusterminus
erfüllte.[115] Deshalb wurde der Begriff ים bei R[P] durch ים סוף als
Exodusterminus ersetzt. ים סוף weist wahrscheinlich auf den älteren
Beleg des Begriffs bei der Heuschreckenplage[116] Ex 10,19 (J) hin.
Die nächstliegende Möglichkeit ist also, daß R[P] das "Schilfmeer" in
der jahwistischen Plagenerzählung (10,19) vorgefunden hat, aber es
gibt auch andere Möglichkeiten, die wir unten näher betrachten
werden.

seiner Meinung ist das Wort סוף (Jona 2,6) aus der Wurzel "zum Ende kommen"
abzuleiten und deutet auf das mythische Chaosgewässer. Folglich würde der Name
des Roten Meers ים סוף "Meer der Vernichtung / des Endes" bedeuten. BATTO
formuliert sein Ergebnis so, daß in Ex 15,4 ים סוף ohne jegliche historische bzw.
geographische Bedeutungen ist. In der Meerwundererzählung von P überqueren die
Israeliten das gespaltene Meer, ים סוף, was die Überwindung der Todesmächte
bedeutet (BATTO 1983, 31-35). Diese Ableitung des Terminus ים סוף ist
interessant, aber nicht ohne Einwände. Einerseits haben die atl. Belege der Wurzel
סוף "ein Ende finden" bzw. סוֹף "Ende" keinen besonderen Unterweltscharakter
(obwohl Jes 66,17; Ps 73,19; Koh 7,2 auf das Ende, d.h. den Tod der Menschen
hinweisen). Andererseits ist es schwer vorzustellen, wie Todesmacht den Kopf
umschlingen kann. GOLKA (1991, 70f.) ist der Meinung, daß das Wort סוף
"Schilf" in Jona 2,6 einen besonderen, verhängnisvollen Ton hat und aus den
Stellen stammt, wo das "Schilfmeer" (ים סוף) mit תהום identifiziert wird und
umgekehrt (Ex 15,5.8; Ps 106,9; Jes 51,10; 63,13).

[114]   LAMBERTY-ZIELINSKI 1993, 228.

[115]   "R[P] benutzt den Terminus ים־סוף, um ein heilsgeschichtliches Ereignis an
einem bekannten, historisch-geographisch greifbaren Ort festzumachen". Damit
überwindet er die "dem priesterschriftlichen ים innewohnende Bedeutung einer
überzeitlichen, ungeographischen und kosmologischen Interpretation des
Gewässers, dessen konkret historisches Profil verlorengegangen war".
LAMBERTY-ZIELINSKI 1993, 230.

[116]   Die Wüstenheuschrecke (*Schistocerca gregaria Forsk*) hat große
Wanderungsjahre in Intervallen von 11-13 Jahren und wird im Spätwinter bzw. zu
Beginn des Frühlings eine Plage im Nahen Osten. BODENHEIMER 1950/51, 146.

Durch den Terminus יַם סוּף wollte R^P die Ähnlichkeiten zwischen Ex 10 und Ex 14 unterstreichen: In beiden Zusammenhängen streckt Mose seine Hand über Ägypten bzw. über das Meer aus.[117] An beiden Stellen kommt der Vernichtungsbegriff לֹא נִשְׁאַר (עַד) אֶחָד (Ex 10,19 // Ex 14,28b) vor. Jahwe wirft mit dem Westwind die Heuschrecken ins Schilfmeer. Ähnlich verfährt er mit den Ägyptern und läßt durch einen starken Ostwind das Meer austrocknen (Ex 10,19 // Ex 14,21). Am Morgen flutet das Meer an seinen Platz zurück und bedeckt die Ägypter. Der Wind ist also beidemal Medium für die Vernichtung einer feindlichen Macht durch Jahwe und יַם סוּף der Ort der Vernichtung.[118]

Nach der Meinung von LAMBERTY-ZIELINSKI sind diese theologischen Rückbezüge auf Ex 10,19 in Ex 14 die Ursache, warum יַם סוּף (= Golf von Akaba) durch R^P als Ort des Meerwunders ausgewählt wurde. Dazu kommt, daß יַם סוּף eine Zwischenstation auf der Wüstenwanderung (Num 33,10f.) und gleichsam das Eingangstor zum verheißenen Land war, da von dort aus der Zug ins Ostjordanland begann. Die Grenzbeschreibung (Ex 23,31) des Gebietes Israels zur Zeit des davidisch-salomonischen Reichs nennt den Golf von Akaba (יַם סוּף) als den südlichsten Teil des Landes.[119]

Wie LAMBERTY-ZIELINSKI betrachte ich die theologischen Rückbezüge auf Ex 10,19 als eine *Teil*erklärung für die Lokalisierung des Meerwunders durch R^P am יַם סוּף (= Golf von Akaba). Auch ihre Beobachtung, daß das durch das Grenzitinerar

---

[117] In der Heuschreckenplage gibt Jahwe Mose die Anweisung, seine Hand auszustrecken (10,12). Gegen diesen Befehl Jahwes streckt Mose jedoch seinen Stab aus (10,13). Es ist möglich, daß hier ursprünglich von der Hand die Rede war, wie auch LXX und der samaritanische Pentateuch voraussetzen.

[118] LAMBERTY-ZIELINSKI 1993, 228-230.

[119] LAMBERTY-ZIELINSKI 1993, 231-33. Die Lokalisation des Meerwunders an der Südgrenze des davidisch-salomonischen Reichs würde ihr zufolge auf den Wunsch des R^P hindeuten, in der nachexilischen Epoche der Restauration auf die glorreiche Ära des davidisch-salomonischen Reichs zurückzukommen, als das Volk Israel noch einheitlich war und das Land besaß. Unter diesem Gesichtspunkt ist es historisch unzutreffend, daß das Meerwunderereignis am יַם סוּף (= Golf von Akaba) stattgefunden hat.

(Ex 23,31) bekannte יַם סוּף (= Golf von Akaba) auf das davidisch-salomonische Reich hinweist, ist m.E. zutreffend. Der Hinweis ist aber, anders als sie meint, nicht unbedingt prodavidisch bzw. - salomonisch zu interpretieren.

Die Meinung LAMBERTY-ZIELINSKIs, daß יַם סוּף (= Golf von Akaba) als Exodusgewässer gleichzeitig ein "Eingangstor zum verheißenen Land" sei, ist m.E. jedoch nicht stichhaltig. Die Funktion des "Eingangstors zum verheißenen Land" hat der gespaltene Fluß Jordan. Gegen יַם סוּף als "Eingangstor" spricht auch die Tatsache, daß die Israeliten vor dem Eintritt in das verheißene Land den Berg Sinai besuchen sollten. Daraus folgt, daß יַם סוּף (= Golf von Akaba) nur das *Ausgangstor* aus der Gefangenschaft und der Anfang der Wüstenwanderung sein konnte.

Diese Überlegungen führen uns zu der Frage, was R[P] mit der Verlegung des Meerwunders an den Golf von Akaba, auf den Boden Israels, sagen möchte. Wir haben oben im vorangehenden Kapitel gesehen, daß in der Bearbeitung des Jahwisten Salomo mit dem Pharao des Exodus gleichgestellt wird.[120] Die Vermutung legt sich nahe, daß R[P] sich der verdeckten Kritik des Jahwisten gegen Salomo anschließt. Nach dem Jahwisten war Salomo der "Pharao", der die Israeliten versklavte (Ex 1*; 5*). R[P] hat nun überlegt, wo Salomo als "Pharao" mit seinen Streitwagen und Kämpfern den in Richtung Sinaiwüste fliehenden Israeliten nachjagen konnte, und wo seine Streitmacht durch Jahwe mitten ins Meer getrieben werden konnte. Die Lösung des R[P] für das Exodusgewässer war deshalb יַם סוּף (= Golf von Akaba) an der Südgrenze des salomonischen Reichs (vgl. 1 Kön 9,26).

---

[120] In dem späteren (1.-3. Jh. n.Chr.) pseudepigraphischen Testamentum Salomonis wird hinter der Aktivität des Pharaos ein Dämon namens Abezethibou vermutet. Der Dämon blieb in dem Exodusmeer gefangen, als das entzweigespaltene Meer zurückkam (TSol 6,3; 23,2). Abezethibou sagt über sich selbst: "Ich war da, als Mose vor Pharao, dem König Ägyptens, erschien, und verhärtete dessen Herz. Ich bin der, den Jannes und Jambres, die Gegenspieler Moses in Ägypten, zu Hilfe riefen. Ich bin der Gegner Moses in (der Durchführung von) Zeichen und Wunder." TSol 25,3f.

6.7. Die Meerwundererzählung und die Heuschreckenplage

Wir haben oben Ähnlichkeiten zwischen der Heuschreckenplage (Ex 10) und der Meerwundererzählung (Ex 14) konstatieren können. Sie sprechen für die Vermutung, daß zwischen den Erzählungen irgendeine Beziehung herrscht. Es ist allerdings nicht leicht zu entscheiden, in welcher Richtung die eventuelle Abhängigkeit besteht. In der Meerwundererzählung sind das Ausstrecken der Hand (P) und das Schilfmeer (R^P) relativ späte Elemente. Dagegen sind der starke Ostwind als Mittel Jahwes in der ersten nichtpriesterlichen Schicht und die Ägypter, die ins Meer stürzen, in der alten Tradition hinter dem priesterlichen Erzählfaden frühe Bestandteile der Meerwundererzählung.

Nach der Ansicht VAN SETERS' hat der Jahwist die ursprüngliche Erzählung über die sieben Plagen geschrieben.[121] Die Verfasserschaft des Jahwisten erklärt die Parallelität zwischen der Plagen- und der Meerwundererzählung: Der Jahwist hat aus der früheren Meerwundererzählung hinter P, daß die Feinde (Ägypter, Heuschrecken) in das Meer geworfen werden, und aus der nichtpriesterlichen Grunderzählung den starken Ostwind als Agent Jahwes für seine Darstellung der Heuschreckenplage (Ex 10,19) bekommen.

Der stürmische Angriff einer Heuschreckenschar wird auch in dem Buch des Propheten Joel beschrieben. Diese Schilderung ist für unsere Untersuchung von großem Interesse, weil die Heuschrecken bei Joel mit Streitwagen und Pferden verglichen werden (Joel 2,4f.): "Wie Rosse (סוסים) sehen sie aus, wie Reiter (פרשים) stürmen sie dahin. Wie rasselnde Streitwagen (מרכבות) springen sie über die Kuppen der Berge." Dies erinnert an die Streitwagen und Pferde des Pharaos in der Schicht des R^P in der Meerwundererzählung (Ex 14,7 usw.). Außerdem wird in Joel 2,20 versprochen, daß Jahwe die feindliche

---

[121] VAN SETERS 1994, 77f. Er ist mit Recht der Ansicht, daß die Erwähnung des Stabes (10,12.13a) eine priesterliche Glosse ist.

Kriegsmacht "zum östlichen Meer und ihre Nachhut zum westlichen Meer" treibt (// Ex 10,19; Ex 14,27).

Die thematischen Ähnlichkeiten zwischen der Heuschreckeninvasion bei Joel, der Heuschreckenplage (Ex 10) und der Meerwundererzählung (Ex 14) lassen die Frage entstehen, in welcher Beziehung die Heuschreckeninvasion bei Joel zu den Erzählungen in Ex 10; 14 steht. Die Datierung des Prophetenbuches ist umstritten und die Ansetzungen schwanken zwischen dem 9. und dem 3. Jh. v.Chr.[122] Am wahrscheinlichsten ist eine nachexilische Datierung (6.-4. Jh.) des Prophetenbuches.[123] Im Prinzip könnten also z.B. P und R[P] durch Joel beeinflußt sein. Unter diesem Gesichtspunkt ist eine Einzelheit bei Joel interessant für uns, und zwar die Verfinsterung der Sonne und des Mondes durch die Heuschreckenschar (Joel 2,10). Es scheint vorstellbar, daß P bzw. R[P] die "Plage" der Finsternis (Ex 10,20-23) aufgrund von Joel 2,10 innerhalb der Heuschreckenplage (Ex 10,1-11.13b-19.24-27) hinzugefügt hat.[124]

Wir müssen allerdings nicht unbedingt eine literarische Abhängigkeit zwischen der Heuschreckeninvasion bei Joel und den Meerwunder- (Ex 14) und Plagenerzählungen (Ex 10) in Exodus voraussetzen, da der Vergleich einer feindlichen Armee mit einer Heuschreckenschar ein gängiger Topos in den altorientalischen Texten[125] und im AT[126] ist, und auch im NT (Apk 9,7) vorkommt.

Mit diesem Vergleich wird besonders auf die Stärke, Größe und Unüberwindlichkeit der Armee hingewiesen.[127] Für eine literarische

---

[122] Siehe dazu KAISER 1984, 292.

[123] KAISER 1984, 292f.

[124] Auch nach KOHATA (1986, 103-115) und VAN SETERS (1994, 77f.107f.) ist die Finsternis ein Zusatz eines priesterlichen Redaktors. Bei der Dunkelheit handelt es sich eigentlich nicht um eine Plage in demselben Sinne wie bei den restlichen Plagen, die den Menschen und Tieren schaden.

[125] König Keret -Legende aus Ugarit (ANET 144, Z. 104-111; 192-216) und einige assyrische Dokumente (CAD 4, 256-8). Siehe dazu THOMPSON (1955, 52-55); ANDIÑACH 1992, 438.

[126] Ri 6,3-5; 7,12; Jer 46,23; Nah 3,15f. In Jer 51,27 werden die Pferde einer Armee mit Heuschrecken verglichen.

[127] ANDIÑACH 1992, 439. Ein Problem besteht jedoch darin, daß in Joel nicht die Armee mit den Heuschrecken, sondern im Gegenteil die Heuschrecken mit der

Abhängigkeit der bearbeiteten Plagenerzählung (Ex 10) von Joel spricht jedoch die innerhalb der Heuschreckenplage zusätzlich eingefügte "Plage" der Dunkelheit (Ex 10,21-23 // Joel 2,10) und, daß die Angreifer bzw. Heuschrecken durch Jahwe ins Meer getrieben werden (Ex 10,19; vgl. Joel 2,20), obwohl die nächststehende Vorlage für Ex 10,19 in Ex 14,27f. zu finden ist. Wie wir oben gesehen haben, werden in dem Buch Joel die Heuschrecken mit Pferden und Streitwagen verglichen (Joel 2,4f.). Offensichtlich werden in Joel eine Heuschreckenkatastrophe und ein Angriff einer feindlichen Armee miteinander verknüpft.[128] Wir werden zunächst die Frage erörtern, inwieweit R[P] den Anlaß aus Joel bekommen hat, die Ägypter in der Meerwundererzählung als eine große Streitwagentruppe mit sechshundert Streitwagen zu beschreiben.

Armee von Streitwagen und Pferden verglichen werden. In dieser Richtung wird der Vergleich nie in den altorientalischen Paralleltexten verwendet. THOMPSON 1955, 52-55. Nach ANDIÑACH (1992, 439) hat Joel das Motiv der Heuschrecken innovativ als Beschreibung einer angreifenden Armee benutzt.

[128] Anders ANDIÑACH 1992, 434. Er versucht zu beweisen, daß die Beschreibung der Angreifer in Joel 2 dafür spreche, daß von einer feindlichen Kriegsmacht die Rede sei; die Angreifer zerstören das Land mit Feuer (2,3), die Menschen haben Angst vor ihnen (2,6), weil sie die Häuser erobern (2,7). Die Menschen versuchen vergebens, die Angreifer, die wie Diebe sind (2,9), mit Wurfspeeren zu stoppen (2,8). Diese Begründungen überzeugen jedoch nicht. Die Partikel für die Komparation (כ) deutet darauf hin, daß es sich um eine Allegorie handelt. Die Menschen können auch Angst vor der Heuschreckenschar haben (vgl. 2,6). Heuschrecken erklettern die Mauern (2,7), steigen durch die Fenster wie ein Dieb (2,9) und sind nicht mit Wurfspeeren zu stoppen (2,8), anders als richtige Krieger. Die totale Zerstörung der Vegetation durch die Heuschrecken entspricht dem Schaden eines Brandes (vgl. 2,3). Noch ein Argument gegen die Auffassung von ANDIÑACH ist, daß Sonne und Mond sich wegen einer Heuschreckenschar verfinstern können (Joel 2,10), aber nicht wegen eines feindlichen Heeres.

6.8. Die Streitwagen und Pferde
in der Meerwundererzählung

Nach der nichtpriesterlichen Meerwundererzählung ließ der König von Ägypten seine Streitwagen (רכבו) anspannen und nahm seine Leute mit (Ex 14,6). R[P] schließt sich diesem Zug der früheren Erzählung an und steigert die Zahl der Streitwagen erheblich. In seiner Darstellung (V. 7) nahm der Pharao 600 auserlesene Streitwagen (רכב בחור) und einen "dritten Mann" (שלש) in jedem Wagen mit. Außerdem hat er an mehreren Stellen[129] der Erzählung eine Bemerkung über die Streitwagen und Pferde (רכבו ופרשיו) des Pharao zugesetzt. Durch die Verstärkung der ägyptischen Streitkraft macht R[P] den Sieg Jahwes über den Pharao und seine Armee noch größer: Jahwe ist der mächtigste Feldherr, dem selbst eine Armee von 600 Streitwagen nicht Widerstand leisten konnte (vgl. Ex 14,18; Ps 20,8).

Ein auffälliger Zug in der Bearbeitungsschicht des R[P] ist die Erwähnung der "dritten Männer" (שלש) in den Wagen. Die ägyptischen Streitwagen hatten üblicherweise eine Besatzung von zwei Männern. Sie wurden mit einem Fahrer und einem Bogenschützen ausgestattet. Ein dritter Man in der Besatzung entspricht demgegenüber dem Streitwagenwesen der Hethiter und der Kanaanäer. Den Brauch, einen dritten Mann in den Streitwagen zu stellen, haben die Israeliten von den Kanaanäern übernommen.[130] Diese Beobachtung deutet darauf hin, daß die Bearbeitung des R[P]

---

[129] Ex 14,7aαb.9aβ.17bβ.23aβ.25a.26bβ.28aα*. Ein Sonderfall ist V. 9aβ, wo eine längere Formulierung כל סוס רכב פרעה ופרשיו וחילו vorkommt. Es sieht so aus, als ob die Ordnung des Textes gestört und das Wort פרעה an eine falsche Stelle geraten ist, wo es den festen Ausdruck für "Streitwagen mit ihren Pferden" רכב ופרשיו zerbricht. Diese Vermutung wird durch V. 23 bestätigt, wo der Ausdruck ungestört vorkommt: כל סוס פרעה רכבו ופרשיו.

[130] So auch NOTH 1988, 89: "Der israelitische Erzähler hat bei dieser Bemerkung freilich gerade nicht die ägyptische Weise der Streitwagenbemannung vor Augen, die nur eine Doppelbesetzung ... kannte, sondern die hethitisch-palästinische Weise, nach der ein "dritter Mann" ... sich auf dem Streitwagen zu befinden pflegte."

sich nicht auf das historische Exodusgeschechen gründet, sondern wahrscheinlich auf den Gegebenheiten der Königszeit in Israel beruht. Daraus entsteht unsere Vermutung, daß R^P eine schriftliche Vorlage mit Streitwagentermini für seine Bearbeitung hatte.

Die besonderen Termini in der Schicht des R^P, die sich auf das Streitwagenwesen beziehen, unterscheiden sich von den Begriffen, die in Joel 2,4f. vorkommen. Die beiden Wörter für Pferde, סוס und פרש, werden in dem Buch Joel in einem Parallelismus verwendet (Joel 2,4). Für Streitwagen wird das Wort מרכבה verwendet (Joel 2,5). Das Wort für den "dritten Mann" (שלש) findet sich in Joel nicht. Wenn R^P eine Vorlage für seine "Streitwagenbearbeitung" in Ex 14 gehabt hat, ist sie nicht, oder nicht in erster Linie, in Joel 2,4f. zu finden.

Die Termini in Ex 14 (שלש, רכבו ופרשיו), die sich auf das Streitwagenwesen beziehen, sind demgegenüber in 1 Kön 9, 22b zu finden.[131] Nach diesem Vers machte Salomo niemand von den Israeliten zum Sklaven. Sie waren seine Krieger und Beamten, seine Obersten, "dritten Männer" (שלשיו) und Befehlshaber über seine Streitwagentruppen (רכבו ופרשיו).

Die Kombination "Wagen und Pferde" (רכב ופרש)[132] ist ein herkömmlicher Ausdruck für Wagen und ihre Zugpferde. Pferde als Reittiere in geschlossener Formation sind erst vom 8. Jh. v.Chr. an nachweisbar.[133] Die dritten Männer (שלשים) waren Berufskrieger, durch die die Effektivität eines Kriegswagens gelegentlich für wichtige Aufgaben erhöht wurde. Die Krieger konnten auch mit den Wagen zu ihrem Ziel transportiert werden (2 Kön 10,25). So entstand der Terminus שלש "der dritte Mann". Aus dieser Militärelite wählte der König seine Adjutanten aus, die später auch שלש genannt wurden (2 Kön 7,2.17.19; 9,25; 15,25).[134] Die in 1 Kön 9,15-19

---

[131] Die Wörter רכב und פרש finden sich auch in 1 Kön 9,19; 10,26. Vgl. in 1 Kön 5,6-8; 10,28f. kommen die Wörter סוס und מרכבה vor, wie auch in Joel 2,4f.

[132] Z.B. in 1 Sam 13,5; 2 Sam 1,6; 10,18; 1 Kön 1,5; 5,6; 10,26; 2 Kön 13,7; 18,24.

[133] SÄRKIÖ 1994, 123 Anm. 261.

130

aufgezählten, von Salomo gebauten Städte dienten nach V. 19a zur Stationierung der Kriegswagentruppen[135] und zur Lagerung der Naturalien (ערי המסכנות, vgl. Ex 1,11).

Den Abschnitt 1 Kön 9,15.17b-23 hat der nomistische Redaktor der dtr-Schule (DtrN) aufgrund einer früheren Tradition bearbeitet und verfaßt.[136] Ihm lag wahrscheinlich ein überlieferter vor-dtr Baubericht (1 Kön 9,15.17b.18.19a.23) vor. Die Verse 19b.20-22 hat DtrN überwiegend selbst formuliert. Die besonderen Termini in V. 22b sprechen jedoch dafür, daß sich hinter dem Text des DtrN in V. 22b ein fragmentarisches Dokument über das Militärwesen Salomos verbirgt.[137]

Die Aufgabe des durch DtrN bearbeiteten Abschnitts 1 Kön 9,15-23 ist es, die Angaben des DtrH (1 Kön 5,27ff.) zu dementieren, nach denen Salomo seine israelitischen Untertanen zu Sklaven machte.[138] Nach Ansicht des DtrN waren die Israeliten Salomos Offiziere und Streitwagenkämpfer. Es ist historisch gesehen jedoch unwahrscheinlich, daß die Streitwagentruppen sich ausschließlich oder in erster Linie aus den Israeliten rekrutierten. Vielmehr ist es wahrscheinlich, daß die Streitwagentruppen nichtisraelitisch waren.[139] Die Streitwagenstädte Salomos, Hazor, Megiddo und Geser, waren alte kanaanäische Städte, die als Erbe aus der Spätbronzezeit das Streitwagenwesen bewahrt hatten. Sie befinden sich in ursprünglich nichtisraelitischen Gegenden, die das Gebiet des Hauses Joseph wie eine Pufferzone umgaben.[140]

Die Vermutung liegt nahe, daß die Streitwagentruppen in der

---

134 Von daher erklären sich die beiden Bedeutungen des Wortes שלש, "Berufskrieger, der mit den Wagen transportiert wurde" und "Adjutant" bzw. "hoher Offizier des Königs". SÄRKIÖ 1993, 123f.; 1994, 126-128.

135 ...ואת ערי הרכב ואת ערי הפרשים

136 9,16 (17a) ist eine Parenthese, die DtrN[2] in den Abschnitt eingefügt hat. In 9,16 liegt jedoch wahrscheinlich eine ältere Tradition vor. SÄRKIÖ 1994, 109.134f.

137 SÄRKIÖ 1994, 123.

138 SÄRKIÖ 1994, 121-123.

139 DIETRICH 1979, 44f.; NIEMANN 1993, 140.144.

140 SÄRKIÖ 1994, 123.139.

salomonischen Friedenszeit für die Kontrolle der Zivilbevölkerung im Nordreich gedacht waren. Die Aufgabe der Truppen in Hazor, Megiddo und Geser war es, Unruhen im Haus Joseph zu verhindern. Dies war nötig wegen der wachsenden Unzufriedenheit, die ihren Grund in der Fronpflicht und Besteuerung der nördlichen Bevölkerung hatte.[141]

Indem er den Nordteil des Landes in Provinzen teilte (1 Kön 4,7-19), versuchte Salomo, die Nordstämme fester in die Zentralverwaltung zu integrieren.[142] Diese integrierenden Maßnahmen Salomos waren jedoch nicht effektiv genug. Wegen des "harten Jochs" (1 Kön 12,4), der Fronarbeit und Besteuerung Salomos, steigerte sich die Unzufriedenheit der nördlichen Stämme, die sich durch dem Aufstand Jerobeams von der Herrschaft Salomos befreiten.[143] Rehabeam versuchte in Sikem vergeblich, die aufständischen Fronarbeiter wieder zu Zucht und Ordnung zu bringen. Er war gezwungen, seinen Streitwagen zu besteigen und nach Jerusalem zu fliehen, als die Israeliten den Fronaufseher Adoniram zu Tode steinigten (1 Kön 12,18).

Der geschichtliche Überblick über die Zeit Salomos macht es wahrscheinlich, daß die Streitwagen und Pferde sich auf die Kontroll- und Unterdrückungsmaßnahmen Salomos beziehen. Die in Hazor, Megiddo und Geser stationierten Streitwagen waren eine Bedrohung für die Bevölkerung der nördlichen Stämme und hatten das Ziel, Aufstände zu verhindern. Die durch die harte Fronarbeit und Besteuerung bedrückte Bevölkerung schloß sich jedoch der Revolte Jerobeams an. Wir können nur ahnen, wie die Streitwagentruppen Rehabeams gegen die revoltierenden und fliehenden Fronarbeiter eingesetzt wurden, weil darüber in den Königsbüchern nichts berichtet wird.

In den vorangehenden Kapiteln haben wir gesehen, daß vor

---

[141] SÄRKIÖ 1994, 140.151. Etwa so auch DIETRICH 1979, 49; WÜRTHWEIN 1985, 112; NIEMANN 1993, 100.

[142] NIEMANN 1993, 38.130.

[143] SÄRKIÖ 1994, 159f.

allem der Jahwist mit leisen Anklängen an die Salomotraditionen diesen König kritisch mit dem Exodus-Pharao gleichsetzt. Gleichzeitig hat er dem Mose Züge der Widersacher Salomos, Jerobeam und Hadad, gegeben. Um dieses Ziel zu erreichen hat der Jahwist u.a. alte Traditionen hinter der Salomogeschichte bzw. die dtr Salomogeschichte als Vorlage benutzt, als er die Exoduserzählung verfaßte (z.B. Ex 5 // 1 Kön 12).

Ich halte es für wahrscheinlich, daß auch der priesterliche Fortschreiber (R^P) so verfuhr, als er die Meerwundererzählung bearbeitete. Eine Voraussetzung dafür ist, daß R^P die verdeckte Salomokritik des Jahwisten erkannt hat und seine Methode der verdeckten Salomokritik aufgenommen hat. R^P hat die Streitwagentermini für die Bearbeitung der Meerwundererzählung vermutlich aus 1 Kön 9,22b übernommen, den "dritten Mann" (שלש, Ex 14,7*; 15,4b) und den Ausdruck für Streitwagen und Pferde (רכב ופרשים, Ex 14,17bβ.26bβ.28aα*).[144]

Mit den Zusätzen über die Wagen und Pferde wie auch über "die dritten Männer" wollte R^P die Meerwundererzählung an die Salomogeschichte angleichen und dem Pharao Züge des Fronherrn Salomo geben. Dazu diente auch die Verlegung des Meerwunders durch R^P an das "Schilfmeer" (Ex 13,18), d.h. den Golf von Akaba, an der Südgrenze des salomonischen Reiches.

---

[144] Neben diesem Ausdruck ist in Ex 14,9aβ.23aβ ein weiteres Wort für Pferd (סוס) hinzugefügt. Der Grund für dieses überflüssigen Wort, das auch in der Salomogeschichte vorkommt (1 Kön 5,6-8; 10,28f., vgl. Joel 2,4), und sein Ursprung bleiben offen. Vielleicht kannte R^P nicht den Ausduck רכב ופרש in der Bedeutung für Wagen und ihre Zugpferde, sondern deutete das Wort פרש mit der späteren Bedeutung "Reiter". So wurde die Erwähnung der Zugpferde nötig und er hat deswegen das Wort סוס zugesetzt.

Fazit

In der literarkritischen Untersuchung der Auszugsgeschichte (Ex 13,17-14,31) wurden zwei Erzählstränge, priesterliche und nichtpriesterliche Komposition, entdeckt, denen beiden eine alte Überlieferung zugrundeliegt. Die alten Traditionen sind knapp formuliert, ohne jegliche Angaben über die geographische Lage des Meerwunders. Eine nahe Parallele zu diesen alten Formen der Meerwundererzählung ist in Jos 24,*6f. zu finden.

Die priesterliche Bearbeitung (P) fügt in die alte und schlichte Tradition die Umstände, unter denen die Ägypter durch das Meer überflutet werden konnten, und die geographische Verortung am sirbonischen See im Ostdelta. Mose fungiert als Agent der rettenden Aktion Jahwes. Von Jahwe beauftragt, spaltet Mose das Meer und die Israeliten gehen hindurch, die Ägypter hinter ihnen. Dann läßt Mose das Wasser gemäß Jahwes Befehl an seine Stelle zurückkehren, wobei die Ägypter ertrinken.

Die nichtpriesterliche Urform der Tradition enthält etwas mehr Angaben über das Meerwunder. Die rettende Aktion Jahwes findet durch Naturmächte statt. Die Dunkelheit, starker Ostwind und das zurückkehrende Meer bilden die Umstände, unter denen die Ägypter ertrinken. Die Aufgabe des Mose ist es, den sich fürchtenden Israeliten die Hilfe Jahwes vorherzusagen.

Der Jahwist hat diese Tradition mit seiner Bearbeitung ergänzt und die Elemente des Jahwekrieges, die Jahwe-Theophanie in Wolken- und Feuersäule und das Thema "Murren" in die Erzählung eingefügt. Mit einem Fragment eines Wüstenitinerars lokalisiert er die wunderbare Rettung der Israeliten irgendwo nördlich von *es - Suwēs*.

In einer späteren Phase der Textgeschichte wurden die zwei Traditionslinien über das Meerwunder, priesterliche und nichtpriesterliche miteinander verflochten. Die dadurch entstandene Meerwundererzählung wurde noch durch Fortschreibung ergänzt. In diese Phase gehört die Bearbeitung von R[P], der die Streitmacht der Ägypter als eine große Sreitwagentruppe beschreibt und die Ereignisse am "Schilfmeer" verortet.

Unser Ergebnis ist, daß R[P] das Material für seine Bearbeitung der Meerwundererzählung aus mehreren Texten bekommen hat. Die Identifizierung des Exodusgewässers als "Schilfmeer" (Ex 13,18) hat er in Ex 10,19 gefunden, wo Jahwe die Heuschrecken durch den Wind ins Meer trieb (vgl. Ex 14,27f.). In Joel 2,4f. werden die Heuschrecken mit Streitwagen und Pferden verglichen. Daraus schloß R[P], daß die Ägypter als eine Streitwagentruppe vom Wind ins Schilfmeer getrieben wurden (Ex 14).[145]

Die besonderen Streitwagentermini in Ex 14 erklären sich jedoch nicht aufgrund von Joel. Vielmehr sieht es so aus, als ob R[P] die Salomogeschichte, besonders 1 Kön 9,22b, als Vorlage benutzt hat. In demselben Kontext (1 Kön 9,26) befindet sich auch das Wort "Schilfmeer" (Golf von Akaba), an dessen Küste Salomo seine Hafenstadt Ezion Geber baute.

Die Bearbeitung des R[P] ist möglich so zu verstehen, daß er das Meerwunder an den Golf von Akaba an die Südgrenze des salomonischen Reichs verlegte. Dadurch schuf R[P] Umstände, in denen es Salomo/Rehabeam möglich war, mit seinen Streitwagentruppen den in Richtung Sinai fliehenden israelitischen Fronarbeitern nachzujagen und von Jahwe am Meer vernichtet zu werden. R[P] schafft also eine klare geographische und militärterminologische Assoziation an Salomo.

---

[145] Die Sätze kann man als einen klassischen Syllogismus darstellen:

P1   Heuschrecken sind wie "Sreitwagen" (Joel 2,4f.)

P2   Heuschrecken wurden ins "Schilfmeer"getrieben (Ex 10,19)

Ergebnis: "Streitwagen" wurden ins "Schilfmeer" getrieben (Ex 14,27f.)

7. Das goldene Kalb (Ex 32)

Das Kapitel Ex 32 interessiert uns, weil häufig eine literarische Beziehung zwischen der Erzählung über das goldene Kalb und der Beschreibung der Sünde Jerobeams, der Errichtung der Stierbilder in Bet-El und Dan (1 Kön 12), gesehen wird. In der Untersuchung der vorangehenden Kapitel Ex 1-2; 5 und 14 haben wir feststellen können, daß einige Abschnitte der Exoduserzählung bemerkenswerte Ähnlichkeiten mit der Salomo- bzw. Jerobeamgeschichte (1 Kön 1-12) aufweisen.

Die häufig bemerkte Tatsache, daß Ex 32 nicht auf Aaron und Israel am Sinai zielt, sondern sich verdeckt auf Jerobeam I. und Israel in Bet-El bezieht (1 Kön 12),[1] ist ein weiterer Beweis für die Existenz der Kategorie "verdeckte Kritik" im Exodusbuch: Ein historisches Geschehen wird in die Vergangenheit projiziert und historische Personen verbergen sich hinter der Maske von Gestalten der Vergangenheit.

Wir haben oben feststellen können, daß in Ex 1-2; 5 und 14 Mose Charakteristika Jerobeams I. gegeben werden. Dadurch wird Jerobeam in der Rolle des Mose positiv als ein Befreier der Israeliten geschildert. Auf der anderen Seite bekommt der Pharao des Exodus Züge des Fronherrn Salomo, wodurch Salomo sublim kritisiert wird.

Eine wichtige Frage bei der Untersuchung von Ex 32 ist es, in welcher Rolle Jerobeam I. verdeckt dargestellt wird. Hat man sie beantwortet, dann kann man auch die Aussageintention der (bearbeiteten) Erzählung über das goldene Kalb (Ex 32) erschließen.

Eine eingehende Analyse der Erzählung über das goldene Kalb (Ex 32) und des parallelen Berichts von Jerobeam (1 Kön 12,25-32) würde allerdings den Rahmen unserer Untersuchung sprengen, weshalb wir uns damit begnügen, vorwiegend anhand einiger früherer Untersuchungen einen Überblick über die Kapitel Ex 32 und 1 Kön 12 zu geben.

---

[1]   AURELIUS 1988, 75.

7.1. Der Kontext

Im Kapitel Ex 24 steigt Mose auf den Berg Sinai. Er verweilt auf dem Berg Gottes eine lange Zeit und die Israeliten erwarten ihn vergebens zurück. Endlich bitten sie Aaron, Götter (אלהים) anzufertigen, die vor ihnen herziehen. Aaron gießt ein Stierbild aus dem Gold der Israeliten und sagt: "Das sind deine Götter, Israel, die dich aus Ägypten heraufgeführt haben" (Ex 32,4b.8bβγ). Gerade als das Volk ein Opferfest feiert und das goldene Kalb verehrt, kommt Mose zurück und zerschmettert die zwei Tafeln der Bundesurkunde.

Nach der Ansicht von AURELIUS stammt der Abschnitt Ex 25 - Num 10 aus der priesterlichen Komposition (P), mit Ausnahme von Ex 32-34 und Num 10,29-36, die zu der nichtpriesterlichen Komposition gehören.[2] Die Erzählung von dem goldenen Kalb in Ex 32 (außer späteren Zusätzen) ist älter als Ex 33f., weil Ex 32 in Ex 34 (und 33) vorausgesetzt wird. Es sieht so aus, als ob die Erzählung vom goldenen Kalb in Ex 32 ursprünglich eine eigene Einheit gewesen sei, die an Ex 19-24 angeschlossen wurde. Ex 32* folgt dem unmittelbar vorangehenden Abschnitt 24,12-15a.18b; 31,18, wo Gott Mose auf den Berg ruft und ihm die Tafeln gibt. Zu der literarischen Vorgabe gehört auch wenigstens der Kern des Theophanieberichts Ex 19.[3]

Ex 32* setzt darüber hinaus die Erzählung vom Amalekiterkampf (Ex 17,8-13) voraus.[4] Es ist ohne weiteres klar, daß Ex 32* eine Auszugserzählung zugrundeliegt. Ex 32 setzt ursprünglich als Kontext eine Erzählung über Exodus und Sinai voraus. In dem zugrundeliegenden Bericht ist der Sinai der Ort der

---

[2] In Ex 32,15b.16 ist jedoch eine Glosse von P zu finden. VAN SETERS 1994, 291.

[3] AURELIUS 1988, 57-68. Auch nach VAN SETERS (1994, 293) ist die Erzählung in Ex *32 ursprünglich literarisch an die Sinaiperikope (Ex 24,12-15a.18b; 31,18*) angeschlossen.

[4] "Es spricht nämlich alles dafür, daß Aaron zum ersten Mal in dieser Erzählung vorkommt und von dort nach Ex 32 geholt worden ist." AURELIUS 1988, 72.

ersten Gottesbegegnung und Gottesverehrung Israels, nicht der
Gebote und nicht des Bundes.[5]

7.2. Literarkritik

Über die Abgrenzung der Grunderzählung und der späteren
Nachträge in Ex 32 gibt es keine Einstimmigkeit.[6] M. NOTH ist für
das Vorhandensein einer Grunderzählung, "die in mehreren
Schichten durch sekundären Zuwachs erweitert worden ist." Es gebe
also keine zweite vollständige Erzählvariante.[7] Seiner Ansicht nach
war der Abschnitt 32,1-6 ursprünglich mit dem Volk als handelndem
Subjekt formuliert. Aaron sei erst später in zwei Schichten
eingeführt worden. Die erste Aaronschicht (V. 5.25b) ziele darauf,
das Verbrechen des Volkes zu verdecken. In der zweiten
Aaronschicht (V. 1b-4.21-24.35bβ) werde seine Aktivität stärker
betont.[8] Außerdem sondert NOTH V. 9-14 (dtr-Zusatz) und V. 21-
24 als spätere Nachträge ab.[9]

NOTH bemerkt, daß über die Bestrafung der Israeliten
mehrmals und unterschiedlich berichtet wird. Erstens werden die
Israeliten gezwungen, Fluchwasser zu trinken (V. 20), zweitens
vollziehen die Leviten die Ahndung des Abfalls mit dem Schwert (V.
25-29) und drittens wird die eigentliche Bestrafung ausgesetzt (V.
34). Er zieht aus dieser mehrfachen Bestrafung der Israeliten jedoch
keine literarkritischen Folgerungen.[10]

---

[5]   AURELIUS 1988, 74.

[6]   WELLHAUSEN 1899, 91f.: Sekundär seien V. 7/9-14.30-34, noch jünger
V. 21-29. Ursprünglich seien 32,1-6.15-20.35. SMEND 1912, 169f.: Sekundär
seien V. 9-14.17f. 25.35. WEIMAR (1987, 117-60) begrenzt die Grundschicht auf
32,1b-6*.15aα.18aαb. 19*.20a.

[7]   NOTH 1988, 202.

[8]   NOTH 1988, 201. "Sie [die Aaronschichten] müssen aus Kreisen stammen,
in denen den (priesterlichen) Aaroniden Beteiligung an illegitimen Kulten
vorgeworfen wurde, und jedenfalls entstanden sein, bevor Aaron zum Ahnherrn der
einzigen legitimen Jahwepriesterschaft (so P) wurde."

[9]   NOTH 1988, 200.

[10]   NOTH 1988, 201. In seiner früheren Untersuchung grenzt NOTH die

Gegen NOTH gibt es keine ausreichenden Gründe, die Beteiligung Aarons am Zustandekommen des Kalbes oder an dem Kultruf in V. 1-6 für sekundär zu halten.[11] Nach der Meinung von AURELIUS stellt die Grunderzählung "mindestens" V. 1-6.15a*.19f.30-34 (außer Zusätzen in V. 20.31.34) dar.[12] Seines Erachtens ist es erheblich unsicherer, ob V. 17f.21-24.25-29 von Anfang an zu der Grunderzählung gehörte. Der Levitenpassus (V. 25-29) wirke überraschend, weil die Leviten unbestraft bleiben, obwohl über ihre Abwesenheit bei der Errichtung und Verehrung des Kalbes nicht berichtet wird. Deswegen hält er V. 25-29 für sekundär.[13] Mit V. 30-34 erreicht die Erzählung hingegen nach der Ansicht von AURELIUS ihr Ziel: "Wie V. 1-6 verdeckt, aber unmißverständlich von der Sünde Jerobeams, dem Kult im Reichstempel von Bethel handeln, so beschäftigen sich V. 30-34 mit der Sünde Sold, dem Untergang des Reichs."[14]

VAN SETERS zählt das ganze Kapitel Ex 32 abgesehen von den priesterlichen Zusätzen (V. 15b-16.35) zu dem Geschichtswerk des Jahwisten, obwohl die beiden Abschnitte V. 9-14 und V. 25-29 problematisch sind. Die Diskussion zwischen Aaron und Mose in V. 21-24, die beabsichtigt, Aaron die Verantwortung für die Errichtung des goldenen Kalbes zu nehmen, sei kein Zusatz. Nach VAN SETRES sind die Worte Aarons in V. 21-24 ein Teil der Erzählung und beabsichtigen, seinen Anteil an der Anfertigung des goldenen Kalbes zu verneinen.[15]

In dem Abschnitt über die Strafvollstreckung durch die Leviten (V. 25-29) ist der Fall etwas komplizierter. Der Anteil der Leviten

---

Grundschicht in V. 1-6*.15-20*.30-34* ab. NOTH 1948, 33.157-60.

[11] AURELIUS 1988, 61.

[12] AURELIUS 1988, 68. Die erste Handlung bei Moses Bildersturm (V. 20, וישרף באש) wurde später eingefügt, um die Prozedur besser mit der dtr Theorie der Götzenvernichtung in Übereinstimmung zu bringen (vgl. Dtn 7,5.20; 9,21; 12,3; 2 Kön 23,11). AURELIUS 1988, 64f.

[13] AURELIUS 1988, 66.

[14] AURELIUS 1988, 67.

[15] VAN SETERS 1994, 294f.

an der Sünde des Volkes wird nicht explizit bestritten. Deshalb ist es etwas merkwürdig, daß sie die anderen Israeliten als Strafe erschlagen. VAN SETERS erklärt diesen Sachverhalt damit, daß Jerobeam I. Priester einsetzte, die aus allen Teilen des Volkes stammten, aber nicht zu den Söhnen Levis gehörten (1 Kön 12,31). Auf diese Weise seien die Leviten bei der Kultreform Jerobeams unbefleckt geblieben. Wenn der Jahwist diesen Zug seiner Quelle 1 Kön 12 entnommen hat, würde das erklären, warum er nicht ausdrücklich erwähnt, daß die Leviten unschuldig an der Herstellung und Verehrung des goldenen Kalbes blieben.[16]

Nach VAN SETERS hat der Jahwist allerlei Material für die Darstellung benutzt, sich aber nicht der Mühe unterzogen, die Nahtstellen zu glätten. Dies sei der Grund für die oben erwähnten Spannungen und Unebenheiten von Ex 32.[17] Diese Erklärung für die Unebenheiten klingt m.E. nicht glaubwürdig. Wir dürfen erwarten, daß die Autoren folgerichtig und ohne erhebliche Spannungen schreiben. Die beobachteten Unebenheiten in dem Text sprechen vielmehr für das Vorhandensein mehrerer Textschichten, die auf eine komplizierte Entstehungsgeschichte der Erzählung hinweisen.

Wir wollen nun nochmals kurz auf die Schichtung der Erzählung von dem goldenen Kalb eingehen. Der Abschnitt V. 1-6 scheint größtenteils folgerichtig und einheitlich zu sein. Die Reaktion Aarons in V. 5 nach der Fertigstellung des Kalbes ist allerdings etwas merkwürdig. Durch die Worte וירא אהרן (V. 5aα) bekommt man den Eindruck, als ob Aaron jetzt zum ersten Mal das Kalb sehe, obwohl er in V. 4a selbst als Anfertiger des Kalbes dargestellt wird. Eine – freilich nicht ganz befriedigende – Erklärung dafür ist, daß die Worte Aarons in V. 5aα sich auf die "Glaubensformel" des Volkes in V. 4b und nicht auf das Kalb beziehen.

In V. 7 befiehlt Jahwe Mose hinunterzusteigen, weil das Volk ins Verderben läuft. Aber erst in V. 15 folgt Mose dem Befehl Jahwes und steigt den Berg hinab. In V. 8 erklärt Jahwe Mose näher,

---

16   VAN SETERS 1994, 294.316f.
17   VAN SETERS 1994, 317.

wie das Volk vom rechten Weg abgewichen ist, ein Kalb aus Metall gegossen und das Bild verehrt hat. Die Glaubensformel in V. 8bβγ "Das sind deine Götter, Israel, die dich aus Ägypten heraufgeführt haben" ist wortwörtlich dieselbe wie in V. 4b. Vers 8 ist erzählerisch überflüssig und nimmt den Grund für den Zorn des Mose in V. 19 vorweg. Darum steht V. 8 unter dem Verdacht, ein erklärender Zusatz zu sein.

Die Verbindung zwischen V. 7 und V. 15 wird aber vor allem durch den Abschnitt V. 9-14 unterbrochen, der das Fürsprecheramt des Mose und die beiden Verheißungen Jahwes an die Väter über Nachkommen und Land zum Thema hat. Daraus ergibt sich der Verdacht, daß der Abschnitt V. 9-14 wahrscheinlich ein späterer Zusatz ist.

In V. 15a steigt Mose den Berg hinab, die zwei Tafeln der Bundesurkunde in seiner Hand. Die Fortsetzung in V. 15b.16 scheint mir eine erklärende Glosse zu sein, die die Tafeln der Bundesurkunde näher beschreibt.[18] In den überflüssigen V. 17f. wird Josua überraschend in die Erzählung eingetragen. V. 17f. hängen mit der sekundären Angabe in Ex 24,13 zusammen, wonach Josua mit Mose auf den Berg gestiegen ist. Aus diesen Gründen sind V. 17f. wahrscheinlich in die Erzählung später eingefügt.

Der nach V. 15a abgebrochene Erzählfaden wird in V. 19f. fortgesetzt. Mose kehrt zurück, sieht das Kalb und das tanzende Volk im Lager und wird zornig. Er verbrennt das Kalb im Feuer, zerstampft es zu Staub und läßt die Israeliten den Staub mit Wasser trinken.[19]

---

[18] Nach 32,16 hat Gott selbst die Tafel gemacht und die Schrift selbst geschrieben. Vgl. nach 34,4.28 hat hingegen Mose die zwei Tafeln aus Stein gehauen und beschriftet.

[19] Der Bildersturm des Mose gibt Anlaß zu denken, daß das Bild als eine mit Goldblech überzogene Holzskulptur vorgestellt wurde. Das Verbrennen und Zermahlen der verkohlten Reste des goldenen Kalbes weisen darauf hin. Nach WÜRTHWEIN (1985, 164) bestanden die Jungstiere Jerobeams wahrscheinlich aus einem Holzkern, der mit Gold überzogen war, wie auch die Keruben im Tempel Salomos (1 Kön 6,23-28).

Mose und Aaron führen in V. 21-24 eine ernste Diskussion, in der Aaron versucht, seine aktive Rolle bei der Fertigstellung des Kalbes zu leugnen: bei dem bösen Volk liege die Schuld. Er selbst habe nur das Gold ins Feuer geworfen, und "herausgekommen ist dieses Kalb". Die Unterschiede zwischen den beiden Abschnitten über das Zustandekommen des Kalbes in V. 4 und V. 24 erklären sich durch das Streben Aarons, sich von der Schuld zu befreien, und sind also nicht als Hinweis auf den sekundären Charakter von V. 21-24 zu verstehen.

Der Bericht über die Zerstörung des Kalbes in V. 20 ist problematisch. Daß Mose in V. 20 den Israeliten das Fluchwasser zu trinken gibt, nimmt die ausgesetzte Bestrafung des Volkes vorweg (vgl. V. 34).

Die Erzählung von dem goldenen Kalb zielt insgesamt auf die kultischen Maßnahmen Jerobeams, worauf wir schon oben hingewiesen haben. Die atl. Darstellung über den Kult des Nordreichs weiß nichts von einer Zerstörung der beiden in Bet-El und Dan errichteten Jungstierbilder. Dagegen kennt der dtr Bericht über die Kultreform Josias die totale Vernichtung der Götzenbilder in Jerusalem durch Verbrennen und Zermahlen (2 Kön 23). Aus diesen Gründen entsteht der Verdacht, daß V. 20 vielleicht von einem späteren Bearbeiter stammt, der von dtr Abschnitten über Götzenvernichtung (Dtn 7,5; 12,3; 2 Kön 23,6.15. Vgl. Dtn 9,21) abhängig ist.[20]

Eigentlich eignen sich Verbrennen und Zermahlen schlecht für die Vernichtung des aus Metall gegossenen goldenen Kalbes, das am besten im Schmelzofen zu vernichten wäre. Eher paßt die in Ex 32,20 genannte Methode für die Zerstörung der aus Holz gehauenen Kultbilder, die manchmal mit einem dünnen Metallüberzug versehen waren.

Der Abschnitt über die Leviten als Scharfrichter in V. 25-29 macht den Eindruck, ein Zusatz zu sein. Die harte Bestrafung der Israeliten durch das Schwert der Leviten kommt zu früh, weil Mose

---

[20]   Anders AURELIUS 1988, 64f. Siehe Anmerkung 12 in diesem Kapitel.

am nächsten Tag zum Berg Jahwes hinaufsteigt, um für die Sünde der Israeliten Sühne zu wirken (v. 30-34). Jahwe verspricht dem Mose, die Bestrafung der Israeliten für unbestimmte Zeit auszusetzen. Zwischen der Bestrafung durch die Leviten (V. 28) und der Aussetzung der Bestrafung (V. 34) herrscht eine Spannung. Die Schlußbemerkung in V. 35 über die vollgezogene Bestrafung hängt wahrscheinlich mit dem Abschnitt V. 25-29 über das Erschlagen der Israeliten durch die Leviten zusammen.

Aufgrund der oben gemachten literarkritischen Untersuchungen ist die Grunderzählung in Ex 32,1-6.7.15a.19.21-24.30-34 zu finden. Zusätze, die vielleicht von mehreren Hände stammen, stellen V. 8.9-14.17f.(20?).25-29.35 dar. Eine erläuternde Glosse sind V. 15b.16.[21]

7.3. Der traditionsgeschichtliche Hintergrund von Ex 32

Die Meinungen über die Entstehungsgeschichte der Kalberzählung gehen auseinander. Eine Frage ist bei der Untersuchung des traditionsgeschichtlichen Hintergrundes von Ex 32 zu klären, nämlich die Beziehung zwischen Ex 32 und 1 Kön 12,26-33, wo über die Gründung des Staatkultes für das Nordreich durch Jerobeam I. tendenziös aus Jerusalemer Sicht berichtet wird. Die zwei Texte weisen so viele gemeinsame Züge auf, daß häufig eine literarische Beziehung zwischen ihnen angenommen wird.

Besonders die Parallelität der Verse Ex 32,4b und 1 Kön 12,28b: "Das sind deine Götter, Israel, die dich aus Ägypten heraufgeführt haben" spricht für eine literarische Abhängigkeit. Der Satz ist nur in 1 Kön 12,28b sinnvoll, weil er sich dort auf die beiden Kälber in Bet-El und Dan bezieht. In Ex 32 sind die Pluralformen

---

[21]   Dieser literarkritischen Lösung kommt das Ergebnis von AURELIUS (1988, 68) nahe. Nach seiner Meinung stellt die Grunderzählung "mindestens" V. 1-6.15a*.19f.30-34 (außer Zusätze in V. 20.31.34) dar. "Ob V. 17f.21-24.25-29 von Anfang an dazugehörten, ist erheblich unsicherer."

אלה und העלוך, auf das eine Kalb am Sinai bezogen, unverständlich. Dies spricht für die Annahme, daß die zwei Kälber in Ex 32,4b aus 1 Kön 12 übernommen sind. Entweder ist Ex 32 abhängig von der dtr Formulierung von 1 Kön 12, was zu einer Spätdatierung von Ex 32 führt, oder Ex 32 bezieht sich auf eine frühere Tradition, die hinter der dtr Darstellung von 1 Kön 12 liegt.[22]

E. AURELIUS ist anderer Meinung. Nach seiner Ansicht bezieht sich Ex 32,1-6 auf den Kult in Bet-El (1 Kön 12,26ff.), ist aber nicht von 1 Kön 12 literarisch abhängig. Er plädiert dafür, daß "hinter dieser Darstellung [in Ex 32] offenbar nicht die Nachrichten von 1 R 12 stehen, sondern viel wahrscheinlicher die tatsächlichen Bräuche bei den Opferfesten in vorexilischer Zeit und so auch in Bethel." Die Rede von der »Sünde Jerobeams« in Ex 32 und in 2 Kön 17,21-23 sei von Hosea inspiriert, woher die Wörter חטא und חטאת (Hos 8,5f.; 10,5f.) stammten. Außerdem habe der Verfasser von Ex 32 einige Züge seiner Darstellung aus Amos bekommen.[23]

Nach der Meinung von VAN SETERS deuten die gemeinsamen Züge der Texte 1 Kön 12,26-32; 13,34 und Ex 32 darauf hin, daß zwischen den Stellen eine literarische Beziehung herrscht.[24] Ex 32

---

[22] NOTH 1988, 202. "Überlieferungsgeschichtlich kann die Erzählung vom goldenen Kalb nicht von der in 1. Kön. 12,28f. berichteten Aufstellung zweier »goldener Kälber« in den Heiligtümern von Bethel und Dan durch den König Jerobeam I. von Israel getrennt werden. Dafür spricht nicht nur die Übereinstimmung des Hauptvorgangs im allgemeinen, sondern vor allem auch die Deuteformel in 2 Mos. 32 (4b).8bβ, die wörtlich gleich auch in 1. Kön. 12,28bβ steht. Da die pluralische Wendung dieser Formel (» ... deine Götter, die dich ... herausgeführt haben«) zwar in 1. Kön. 12 durch die Doppelzahl der »goldenen Kälber« motiviert, hingegen in 2. Mos. 32 nicht passend ist, ist anzunehmen, daß die Grunderzählung von 2. Mos. 32 ihrerseits die Prophetengeschichte von 1. Kön. 12. (13.) 14, wenn nicht in schriftlicher Fixierung, so jedenfalls in mündlich schon festgeprägter Form voraussetzt." Ähnlich S. 204: "Die pluralische Benennung des einen »goldenen Kalbes« als »Götter« (V. 4b.5b.8b) ist auffällig und stammt vermutlich aus 1 Kön 12,28."

[23] AURELIUS 1988, 78-81. "Obwohl Amos nicht wie Hosea hinter Ex 32* im ganzen steht, so doch hinter entscheidenden Zügen: hinter dem Bild vom Untergang des Gottesvolkes als »Tag meiner Rechenschaft« (Am 3,14a // Ex 32,34) und hinter dem Bild vom (scheiternden) Fürbitter für »Jakob«." AURELIUS 1988, 83.

[24] VAN SETERS 1994, 295. Die wichtigsten Gemeinsamkeiten sind 1) Die

sei aufgrund von 1 Kön 12 verfaßt worden, das sich seinerseits auf keine früheren Traditionen gründe, sondern eine freie Erfindung des Dtr sei. Sein Ausgangspunkt, in 1 Kön 12 über den Ursprung der Kälber in der Kultreform Jerobeams zu spekulieren, sei vielleicht Hos 8,5f.; 10,5 gewesen.[25]

In 1 Kön 12 wird die Kultreform Jerobeams dadurch motiviert, daß er die Bewohner des Nordreichs daran hindern will, nach Jerusalem zu gehen, um dort am legitimen Jahwekult teilzunehmen (1 Kön 12,26f.*28bα). Dtr beschuldigt Jerobeam, daß er so die Kultzentralisation in Jerusalem zerstört und auch auf andere Weise gegen Jahwe gesündigt habe.[26]

Nach VAN SETERS ist die Kultzentralisation eine Idee des Dtr und hat keinen Anhalt an der Realität. Aus der Unhistorizität der salomonischen Kultzentralisation folgt, daß auch Jerobeams Kultreform ihre Motivation verliert. Daraus ergibt sich die Schlußfolgerung, daß auch die Kultreform Jerobeams kein historisches Ereignis sei.[27]

VAN SETERS erwägt auch die Beziehung zwischen Dtn 9f. und Ex 32. Er kommt zu dem Schluß, daß Dtn 9f. früher sind als Ex 32. Dtn 9 sei aufgrund von Hos 8,5; 10,5 und aufgrund des ersten und

---

Glaubensformel "Das sind deine Götter, Israel, die dich aus Ägypten heraufgeführt haben." 2) Die Kälber sind aus Gold hergestellt. 3) Das Opferfest. Diese Charakteristika fehlen an der parallelen Stelle in Dtn 9.

[25]   VAN SETERS 1994, 296.299: "The Exodus 32 account must be post-DtrH and literarily dependent upon the account in 1 Kings 12. Evidence for such literary dependence is particularly apparent in the direct quotation in Ex 32,4 of the statement from 1 Kings 12,28 »These are your gods [pl.], O Israel, who brought you up from the land of Egypt.«"

[26]   VAN SETERS 1994, 297f. DtrH ließ Jerobeam gegen Jahwe sündigen: Ein gegossenes Bild wird anstelle Jahwes verehrt und das Glaubensbekenntnis ist so verdreht, als ob Mose oder das Kalb die Israeliten aus Ägypten herausgeführt hätten. Das Kultfest wird zu einer falschen Zeit gefeiert, andere Kultstätten gegründet und Nicht-Leviten zu Priestern konsekriert. Alles dies nimmt anachronistisch die Reform Josias vorweg. 1 Kön 12 ist zugleich der Beginn des Nordreiches und der Sünde Jerobeams, die sich durch die ganze Geschichte fortsetzt und nach Ansicht der Deuteronomisten das Ende für das Nordreich herbeiführt (2 Kön 17,21-23).

[27]   VAN SETERS 1994, 297.

zweiten Gebotes (Ex 20,2-6) entstanden. Der Jahwist hat seiner Meinung nach das Material für seine Erzählung von dem goldenen Kalb (Ex 32) größtenteils aus 1 Kön 12 und Dtn 9f. bekommen, z.b. die Zerstörung des Kalbes (Dtn 9,21 // Ex 32,20).[28] VAN SETERS rekonstruiert also die folgende Traditionskette:

Hos 8,5; 10,5 (+ 1. und 2. Gebot) > Dtn 9 > 1 Kön 12 > Ex 32.

Dies trifft wahrscheinlich nicht zu. In seiner Rede (Dtn 9) deutet Mose auf die früheren Wechselfälle des Volkes Israel hin, auf seine Sünden und auf die rettenden Akte Jahwes. In dem paränetischen Abschnitt der Rede ermahnt Mose: "Denk daran, und vergiß nicht, daß du in der Wüste den Unwillen Jahwes, deines Gottes, erregt hast" (Dtn 9,7). Es wird also in Dtn 9 vorausgesetzt, daß die Leser die Ereignisse um die Anfertigung und Verehrung des Kalbes schon kennen, auf die Mose hindeutet. Darum muß irgendeine Erzählung über das goldene Kalb am Sinai der Darstellung von Dtn 9 vorangehen. Es ist am einfachsten, anzunehmen, daß der Grundbestand von Ex 32 älter ist als Dtn 9.

In Ex 32 und Dtn 9 hat man häufig eine präfigurative Darstellung des kultischen Niederganges des Nordreichs und verdeckte Kritik an Jerobeam sehen wollen. Dieser Gedanke ist jedoch sinnlos, wenn diesen Texten nicht eine direkte, unverschlüsselte Darstellung von Jerobeams Kultreform vorausgeht. Daraus ergibt sich unsere Annahme, daß den beiden Texten Ex *32 und Dtn 9 eine frühere Tradition über Jerobeams Kultreform (1 Kön 12,*25-32) zugrundeliegt. Die Abgrenzung der Tradition bleibt jedoch mehr oder weniger hypothetisch, weil der ursprüngliche Inhalt durch dtr Redaktoren verändert wurde.[29]

Ein Ausgangspunkt für die Abgrenzung der alten Tradition ist die Annahme, daß sie schlicht und annalenartig, in neutralem bzw.

---

[28]   VAN SETERS 1994, 301-10.
[29]   Besonders in V. 32f. gibt es viele Wiederholungen. Dies deutet darauf hin, daß V. 33 ein Zusatz ist. WÜRTHWEIN 1985, 166.

positivem Ton über die Regierungszeit Jerobeams berichtete, während die dtr Bearbeitung den Maßnahmen Jerobeams einen abwertenden Ton geben möchte.

Nach diesen Kriterien sieht es so aus, als ob 1 Kön 12,26f. 28aαb.30a, die die Maßnahmen Jerobeams kritisch betrachten, von der dtr Redaktion stammen. Die Angabe über den Bau der beiden Städte Sichem und Penuel (V. 25) gehört dagegen wahrscheinlich zu der älteren Tradition. Auch die Mitteilungen über die Anfertigung der beiden goldenen Stierbilder (V. 28aβ)[30] und ihre Aufstellung in Bet-El und Dan (V. 29), wie auch die allgemeinen Angaben über den Bau der Kulthöhen (V. 31a), die Einsetzung der Höhenpriester in Bet-El (V. *31b.32b) und die Stiftung des Festes (V. *32a), machen den Eindruck, Bestandteile einer älteren Tradition zu sein.

In der näheren Bestimmung der Priester, die Jerobeam außerhalb des Stammes Levi rekrutiert habe (V. *31b), wie auch in der Nachricht über den genauen Termin des Kultfestes (*32a), ist hingegen klar ein abwertender Ton zu spüren, was auf die Verfasserschaft des dtr Redaktors hinweist.

Das programmatische Glaubensbekenntnis Jerobeams "Siehe, das sind deine Götter, Israel, die dich aus dem Lande Ägypten heraufgeführt haben" (V. 28bβγ) muß man nicht unbedingt für abwertend halten.[31] Die Aussage weist nicht auf eine Verehrung theriomorpher Gottheiten hin. Eher wurden die Stiere als Postamente und Träger der unsichtbaren Gottheiten vorgestellt, was unten näher diskutiert werden soll.

Problematisch dabei ist jedoch die Zweizahl der Götter.[32] Das

---

[30]   In der Bezeichnung der Stierbilder als "Kälber" ist deutlich ein abschätziger Ton zu spüren. Aus diesem Grund ist es möglich, daß die ursprüngliche Tradition hier ein anderes Wort benutzt hat.

[31]   Vgl. NOTH 1988, 204. Nach ihm liegt in 1 Kön 12,28 in der Charakterisierung der Kälber entgegen der eigentlichen Intention Jerobeams eine polemische Abwertung als ein Beispiel der kanaanäischen Abgötterei vor.

[32]   Die Zahl der Kälber schwankt in den Überlieferungen. Nach DtrG gab es zwei Kälber (1 Kön 12,28-30.32, 2 Kön 10,29; 17,16). Das Hoseabuch demgegenüber spricht nur von einem Jungstier(bild), das mit Bet-Awen/Bet-El verbunden wird (Hos 10,5f.). In 8,5 heißt es "Jungstier von Samarien". Nur in

Problem wird zumindest teilweise dadurch gelöst, daß die Gottheiten auf den Stierbildern nicht zusammen verehrt wurden und deshalb Darstellungen eines einzigen Gottes sein könnten. Das eine Stierbild wurde nach Bet-El, das andere nach Dan gebracht. Das Glaubensbekenntnis Jerobeams (V. 28bβγ) ist also nicht unbedingt eine abwertende Aussage über einen polytheistischen Kult theriomorpher Götter im Nordreich, angeführt durch Jerobeam. Mit seinen Worten weist Jerobeam eher auf den über den Kultbildern thronenden Jahwe/El hin, der Israel aus Ägypten herausgeführt hat.

Dagegen wird mit einer abwertenden Absicht in V. *32 erzählt, wie Jerobeam in Bet-El zum Altar hinaufgestiegen sei, um den *beiden* Kälbern zu opfern. Diese Aussage widerspricht der Angabe in V. 29, nach der Jerobeam das eine Kalb in Bet-El, das andere in Dan aufgestellt habe. Eher trifft die Nachricht in der zweiten Hälfte des V. 32 zu, nach der die durch Jerobeam bestellten Höhenpriester auf den Kulthöhen opferten.

An sich war es in Israel nicht unerhört, daß ein König auf dem Altar opferte. Offensichtlich wurde das Königtum in der salomonischen Zeit nach dem Modell des sakralen Königtums verstanden, nach dem der König für den Kult zuständig war (vgl. 1 Kön 3,4; 8,63; 9,25; 10,5).

Die Angabe über die Wallfahrt der Israeliten bis nach Dan (V. 30b) ist wahrscheinlich eine Glosse in der alten Tradition. V. 33 verdoppelt den vorangehenden, durch dtr Redaktion formulierten V. 32 und macht ebenfalls den Eindruck, eine spätere Glosse zu sein.[33] Nach diesen redaktionskritischen Bemerkungen gelangen wir zu der folgenden, noch recht hypothetischen Rekonstruktion der älteren

---

Hos 13,2 kommt der Plural ("Menschen küssen Kälber!") vor. Die Überlieferungen vom "Goldenen Kalb", das durch Aaron in der Wüste hergestellt wurde, nennen normalerweise nur ein Stierbild (Ex 32; Dtn 9,16ff.; Ps 106,19f.; Neh 9,18). Eine Ausnahme sind die pluralen Formulierungen in Ex 32,4 [.8]. Daraus entsteht die Frage, ob es nur ein Stierbild im Nordreich in Bet-El gegeben hat und das Jungstierbild in Dan sich als dtr Fiktion erklärt. Eine zweite Möglichkeit ist, daß in der Zeit Hoseas das Heiligtum Dans nicht mehr zu Israel gehörte. KEEL-UEHLINGER 1992, 215 Anm. 134.

[33] V. 30b ist eine Glosse. So auch WÜRTHWEIN 1985, 162.

148

Tradition hinter 1 Kön 12,25-32:

25	ויבן ירבעם את שכם בהר אפרים וישב בה
	ויצא משם ויבן את פנואל
28aβ	ויעש שני עגלי זהב
*28bα	ויאמר ⁽אל העם⁾
28bβγ	הנה אלהיך ישראל אשר העלוך מארץ מצרים
29	וישם את האחד בבית אל ואת האחד נתן בדן
30b	[וילכו העם לפני האחד עד דן]
31a	ויעש את בית במות
*31b	ויעש כהנים ...
*32a	ויעש ירבעם חג ...
32b	והעמיד בבית אל את כהני הבמות אשר עשה

Übersetzung der rekonstruierten Tradition, 1 Kön 12,*25-32:

25   Jerobeam baute Sichem im Gebirge Efraim aus
        und ließ sich dort nieder. Er zog von dort
         und baute Penuel.
28*   Er machte zwei Jungstiere aus Gold.
        Und er sagte "zu dem Volk":
         »Hier sind deine Götter, Israel,
         die dich aus Ägypten heraufgeführt haben.«
29   Er stellte den einen Jungstier in Bet-El auf,
        den anderen brachte er nach Dan.
30b   [Das Volk zog sogar bis nach Dan vor den einen Jungstier.]
31   Er errichtete Kulthöhen, und er setzte Priester ein …
32*   Jerobeam stiftete ein Fest …
        Er bestellte in Bet-El die Höhenpriester,
         die er dazu gemacht hatte.

In dem rekonstruierten Abschnitt wird in der 3. Person, in einem knappen und schlichten Stil über die bemerkenswerten Taten Jerobeams, über die Befestigung der Regierungsstädte Sichem und Penuel wie auch über seine kultischen Maßnahmen, über die Errichtung der beiden Stierbilder in Bet-El und Dan, die Einsetzung der Priester in Bet-El und die Stiftung eines jährlichen Festes berichtet.

In der rekonstruierten Tradition spielen alte Orte eine bedeutende Rolle. Die Ortsnamen Bet-El und Penuel werden besonders in der Jakob- und Josepherzählung hervorgehoben. Typisch für die Jakoberzählung (Gen 25*; 27-33*) ist die Hervorhebung von Bet-El (Gen 28,11ff.; 31,13), Mahanaim, Penuel und Sukkot (Gen 32f.).[34] In der Jakoberzählung wird die Rolle Josephs unter Jakobs Söhnen (Gen 30,23f; 33,2.7) betont. Dadurch wird die führende Stämmegruppe im Norden hervorgehoben, zu deren Gebiet die oben erwähnten Orte gehörten. Von Jerobeam I. wurde Bet-El zum Reichstempel und Penuel zur Residenz erhoben (1 Kön 12,25ff.). In Bet-El entdeckt Jakob die Heiligkeit des Ortes und in Penuel wird er zu »Israel«. Die Dignität der von Jerobeam gewählten Orte wird auf die Autorität des Ahnherrn Jakob selbst zurückgeführt.[35]

Von der Gattung her handelt es sich bei 1 Kön 12,*25-32 im weiteren Sinne um annalenartige Angaben über die Bautätigkeit des Königs. Die Bauberichte des Königs umfaßten Listen der ausgebauten Städte und der Einrichtungen (עשה) in einzelnen Städten, wie Kultplätze, Wasserversorgung und Straßen. Dazu fanden sich in den Bauberichten Bauten (בנה) wie Tempel, Paläste, Speicher, Mauern, Tore und Türme.[36]

---

[34] AURELIUS (1988, 85), in Anlehnung an BLUM (1984, 149ff.).

[35] BLUM 1984, 180; AURELIUS 1988, 86f. Nach der Ansicht von AURELIUS ist der Jakob- und Josepherzählung gemeinsam, daß sie die Legitimität des Königreiches Israel nach der Reichstrennung theologisch begründen. Für die Erzählung vom goldenen Kalb ist hingegen charakteristisch, daß sie den Untergang dieses Reichs theologisch begründet.

[36] SÄRKIÖ 1994, 117-121.

In dem alten Überlieferungsfragment über die Bauten Salomos
(1 Kön 9,15.17b.18) wird über die Errichtung des Jahwetempels, des
königlichen Palastes, der Mauer Jerusalems und über den Ausbau der
Städte Hazor, Megiddo, Geser, Bet Horon, Balat und Tamar
berichtet.[37] Ein Beispiel für einen königlichen Baubericht außerhalb
des AT ist in der bekannten Steleninschrift des moabitischen Königs
Meša zu finden. König Meša erzählt in der 1. Pers. Sg. über seine
Großtaten. Dazu zählen u.a. die Errichtung der *Bama* für Kemoš in
Qᵓrîḥō und der Ausbau mehrerer Städte.[38]

Auch in dem Bericht über die Taten Jerobeams wird über die
königliche Bautätigkeit, den Ausbau der Städte Sichem und Penuel
und auch den Neubau der kultischen Einrichtungen erzählt. Es ist
falsch, über die "Errichtung" der Heiligtümer in Bet-El und Dan
durch Jerobeam zu sprechen. Eher hat er die schon bestehenden
Heiligtümer in den Rang von Reichsheiligtümern erhoben. Bet-El,
ein uraltes Heiligtum, das mit den Patriarchen Abraham (Gen 12,8;
13,3f.) und Jakob (Gen 28,10f.) verbunden wurde, liegt etwa 17 km
nördlich von Jerusalem. Jahwekult wurde in Bet-El wahrscheinlich
schon vor der Reichstrennung geübt. Auch in Dan, der nördlichsten
Stadt Israels, befand sich seit der vorstaatlichen Zeit ein Heiligtum,
zwar mit einer wenig rühmlichen Herkunft (vgl. Ri 17f.), dessen
Priesterschaft jedoch von Jonatan, dem Enkel des Mose, abgeleitet
wird (Ri 18,30).[39]

Daß die beiden alten Kultstätten in Bet-El und Dan mit einem
kostbaren Kultobjekt versehen wurden, diente auch politischen

---

[37] Siehe SÄRKIÖ 1994, 110-114.

[38] KAI 181; ANET 320-21. Die Steleninschrift des moabitischen Königs Meša
wird in dem Sammelband "Studies in the Mesha Inscription", Hg. von A.
DEARMAN (Archaeology and Biblical Studies, 02. Atlanta, Georgia. 1989.)
ausführlich diskutiert. Siehe auch SÄRKIÖ 1994, 115; 1997, 354-56.

[39] Es ist jedoch nicht ganz sicher, ob Jerobeam wirklich Dan in den Rang eines
Staatsheiligtums erhob. "Während Bet-El als zentraler Kultort des Nordreichs
während der Königszeit durch Hos 10,5; 8,4-6 bezeugt und in Am 7,13
ausdrücklich als »Königsheiligtum und Staatstempel« berichtet wird, schweigt die
Überlieferung der Königszeit völlig über eine entsprechende Rolle von Dan".
WÜRTHWEIN 1985, 163f.

Zwecken. An der Süd- und Nordgrenze des Nordreiches, an den äußersten Rändern des Landes,[40] markierten die beiden wichtigsten Stätten des Staatkultes die Machtsphäre Jahwes, der Gottheit der Befreiung, die den Israeliten gesagt hatte: "Ich bin Jahwe. Ich führe euch aus dem Frondienst für die Ägypter heraus und rette euch aus der Sklaverei. Ich erlöse euch mit hoch erhobenem Arm und durch ein gewaltiges Strafgericht über sie" (Ex 6,6).

R. ALBERTZ weist zutreffend auf die Beziehung zwischen der Befreiungstradition der Israeliten und den durch Jerobeam errichteten Kultbildern hin: "Wenn die Aufstands- und Separationsbewegung der Nordstämme unter dem religiösen Banner der altisraelitischen Exodustraditionen stand, dann erscheinen auch die religionspolitischen Maßnahmen Jerobeams in einem neuen Licht: Der Ausbau Bethels und Dans zu hervorgehobenen Heiligtümern des neuen Reichs und die Stiftung eines kostbaren Kultsymbols, das explizit auf den Gott des Exodus hinwies (1 Kön 12,28), waren als dankbare Reaktion gegenüber Jahwe gemeint, der sich in der Befreiung von der salomonischen Fron – wie weiland gegenüber den Vätern – als Retter erwiesen hatte."[41]

Unter diesem Gesichtspunkt wird deutlich, daß die dtr Redaktion die kultischen Einrichtungen in Jerobeams Reich Israel tendenziös als Abgötterei und Polytheismus darstellt und den ursprünglichen Sachverhalt verzeichnet. Der Abschnitt 1 Kön 12,26-32 ist in seiner jetzigen Form gänzlich vom Jerusalemer Standpunkt aus formuliert. Man kann aufgrund der Erzählung nur lesen, wie in Jerusalem in der dtr Zeit Bet-El und Dan als Stätten der Abgötterei und der "Sünde Jerobeams" angesehen wurden. DtrH hat in 1 Kön 12 eine Pervertierung einer Kultätiologie geschaffen und erweckt den

---

[40]   Vgl. die Bezeichnung Israels während der Doppelmonarchie "Von Dan bis Beerscheba" (2 Sam 17,1; 1 Kön 5,5). Siehe SÄRKIÖ 1994, 54.

[41]   ALBERTZ 1992, 219. Etwa so auch CRÜSEMANN 1978, 122 und KEEL-UEHLINGER 1992, 216: "Nimmt man die im Zusammenhang mit der Aufstellung der Stierbilder in den Heiligtümern von Bet-El und Dan überlieferte Proklamationsformel beim Wort ("Hier sind deine Götter, Israel, die dich aus dem Lande Ägypten heraufgeführt haben …"), dann hat die Maßnahme programmatische Bedeutung gehabt, insofern gleichzeitig die Emanzipation von ägyptischer wie von Jerusalemer Vormundschaft zum Ausdruck gebracht werden sollte."

Eindruck, als ob die durch Jerobeam gegründeten Kultstätten nicht der Frömmigkeit und dem Heil Israels dienten, sondern es in Sünde verstrickten (1 Kön 12,30a vgl. 2 Kön 17,21-23a).[42]

Das Ziel der dtr Bearbeitung ist es, den Untergang des Nordreichs 722 v.Chr. theologisch zu begründen. Auf der anderen Seite reagiert Dtr mit dem Abschnitt 1 Kön 12,26-32 auf eine aktuelle Situation, die ihm Sorgen machte. Nach der Zerstörung Jerusalems und des Jahwetempels im 6. Jh. besaß die Kultstätte in Bet-El große Anziehungskraft und es bestand die Gefahr, daß das zerstörte Jerusalem als eine Kultstätte in Vergessenheit geriet. Dtr versucht, die Legitimität und Rechtmäßigkeit Bet-Els in Frage zu stellen, indem er es mit den Jerobeam zugeschriebenen kultischen Neuerungen und seiner "Sünde" in Verbindung bringt. In Wirklichkeit handelte es sich nicht um eine Neuerung. Der Stierkult hatte schon vor Jerobeam eine lange Geschichte in Bet-El. Dies macht den Tatbestand begreiflich, daß Jerobeam an den Stierkult anknüpfen konnte, ohne Widerstand befürchten zu müssen.[43]

Im früheisenzeitlichen Palästina gab es keine theriomorphen Gottheiten, sondern die Stiere waren Träger der Gottheit. Daraus ergibt sich, daß auch die »goldenen Kälber« der königlichen Heiligtümer Jerobeams wahrscheinlich nur als Postamente des unsichtbar auf ihnen stehend vorgestellten Gottes gemeint waren.[44]

---

[42]   WÜRTHWEIN 1985, 162f.

[43]   WÜRTHWEIN 1985, 164f. Dtr erweckt den Eindruck, als ob es sich in 1 Kön 12,26-32 um eine "willkürliche Neuerung Jerobeams gehandelt haben soll und die Jerobeam zugeschriebene Vorstellungsformel eine Identifizierung von Jungstier und Gottheit nahelegt; durch beides soll Jerobeam als Götzendiener, als Verehrer tiergestaltiger Götter verächtlich gemacht werden und mit ihm Israel, das sich zur »Sünde Jerobeams« verführen ließ. – In Wirklichkeit dürfte der Jungstierkult im Nordreich schon *vor* Jerobeam bestanden haben. Nur so ist verständlich, daß er von seinen Bewohnern akzeptiert und nicht als Neuerung abgelehnt wurde. Wie die israelitischen Stämme auf politischem Gebiet für ihre alten Rechte eintraten, so dürfte Jerobeam auch im kultischen Bereich eine eher restaurative Religionspolitik betrieben haben. Das zeigt die Wahl der alten Heiligtümer von Bet-El und Dan, denen gegenüber Jerusalem als ganz jung erscheinen mußte" (Zitat S. 164). WÜRTHWEIN weist noch darauf hin, daß in Jerusalem der Synkretismus viel häufiger und dem Kult dienende Figuren, auch solche in Tiergestalt, viel zahlreicher waren als im Nordreich.

[44]   NOTH 1988, 203; WÜRTHWEIN 1985, 165.

Dan ○

Hazor ●

ISRAEL

Dothan ●

Jabbok

Sichem ○

○ Penuel

Bethel
○

○
Jerusalem

JUDA

○   In 1 Kön 12,25-32
     erwähnte Stadt

– –   Die Grenze zwischen
       Juda und Israel

0 |———————| 30 km

Man kann also Jerobeams Stierbilder in Analogie zum Jerusalemer Kerubenthron als Postamente für den unsichtbar auf ihnen stehenden bzw. sitzenden Jahwe sehen (vgl. 1 Kön 6,23-28).[45]

Darstellungen einer anthropomorphen Gottheit auf einem Tragetier waren in der SB-Zeit beliebt. Ein Bruchstück einer solchen Steinplastik wurde vor dem Eingang eines spätbronzezeitlichen Tempels in Hazor gefunden. Das knapp 30 cm lange Fragment eines Stiers hat menschliche Füße auf dem Rücken.[46]

In der Umgebung von Dothan, in einem früheisenzeitlichen offenen Heiligtum, wurde eine Bronzefigur eines Stieres (Siehe Abb.) gefunden,[47] die auf die spätbronzezeitliche Bildtradition zurückgeht und wahrscheinlich den Wettergott (Hadad-Ba'al, Jahwe) repräsentiert. Eine Verbindung mit El im samarischen Bergland ist auch nicht ausgeschlossen.[48]

KEEL und UEHLINGER machen darauf aufmerksam, daß die Stierdarstellungen in der israelitischen Kleinkunst von EZ II nicht den dominierenden Stellenwert haben, den man aufgrund der Kultbilder Jerobeams (vgl. 1 Kön 12,25ff.) erwarten würde. Dies spricht für die These, daß es sich bei Jerobeams Kultmaßnahme nicht um eine richtige Neuerung handelte, die Propaganda erfordert und damit eine entsprechende Produktivität in der Kleinkunst hervorgerufen hätte. Sie gehen davon aus, daß es sich um "die Revalorisierung eines traditionellen Kultbildes von Bet-El, vermutlich eines *leftovers* aus der SB-Zeit oder EZ I handelte, das ursprünglich wohl eher mit El als mit Ba'al verbunden war".[49]

---

[45] WÜRTHWEIN 1985, 164; KEEL-UEHLINGER 1992, 216.

[46] KEEL-UEHLINGER 1992, 57, Abb. 44; KEEL 1992, 174.

[47] Ofer Broschi, ein israelitischer Soldat, hat die Figurine (17,5 cm lang und 12,4 cm hoch) zufällig auf einem Hügel 8 km östlich von Dothan gefunden. Sie ist nach dem Fundkontext in die frühe EZ I (1250-1150 v.Chr) zu datieren. KEEL 1992, 170f.

[48] KEEL-UEHLINGER 1992, 134, Abb. 142. Sie weisen auf El-Berit in Sichem (Ri 9,4) und die El-Stiermetaphorik in Num 23,22; 24,8 hin.

[49] KEEL-UEHLINGER 1992, 219.

Pronzefigur eines Stieres aus Dothan. KEEL-UEHLINGER 1992, 134f.;
KEEL 1992, 171f.

Die Kultbilder in Bet-El und Dan stellten keine "Kälber" dar,
wie fälschlich übersetzt wird, sondern Jungstiere.[50] Es ist darüber
diskutiert worden, unter welchem Aspekt der Stier in der SB-EZ I -
Zeit dargestellt wurde. KEEL weist darauf hin, daß der Stier in der
ausgehenden SB nicht unbedingt unter dem Aspekt der Fruchtbarkeit,
sondern dem der kämpferischen Kraft wahrgenommen wurde, wobei
der Stier die Aggressivität, Kampflust und Kampfeskraft der Gottheit
widerspiegelt. Auf diese Eigenschaften Jahwes wird mit den Worten
Jerobeams (1 Kön 12,28b) hingedeutet: »Hier ist dein Gott, Israel,
der dich aus Ägypten heraufgeführt hat.« "Das Stierbild wird durch
diesen Weihespruch im Lichte der zeitgenössischen Ikonographie ...
nicht als Symbol der Fruchtbarkeit, ... sondern als Symbol des

---

50   WÜRTHWEIN 1985, 164. Die Jungstierbilder in Bet-El und Dan bestanden
nach WÜRTHWEIN wahrscheinlich aus einem Holzkern, der mit Gold überzogen
war. Nach der Auffassung von NOTH (1988, 203f.) ist in der Bezeichnung »Kalb«
seitens des Verfassers ein abschätziger Ton zu hören. "Das Stierbild, im Verhältnis
zu dem in Menschengestalt vorgestellten, wenn auch nicht abgebildeten Gott
ziemlich klein, war nur ein »Kalb«."

Kampfes vorgestellt." Auf den aggressiven Exodus-Stiergott wird auch in dem Bileam-Spruch hingewiesen: "Gott hat sie aus Ägypten geführt. Er hat Hörner wie ein Wildstier" (Num 23,22).[51]

Daraus ergibt sich die Annahme, daß der Stier im alten Israel nicht nur als Postament und Tragetier des Gottes, sondern auch als die Manifestation der göttlichen Eigenschaften angesehen wurde. In der "Volksreligion" lag jedoch die Gefahr einer Identifizierung des Jungstiers mit der Gottheit nahe. Ebenfalls wurde der Jungstier als Jahwes/Els Postament bzw. Manifestation leicht mit der Rolle des Stiers in den altorientalischen Fruchtbarkeitsreligionen vermischt. "Dadurch konnte die Verbindung der Gottheit mit dem Jungstier leicht zu einem Einfallstor für den Baalskult werden".[52]

Bis in die Zeit des Propheten Hosea (etwa 782-747) hatte man die ursprüngliche Idee der Stierbilder als Postamente und Manifestation der Gottheit vergessen. Hoseas Kritik geht davon aus, daß in dem Staatkult des Nordreichs ein Jungstier verehrt wurde: "Sie machen sich Götzen aus ihrem Silber und Gold. Wohl damit es vernichtet wird. Samaria, dein »Kalb« ist verworfen. Mein Zorn ist entbrannt gegen sie; wie lange noch sind sie unfähig sich zu läutern? Denn wer sind Israel und das »Kalb«? Ein Handwerker hat das »Kalb« gemacht und es ist kein Gott" (Hos 8,4-6).

Wir kehren nochmals zu dem goldenen Kalb zurück, das Aaron am Sinai anfertigen ließ, und betrachten die schriftlichen Vorlagen, die der Verfasser in Ex 32 möglicherweise benutzt hat. Im Vorangehenden sind wir zu dem Schluß gekommen, daß hinter Ex *32 (und Dtn 9) die Erzählung über die Errichtung der beiden Jungstiere durch Jerobeam (1 Kön 12,25-32) als eine Vorlage liegt. Es ist schwierig zu beantworten, ob der Verfasser der Grunderzählung in Ex *32 die oben rekonstruierte vor-dtr Tradition (1 Kön 12,*26-32) oder eine die kultischen Maßnahmen Jerobeams abwertende dtr Bearbeitung (1 Kön 12,26-32) als Vorlage benutzt hat. In dem Grundbestand der Kalberzählung (Ex *32) sind keine besonderen, für dtr Redaktion typischen Wendungen zu finden. Deshalb ist es durchaus möglich, daß der Grunderzählung in Ex *32

---

[51]   KEEL 1992, 176f.
[52]   WÜRTHWEIN 1985, 165.

die alte Jerobeamtradition (1 Kön 12,*26-32) zugrundeliegt.

In der Jerobeamtradition wird nicht näher berichtet, woher das Gold (oder der Goldüberzug?) für die Stierbilder stammte. Dagegen erzählt der Verfasser in Ex 32, wie Aaron die Israeliten bittet, ihm für den Guß des Kalbes ihre goldenen Ohrringe zu bringen.[53] Für diesen Zug des Berichts ist eine Parallele in der Erzählung von Gideons Feldzug gegen die Midianiter (Ri 8,24-27) zu finden. Als die Israeliten die besiegten Midianiter ausgeplündert haben, bittet Gideon jeden von ihnen, ihm einen goldenen Ring (נזם הזהב) aus seiner Beute zu geben, insgesamt 1700 Goldschekel (etwa 20 kg), worauf Gideon ein Kultbild (אפוד)[54] macht und es in seiner Stadt Ofra aufstellt. Die Erzählung macht einen neutralen Ausdruck. Erst zum Schluß (Ri 8,27) kommt eine theologische Beurteilung des Dtr.

Die beiden Erzählungen in Ex 32 und Ri 8 über die Anfertigung eines Kultbildes aus den goldenen Ringen der Israeliten weisen thematische und auch wörtliche[55] Ähnlichkeiten auf, was für eine traditionsgeschichtliche bzw. literarische Abhängigkeit zwischen den Stellen spricht. Mir scheint, daß Ex 32,2f. von Ri 8,24-27aα abhängt.

Aufgrund der traditionskritischen Untersuchung entsteht die folgende Traditionskette:

```
Hos 8,4f.; 10,5
1 Kön 12,*25-32     >     Ex *32     >     Dtn 9
Ri 8,*24-27
```

---

[53]   Ein Redaktor in Ex 12,35f. berichtet, daß das Gold der Israeliten eigentlich von den Ägyptern stammte. Der merkwürdigen Angabe zufolge hätten die Israeliten die Ägypter ausgeplündert: "Sie erbaten von den Ägyptern Geräte als Silber und Gold und auch Gewänder. Jahwe ließ das Volk bei den Ägyptern Gunst finden, so daß sie auf ihre Bitte eingingen. Auf diese Weise plünderten sie die Ägypter aus."

[54]   Der Ephod, häufig als Gewand der Priester, kommt als Kultgegenstand außer Ri 8,27 auch in Ri 17,5; 18,17f.20; Hos 3,4 vor.

[55]   Ein goldener Ring (נזם זהב) kommt im AT in Ex 32,2f.; Ri 8,24-26; Hi 42,11 vor. Für die Erzählungen in Ex 32 und Ri 8 ist ein orthodoxes Gegenstück in Ex 35,22 zu finden: Die Israeliten bringen Goldschmuck für die Anfertigung der Gegenstände des Zeltheiligtums. Es ist noch zu bemerken, daß Gen 35,4 eine enge Beziehung zwischen Götterbildern und Ohrringen aufweist.

7.4. Die Intention von Ex 32

Wir sind oben zu dem Schluß gekommen, daß die Erzählung über das goldene Kalb in Ex *32 vor allem aufgrund von 1 Kön 12,*26ff. geschrieben wurde. Daneben hat der Verfasser zumindest Ri 8,24-27aα als Vorlage benutzt. Die Motivation, den Stierkult des Nordreichs zu verurteilen, stammt wahrscheinlich aus der Botschaft des Propheten Hosea (Hos 8,4f.; 10,5). Es ist nämlich damit zu rechnen, daß Ex *32 von Anfang an mit Bezug auf die Kultpolitik Jerobeams verfaßt wurde. Ex *32 zielt nicht auf Aaron und Israel am Sinai, sondern auf Jerobeam I. und Israel in Bet-El, d.h. im Nordreich.

Diese alte Erkenntnis ist vor allem in den offenkundigen Verbindungen von V. 1-6 mit dem Bericht über Jerobeams kultpolitische Maßnahmen in Bet-El (1 Kön 12,26ff.) begründet. AURELIUS stellt den Sachverhalt fest: "Bei näherem Zusehen erscheint die ganze Erzählung als eine Präfiguration der Geschichte des Nordreichs, wie sie in 1 R 12 - 2 R 17 dargestellt ist: mit der »Sünde Jerobeams« als Leitmotiv, vom rebellischen Anfang (V. 4, vgl. 1 R 12:28), bis zum katastrophalen Ende (V. 21, vgl. 2 R 17,21)." [56]

Der Verfasser von Ex *32 steht augenscheinlich der Anfertigung des goldenen Kalbes negativ gegenüber.[57] Ungeachtet

---

[56] AURELIUS 1988, 75. Die Beziehung auf das Nordreich erklärt auch den merkwürdigen Schluß der Erzählung mit einer Bestrafung, die nicht erzählt, sondern nur in Aussicht gestellt wird (V. 30-34). "Die Sünde Jerobeams ist ausgeprägt kultisch: illegitimer Gottesdienst. Wenn sie in Ex 32 auf eine Ursünde zurückgeführt wird, ist diese am Sinai durchaus am 'richtigen' Orte: dem des ersten wahren Gottesdienstes." Nach der Meinung von AURELIUS (1988, 76f.) handelt es sich bei Ex 32 um eine Anspielung auf das bereits vollzogene Strafgericht, d.h. auf die Deportation Nord-Israels im Jahre 722 v.Chr. Die präfigurative Erzählung über das Schicksal des Nordreichs ist gleichzeitig eine Warnung für Juda vor dem Fall Jerusalems, der noch in der Zukunft liegt. Aus diesen Gründen datiert AURELIUS die Erzählung ins 7. Jh. v.Chr.

[57] Nach NOTH (1988, 202) hat der Verfasser "die Absicht, die Maßnahme Jerobeams als Abfall und Bundesbruch zu verurteilen, wie es vor allem mit dem Zerbrechen der Tafeln, auf denen die »Bundesworte« (34,28) standen, zum Ausdruck gebracht wird."

der ursprünglichen Motive Jerobeams, die Stierbilder als Postamente bzw. Repräsentierung Jahwes/Els zu errichten, waren die goldenen Kälber jedenfalls in den Augen derer, die die Zeit Jerobeams später beurteilten, wegen des Bilderverbots anstößig (Ex 20,4f.; Dtn 5,8).

Die Schuld für die Anfertigung des Kalbes liegt nach dem Verfasser der Kalberzählung auf Aaron. Eine zentrale Frage für die Deutung der Erzählung ist es, auf wen der Verfasser mit der Gestalt Aarons präfigurativ hinweisen möchte. Nach der Ansicht von AURELIUS wird die Rolle Aarons in Ex 32 "am einfachsten durch die polemischen Spitze gegen Jerobeam erklärt ... Aaron spielt in dem Geschehen ... dieselbe Rolle wie König Jerobeam I. in 1 Kön 12,26ff. – und eben nicht wie die von Jerobeam eingesetzen Priester."[58] Gleichzeitig bestreitet AURELIUS die Möglichkeit, daß die Anklage gegen Aaron nicht so sehr auf Jerobeam, sondern auf irgendeine aaronidische Priesterschaft in Bet-El zielt.[59]

Bei der Untersuchung von Ex 1-2; 5 und 14 haben wir gesehen, daß Mose Züge von Jerobeam gegeben werden. Vom Standpunkt des Nordreichs aus wird Jerobeam positiv als eine moseähnliche Gestalt und als Befreier des Volkes beurteilt. Darum erhält Jerobeam die Rolle des Mose, des Anführers der Israeliten. Meine Vermutung ist, daß Jerobeam auch in Ex *32 dieselbe Rolle spielt und sich hinter der Gestalt des Mose verbirgt.

In Ex *32 kann man keine verdeckte Salomokritik finden. Eine verdeckte Botschaft ist jedoch auch in diesem Kapitel zu entdecken. Das Ziel der Erzählung ist es, Jerobeam von den Anschuldigungen zu

---

[58]   VALENTIN 1978, 290; AURELIUS 1988, 75f. So auch VAN SETERS 1994, 311. Nach seiner Ansicht ist "The role of Aaron (is) so completely modeled on that of Jeroboam that he has no firmer place in the Bethel tradition than this highly tendentious presentation of Jeroboam by DtrH ... In Exodus 32 Aaron functions as a kind of substitute leader in the same way that Jeroboam was a substitute for the Davidic king." Nach COOTE (1991, 68) handelt es sich in Ex 32 um Polemik, die am Hof Rehabeams gegen den durch Jerobeam gegründeten Kult gerichtet wurde.

[59]   AURELIUS 1988, 75 Anm. 96. CODY (1969, 146-156) und VALENTIN (1978, 289f.) nennen Literatur, in der Aaron als präfigurativer Vertreter der Priesterschaft des Nordreichs angesehen wird.

befreien, er habe durch die Errichtung der Stierbilder gegen das Bilderverbot gesündigt. Laut der aus der Perspektive des Nordreichs geschriebenen Erzählung (Ex *32) wurde das Kultbild auf Initiative des Volkes durch die Priester (= Aaron) errichtet. Jerobeam (= Mose) hatte jedoch keinen Anteil an der Anfertigung des Kultbildes, weil er zu dieser Zeit auf dem Gottesberg war.

7.5. Die geschichtliche Situation hinter Ex *32

Die traditionskritischen Schlüsse ermöglichen uns Erwägungen über die geschichtliche Situation, in der die Grunderzählung von dem goldenen Kalb (Ex *32) aufgrund der früheren Traditionen in Hos 8,4f.; 10,5; 1 Kön 12,*25-32 und Ri 8,*24-27 verfaßt wurde.

Nach unserer Erkenntnis zielt die verdeckte Botschaft der Erzählung darauf, Jerobeam von den Vorwürfen zu entschuldigen, daß er Jungstierbilder errichtet und dadurch gegen das Bilderverbot verstoßen habe. Die Schuld für die Errichtung der Jungstierbilder liege auf den aaronitischen Priestern. In jedem Fall waren die Kultbilder für den Verfasser im Lichte des Gesetzes anstößig und der Grund für die göttliche Strafe "am Tag der Rechenschaft" (vgl. Ex 32,34). Der Verfasser deutet damit wahrscheinlich auf den Untergang des Nordreichs 722 v.Chr. hin. Die Grunderzählung (Ex *32) setzt also die Kritik des Propheten Hosea an den Kultbildern (Hos 8,5; 10,5) etwa in der Mitte des 8. Jh. und den Untergang des Nordreichs 722 v.Chr. voraus.

Nach dem Zerfall Samariens strömten Flüchtlinge aus dem Nordreich nach Süden. Sie siedelten sich in Juda an und versuchten, ihren Platz in der durch den davidischen König regierten Gesellschaft zu finden. Es ist anzunehmen, daß die ehemaligen Einwohner des Nordreichs ihre Vergangenheit und die Reichstrennung als Folge der Revolte Jerobeams vor zweihundert Jahren in der neuen Situation kritisch reflektiert haben. Sie konnten jedoch nicht direkt ihre kritischen Gedanken gegen Salomo, den Unterdrücker ihrer Väter und den Ahnherrn der regierenden davidischen Dynastie, äußern. Dies ist m.E. eine vorstellbare Situation für die Entstehung der verdeckten Salomokritik und der verdeckten Entschuldigung Jerobeams.

Der Niedergang des Nordreichs 722 v.Chr. ist also *terminus post quem* für die Entstehung der verdeckten Entschuldigung Jerobeams in Ex *32. Eine erheblich schwierigere Frage ist jedoch, ob die Grunderzählung von Ex *32 vor dem Exil entstanden ist, d.h. ob Ex *32 als vor-dtr einzuordnen ist.

Die Grunderzählung (Ex *32) weist keine besonderen Merkmale der dtr Sprache, Wendungen und Floskeln auf. Die Gesamtstruktur der Erzählung erinnert jedoch an das dtr Grundschema, nach dem das Verbrechen gegen das Gesetz durch Jahwe bestraft wird. Nordisrael hat für sich Kultbilder errichtet und dadurch das Bilderverbot gebrochen. Diesem Verbrechen folgt der Untergang des Nordreichs als Bestrafung Jahwes (vgl. Ex 32,34).

Diese Merkmale, nämlich die verdeckte Entschuldigung Jerobeams (verdeckte Salomokritik) und das Fehlen der Deuteronomismen, erinnern an die Arbeitsweise des DtrH. Der historisch orientierte Redaktor der dtr Schule (DtrH) hat seine Kritik an Salomo in 1 Kön *3-11 in einer sublimen Form geäußert. Sie wird erst deutlich aus der Gesamtkomposition. Er übertreibt die salomonische Prachtentfaltung und spricht den König dadurch schuldig, das Königsgesetz (Dtn 17,14ff.) gebrochen zu haben. Außerdem kritisiert er Salomo wegen der harten Fronarbeit, die er den freien Israeliten auferlegte.

Als Strafe für die Sünde Salomos erhob Jahwe Jerobeam als Widersacher gegen Salomo (1 Kön 11,*26ff.). Die Argumentation des DtrH findet vor allem auf sozialethischem Niveau statt, und er gebraucht nur wenig ausgesprochen theologische bzw. dtr Wendungen.[60]

Diese Erwägungen machen die Gemeinsamkeiten in der Technik und Aussageintention zwischen der Grunderzählung in Ex *32 und

---

[60]   SÄRKIÖ 1994, 244f.

der Darstellung des DtrH in 1 Kön *3-11 deutlich. Die Technik der "verdeckten Kritik", die der Verfasser – nämlich der Jahwist – in Ex 1-2; 5; 14; 32 benutzt, beweist seine ausführlichen Kenntnisse der Salomo- und Jerobeamtraditionen, die hinter 1 Kön 3-12 liegen. Daraus ergibt sich die Vermutung, daß der Verfasser der Erzählung in Ex *32 vielleicht aus den Kreisen des DtrH stammt und frühexilisch zu datieren ist.

Auf der anderen Seite gibt es in den Darstellung des Jahwisten (zumindest in Ex 1-14.32) keine verschlüsselten Hinweise auf den Niedergang Judas 586 v.Chr., der ein gutes Ziel für seine Kritik gewesen wäre.[61] Es ist deshalb auch nicht ausgeschlossen, daß der Jahwist als Verfasser der "verdeckten Kritik" in Ex 1-2; 5; 14; 32 vorexilisch ist, also schon früher als DtrH gewirkt hat. Er ist durch die vorexilische Prophetie inspiriert, in der das geschichts-theologische Schema von der Sünde des Volkes und der Bestrafung Jahwes bekannt war, das später auch durch die Deuteronomisten benutzt wurde.

Daher ist es am besten, die Entstehung der Grunderzählung Ex *32 zwischen Samarias und Jerusalems Fall einzuordnen. »Die Geschichte warnt schon, aber die Warnung kommt noch nicht zu spät.«[62]

---

[61] Es ist durchaus möglich, daß auch der Untergang Judas in der exilischen bzw. nachexilischen Situation durch die Technik der "verdeckten Kritik" seitens der Kreise, die die Nordreichstraditionen bewahrten, behandelt wurde. Interessant in dieser Hinsicht ist u.a. die Erzählung über Simsons Ende. Wegen seiner fremden Frauen wurde er letztendlich geblendet und mit Bronzeketten gefesselt (Ri 16,21). Das gleiche Schicksal hatte das Haus Davids. Zidkija, der letzte König der Dynastie, wurde geblendet und in Fesseln nach Babylon gebracht (2 Kön 25,7). Fremde Frauen waren die Sünde der Ahnväter und Könige Judas: Juda (Gen 38); Boas (Ruth 4); David (2 Sam 11); Salomo (1 Kön 11; Neh 13). Auf die fremden Frauen als Sünde Judas und der davidischen Dynastie wird auch in dem Stammbaum Jesu (Mt 1) hingewiesen. Eine interessante Frage ist es, ob in der Korrumpierung der davidischen Dynastie durch fremde Frauen ein Grund für die Jungfernzeugung Jesu in der Darstellung des Matthäus liegt. Jesus wird nicht so sehr nach dem Vorbild Davids und Salomos dargestellt, sondern als ein mose/jerobeamähnlicher Befreier charakterisiert (vgl. Ex 2 // Mt 2).

[62] Eine ähnliche Meinung über die Datierung hat auch AURELIUS 1988, 76f.

Fazit

In den Kapiteln Ex 1-2; 5; 14 wird Jerobeam I. in der Rolle des Mose positiv als Befreier der versklavten Israeliten beschrieben. Salomo dagegen wird in der Rolle des Pharao als Unterdrücker seines Volkes kritisch dargestellt.

Die Kategorie der "verdeckten Kritik" ist auch in der Erzählung von dem goldenen Kalb (Ex 32), diesmal jedoch ohne Salomokritik, zu finden. Die Grunderzählung (Ex 32,1-6.7.15a.19.21-24.30-34) ist vor allem aufgrund der vor-exilischen Tradition über Jerobeams Kultmaßnahmen (1 Kön 12,25. *28.29.30b.31.*32) geschrieben. Die Angabe über das Gold, das von aus dem Volk gesammelten Ohrringen stammte, geht wahrscheinlich auf Ri 8,*24-27 zurück. Die Motivation für die Verurteilung der Kultbilder wegen des Bilderverbots stammt wahrscheinlich von dem Propheten Hosea (Hos 8,5; 10,5).

Der Verfasser macht das eigentliche Ziel seiner Erzählung über das goldene Kalb durch leise Anklänge an die Traditionen über die Kultreform Jerobeams deutlich. Mit Ausleihen aus 1 Kön 12,*25ff. schafft er wörtliche und thematische Parallelen zwischen den zwei Erzählungen.

Ex *32 ist eine Präfiguration der Geschichte des Nordreichs und zielt nicht in erster Linie auf Aaron und Israel am Sinai, sondern auf Jerobeam I. und Israel im Nordreich. Das Ziel der Erzählung in Ex *32 ist es, Jerobeam gegen den Vorwurf zu entschuldigen, er habe gegen das Bilderverbot gesündigt. In der aus der Perspektive des Nordreichs geschriebenen Erzählung (Ex *32) wird verdeckt darauf hingedeutet, daß die Jungstierbilder des Staatkultes auf Initiative des Volkes durch die Priester (= Aaron) errichtet wurden, und Jerobeam I. (= Mose) keinen Anteil an der Anfertigung der Kultbilder hatte.

Der Hinweis auf das Ende des Nordreichs ("Tag der Rechenschaft", Ex 32,34) setzt den Untergang Samariens 722 v. Chr. voraus, was den *terminus post quem* für die Entstehung der Grunderzählung Ex *32 liefert. Gleichzeitig sieht es so aus, als ob der Fall Jerusalems 586 v. Chr. dem Verfasser noch unbekannt war. Daraus ergibt sich die Vermutung, daß der Verfasser die Salomo- und Jerobeamtraditionen in ihrer vor-dtr Form als Vorlage benutzt hat.[63]

Es ist wahrscheinlich, daß der Verfasser der Grunderzählung Ex *32 mit dem Jahwisten identisch ist. Seine Darstellung ist nicht durch besondere dtr Wendungen und Begriffe geprägt. Daraus ergibt sich, daß der Verfasser im 7. Jh. aktiv war. Er hat u.a. aktuelle religionspolitische Fragen in die Vergangenheit projiziert und sie dort in verschleierter Form, durch die Kategorie der "verdeckten Kritik", erörtert. Eine empfindliche Frage war die Beziehung der ehemaligen Nordreichseinwohner, die einmal durch Jerobeam von der Unterdrückung des Fronherrn Salomo befreit wurden, zu den davidischen Königen in Juda.

---

[63] Eine mögliche Entstehungszeit der Redaktion ist während der Kultreform Josias um 620 v.Chr., in der Bet-Els Kultplätze zerstört wurden. Es ist nicht ausgeschlossen, daß die Einwohner Bet-Els mit Nordreichstraditionen nach Juda kamen. Für diesen Vorschlag danke ich Prof. Dr. Knauf-Belleri.

8. Zusammenfassung

Den Ausgangspunkt der vorliegenden Untersuchung bildeten die zu beobachtenden wörtlichen und thematischen Parallelen zwischen der Salomo-Jerobeamgeschichte (1 Kön 1-12) und der Exoduserzählung. Nach unserer Arbeitshypothese wird in der bearbeiteten Exoduserzählung einerseits über Salomo als pharaoähnlichen Fronherrn und Unterdrücker, andererseits über Jerobeam als moseähnlichen Befreier des versklavten Israel verdeckt geredet. Um dieses Ziel zu erreichen, hat der Verfasser in der Exoduserzählung Anklänge an die Salomogeschichte mit wörtlichen und thematischen Parallelen geschaffen.

Die Aufgabe der vorliegenden Untersuchung war es, die Traditionsgeschichte und den Werdegang der Abschnitte in Ex 1-2; 5; 14 und 32 zu erforschen. Gleichzeitig sind wir auf Aussageintention und Entstehungssituation der verdeckten Botschaften eingegangen.

Unsere Arbeitshypothese über die verdeckte Salomokritik und Jerobeamverherrlichung hat sich als stichhaltig erwiesen. Außerdem hat die Untersuchung die Entstehungsgeschichte der Exoduserzählung erhellt und die Arbeitsweise der Verfasser des priesterlichen und des nichtpriesterlichen Erzählstranges des Pentateuch geklärt. Wir wollen nun zusammenfassend auf die literarische Technik und die Aussageintention der Verfasser in Hinblick auf die verdeckte Salomokritik bzw. die verdeckte Jerobeamverherrlichung eingehen.

Die Entstehungsgeschichte der Texte ist manchmal sehr kompliziert und die Zweiteilung auf die Sigla J (= jahwistisch) und P (= priesterlich) wird dem Werdegang des Textes nicht immer gerecht. Vor allem bei der Untersuchung der Meerwundererzählung haben wir den priesterlichen (P) und den nichtpriesterlichen (J) Erzählstrang als Kompilation von früheren Traditionen, Bearbeitung und späterer Fortschreibung aufgefaßt.

Die Darstellung des Jahwisten (J)

Aufgrund der literarkritischen Untersuchungen zeigen sich die Schicht des Jahwisten und die späteren jahwistischen Erweiterungen in Ex 1,*6.8.-12.22 (spätere Erweiterung 1,15-20aα); 2,1-3.5f.10aβb.11-15.16-22 (spätere Erweiterung 2,4.7-10aα); 5,*2f.5-23[1]; 32,1-7.15a.19.21-24.30-34. Spätere Erweiterungen stellen auch 32,8.9-14.(Gl. 15b-16).17f. 20(?).25-29.35 dar.[2] Von seiner Arbeitsweise her ist der Jahwist als ein Redaktor anzusehen, der frühere atl. Texte und Traditionen, wie Patriarchenerzählungen, Prophetentexte und schriftliche Quellen über die israelitischen Könige, als Vorlage für die Darstellung von Ex 1-2;5;14;32 benutzt hat. Die intertextuellen Verweise dienen seinen historiographischen Intressen.

Der Jahwist hat vor allem Salomo- und Jerobeamtraditionen als Vorlage benutzt. Er hat die seltenen Termini des Fronwesens in Ex 1,11 aus den vor-dtr Salomotraditionen entlehnt und die Verhältnisse der Israeliten in Ägypten mit Vokabeln der salomonischen Ära gefärbt. Die Erzählung über das weise Urteil des Königs (1 Kön 3,*16-28) diente wahrscheinlich als szenische Vorlage für die Erzählung über die zwei ägyptischen Hebammen vor dem Pharao (Ex 1,15-21).

Die jahwistische Darstellung der Jugend des Mose (Ex 2,11-15a) ist aufgrund der Tradition über die zwei Widersacher Salomos, den edomitischen Prinzen Hadad und Jerobeam (1 Kön *11) verfaßt. Auf ähnliche Weise hat der Jahwist zwei weitere wichtige Themen des Exodus aus der Hadaderzählung (1 Kön 11,*15-22) bekommen, nämlich daß Mose dem Kindermord entgeht (Ex 1,22) und daß der Pharao sich weigert, die Hebräer wegziehen zu lassen (Ex 5,11 u.a.).

Die Erzählung über die harte Arbeit der Israeliten, Ziegel zu machen und dafür Stroh zu sammeln (Ex 5), hat der Jahwist

---

[1] Die Erwähnungen Aarons in 5,1.4.20 sind spätere Zusätze.

[2] Die Schichtung der Auszugsgeschichte (Ex 13,17-14,31) wird unten gesondert dargestellt.

vorwiegend aufgrund der Tradition hinter 1 Kön 12 verfaßt. Von dort stammt die Bitte der Israeliten an den König, ihre Fronarbeit zu erleichtern, und die Antwort des Königs auf die Bitte mit der Verschärfung der Arbeitsbedingungen.

In diesem Abschnitt hat der Jahwist das für ihn untypische Wort עבדה (Ex 5,9.11) statt der gewöhnlichen Entsprechung סבל (Ex 1,11; 2,11; 5,4f.) für Zwangsarbeit benutzt. Die Verwendung des Wortes עבדה in diesem Zusammenhang erklärt sich durch die Vorlage in 1 Kön 12,4. Auch das Leitwort des Abschnitts, "Stroh", stammt vermutlich aus der Salomogeschichte (1 Kön 5,*8). Ebenso erklärt sich der auffällige Zug der Exoduserzählung, daß die Israeliten als das eigene Volk des Pharao bezeichnet werden (Ex 1,22; 5,16), durch die Vorlage, in der der eigene König der Israeliten der Unterdrücker ist (1 Kön 12).

Die Auszugsgeschichte bzw. Meerwundererzählung (Ex 13,17-14,31) hat eine komplizierte Entstehungsgeschichte. Sie besteht aus dem priesterlichen und dem nichtpriesterlichen Erzählstrang, die während der Traditionsbildung miteinander verflochten wurden. Beiden Erzählsträngen liegt eine schlichte Tradition zugrunde. Die alten Traditionen sind knapp formuliert und es fehlen jegliche Angaben über die geographische Lage des Meerwunders. Für die alten Meerwundertraditionen, die wir rekonstruiert haben, ist eine auffällige Parallele in Jos 24,*6f. zu finden.

Die ältere und kürzere Form der Tradition liegt hinter der priesterlichen Darstellung.[3] Die Tradition hinter der jahwistischen Darstellung[4] schließt an die frühere priesterliche Tradition an, erweitert sie aber durch die Angaben über die Naturmächte – die Dunkelheit, den starken Ostwind und das zurückkehrende Meer – , durch die die rettende Aktion Jahwes stattfindet und die Ägypter ertränkt werden. Die Rolle des Mose ist es, den Israeliten die Hilfe

---

[3]   Dem P vorgegebene Tradition über die wunderbare Rettung Israels am Meer: Ex 14,9aαb.10abβ. 27b.30b. 31aβ.

[4]   J vorgegebene Meerwundererzählung: Ex 14,5a.6.10bα.13a.20aαb.21aβγ. 27aα²β.28b.30a.31aαb.

Jahwes zu verheißen.

Der Jahwist hat diese knappe Meerwundertradition mit seinen eigenen Aussagen ergänzt und Elemente des Jahwekrieges, die Jahwetheophanie in Wolken- und Feuersäule und das Thema "Murren" zu der Erzählung hinzugesetzt. Mit dem Fragment eines Wüstenitinerars (Ex 13,20) lokalisiert er das Meerwunder irgendwo im Seengebiet nördlich des Golfes von Suez.[5]

In der jahwistischen Darstellung handelt es sich bei der wunderbaren Rettung der Israeliten eigentlich um einen Jahwekrieg. Jahwe blickt in seiner Theophanie auf die ägyptische Streitmacht hinunter und versetzt die Ägypter in panischen Schrecken. Dies ist die Erklärung, warum die Ägypter gegen das zurückkehrende Meer fliehen.

Anders als in den vorangehenden Kapiteln Ex 1-2 und 5 weist die jahwistische Darstellung der Meerwundererzählung (Ex 13,17-14,31) keine verdeckte Salomokritik auf. Der Jahwist konzentriert sich offenbar in der Bearbeitung dieser Erzählung auf die heilsgeschichtlich wichtigsten Themen der Befreiung Israels durch Jahwe. Gleichzeitig treten die nationalpolitischen, salomokritischen Stimmen in diesem Zusammenhang in den Hintergrund.

Auch in der Erzählung vom goldenen Kalb (Ex 32) ist keine verdeckte Salomokritik zu finden. Dagegen enthält die jahwistische Grunderzählung[6] eine verdeckte Entschuldigung Jerobeams I. Der Jahwist hat die Grunderzählung (Ex *32) vor allem aufgrund der vor-dtr Tradition[7] über die Errichtung der beiden Jungstierbilder in Bet-El und Dan (1 Kön *12) verfaßt.

Die leisen, aber klaren Anklänge an 1 Kön 12,*25ff. in der Erzählung vom goldenen Kalb (Ex 32) weisen auf die Aussageintention des Jahwisten hin: Der Jahwist steht der Anfertigung der goldenen Kälber Jerobeams wegen des

---

[5]   Jahwistische Bearbeitung und Fortschreibung der Meerwundererzählung: Ex 13,17aαβ.19.20.21a.22; 14,5b.11f.14.19.20aβ.24.25b. Glossen sind 13,17aγ. 21b; 14,13b

[6]   Ex 32,1-6.7.15a.19.21-24.30-34.

[7]   1 Kön 12,25.*28.29.30b.31.*32.

Bilderverbots grundsätzlich negativ gegenüber, obwohl die Stierbilder ursprünglich als Postamente bzw. Repräsentationen Jahwes gedacht waren. Nach der Meinung des Jahwisten liegt die Schuld für die Anfertigung des Kalbes bei Aaron, der die israelitischen Priester präfiguriert. "Mose", Jerobeam, war zu der Zeit auf dem Berg Gottes und hatte somit keinen Anteil an der Schuld des Volkes.

Das Ziel der Erzählung ist es, Jerobeam von dem Vorwurf freizusprechen, er habe durch die Anfertigung der Junstierbilder für den Staatskult in Bet-El und Dan gegen das Bilderverbot verstoßen. Die Erzählung will dagegen nachweisen, daß die Errichtung der Kälber auf Initiative des Volkes durch die Priester geschah.

Nach unserer Analyse hat der Jahwist die Methode der verdeckten Kritik in Ex 1-2; 5 und 32 verwendet. Er hat dem Pharao des Exodus Züge des Fronherrn Salomo gegeben, wodurch er Salomo verdeckt wegen der Unterdrückung der Israeliten kritisiert. Gleichzeitig bekommt Jerobeam I. Charakteristika des Mose, wodurch Jerobeam in der Rolle des Mose positiv als Befreier des versklavten Israel geschildert wird.

Die verdeckte Kritik als historiographische Methode im Gebrauch des Jahwisten erinnert an die Darstellung des Erstredaktors der Dtr-Schule (DtrH) in 1 Kön *3-11, in der Salomo leise bzw. verdeckt wegen der Prachtentfaltung und Unterdrückung der Israeliten kritisiert wird. Es kann sein, daß DtrH die Methode und auch das Ziel der verdeckten Salomokritik vom Jahwisten übernommen hat.

M.E. ist der Jahwist nicht von der dtr Salomogeschichte (1 Kön 1-12) abhängig, sondern hat die Salomo- bzw. Jerobeamtraditionen in ihrer vor-dtr Form als Vorlage benutzt. Die dtr Darstellung über die Zeit Salomos hat eine lange Traditionsgeschichte hinter sich. Das Werk des Jahwisten setzt schon den Untergang Samariens (Ex 32,34) voraus, weiß aber noch nicht vom Fall Jerusalems. Dies würde bedeuten, daß der Jahwist zwischen 722 und 587 v.Chr., vermutlich in der zweiten Hälfte des 7. Jh., gewirkt hat.[8]

Der Jahwist hat die verdeckte Kritik Salomos und die verdeckte Verherrlichung Jerobeams an die ehemaligen Nordreichsbewohner gerichtet, die nach dem Fall Samariens als Flüchtlinge nach Juda kamen. Ihre Vorväter waren Salomos Fronpflichtige, die Jerobeam aus dem "Sklavenhaus" Juda befreite und in das "Gelobte Land", das Nordreich Israel, brachte. Es ist zu vermuten, daß die alten Traditionen unter den Flüchtlingen in Juda erneut belebt wurden. Deshalb hat der Jahwist neben der offiziellen Historiographie die Sonderfrage der ehemaligen Nordreichsbewohner, nämlich ihre Beziehung zum davidischen Königshaus, in die ferne Exodusgeschichte rückprojiziert und durch die Methode der verdeckten Kritik erörtert.

Die Darstellung des priesterlichen Verfassers (P)

Der priesterliche Erzählstrang der Exoduserzählung ist wesentlich weniger umfangreich als der nichtpriesterliche und kommt in Ex 1,1-5.7.13f.; 2,23aβb-25; 14,1.2a.3f.8a.9b.15.16*. 17abα.21aαb.22a.23aαb.26abα.27aα[1].28a.29a vor.[9]

Der priesterliche Verfasser hat wahrscheinlich eine frühere Exodustradition als Vorlage benutzt und diese bearbeitet. Die Tradition umfaßt eine knapp formulierte Exposition zur Exodusgeschichte, die Schilderung der schweren Lage der Israeliten in dem "Sklavenhaus" Ägypten und ihres Hilferufes zu Jahwe (Ex 1,*1-5.7.13; 2,*23-25). Dieser folgt die eigentliche Exoduserzählung über die wunderbare Rettung Israels am Meer durch Jahwe (Ex 14,9aαb.10abβ.27b.30b.31aβ).

Der priesterliche Verfasser hat in die ältere Tradition u.a. die genaue geographische Verortung des Meerwunders am sirbonischen See im Ostdelta, wo die Ägypter durch das Meer überflutet werden konnten, eingefügt. Erst in seiner Bearbeitung wird das Meer

---

[8] Ist aus der Turmbauerzählung in Gen 11 herauszulesen, daß der Jahwist den Untergang Ninives im Jahr 612 v.Chr. noch nicht kennt?

[9] Glossen in der P-Erzählung sind Ex 14,2b.7aβ.*16.18.

gespalten und zum Durchgang für die Israeliten und als Todesfalle für die Ägypter geöffnet. Als Agent des rettenden Eingreifens Gottes spaltet Mose das Meer, und die Israeliten gehen hindurch, die Ägypter hinter ihnen. Dann läßt Mose das Wasser nach Jahwes Auftrag an seinen Ort zurückkehren, wobei die Ägypter ertrinken.

Die Spaltung des Meeres in der Bearbeitung des priesterlichen Verfassers ist einerseits als rationalisierender Versuch anzusehen, der den Tatsbestabd erklären will, wie und warum die Ägypter durch das Wasser überflutet werden konnten. Andererseits ist die Spaltung des Meeres, der Chaosmacht, am Anfang des Auszuges aus Ägypten eine geeignete Entsprechung für die Spaltung des Jordans bei der Ankunft der Israeliten im Gelobten Land (Jos 3).

Soweit wir sehen, weist die priesterliche Bearbeitung keine verdeckte Salomokritik auf. Die nachexilische priesterliche Bearbeitung betont die Bedeutung der Priesterschaft und der kultischen Gemeinde. In dieser Hinsicht erinnert die priesterliche Bearbeitung an die Akzentuierungen des chronistischen Geschichtswerks, das fast ausschließlich Salomo, den weisen Tempelbauer, verherrlicht.

Obwohl die priesterliche Bearbeitung keine verdeckte Salomokritik aufweist, ist es nicht ausgeschlossen, daß der priesterliche Verfasser die verdeckte Königskritik seines Vorgängers, des Jahwisten, erkannt hat. Ein Indiz dafür sind einige Termini, die er ähnlich wie der Jahwist aus der Salomo- bzw. Jerobeamtraditionen entliehen hat. Er hat z.B. die Wendung "harter Dienst" (Ex 1,14) aus der Jerobeamgeschichte (1 Kön 12,4) bekommen. Dies läßt vermuten, daß die Arbeitsweise und vielleicht auch die verdeckte Botschaft des Jahwisten für den späteren priesterlichen Verfasser offensichtlich waren.

Die Bearbeitung des priesterlichen Fortschreibers (R^P)

Die priesterliche Bearbeitung (P) war Grundlage für die spätere priesterliche Fortschreibung, wobei wahrscheinlich mehrere Redaktoren ihre Beiträge zugesetzt haben. Der spätere priesterliche Fortschreiber (R^P) sondert sich besonders in der Meerwundererzählung[10] durch die Verwendung der Streitwagentermini "Wagen und Pferde" und "dritte Männer" ab, die er wahrscheinlich aus der dtr Salomogeschichte (1 Kön 9,22b) entliehen hat.

In seiner Bearbeitung steigert R^P die Stärke und den Umfang der ägyptischen Streitmacht nach dem Vorbild des salomonischen Heers und behauptet, daß es sich um eine Armee aus 600 auserlesenen Streitwagen, in jedem ein Extrakämpfer, gehandelt habe.

In der Friedenszeit Salomos wurden die Streitwagentruppen als Kontroll- und Unterdrückungsmittel gegen die einheimische Bevölkerung benutzt. Die Streitwagentruppen dienten zur Kontrolle der nördlichen Stämme, in denen sich wegen der schweren Fronpflicht und der harten Besteuerung die Unzufriedenheit ständig steigerte und letztendlich in der Zeit Rehabeams zu der Revolte Jerobeams führte.

Von dem priesterlichen Fortschreiber (R^P) stammt auch die Lokalisierung des Meerwunders am "Schilfmeer" (Ex 13,18), d.h. am Golf von Akaba an der Südgrenze des salomonischen Reichs (1 Kön 9,26). Auch die früheren Bearbeiter der Exoduserzählung, J und P, erwähnen das "Schilfmeer": In Ex 10,19 werden nach J die Heuschrecken mit Hilfe des Windes in das "Schilfmeer" getrieben. Nach P erreichen die Israeliten das "Schilfmeer", aber erst mehrere Tagesmärsche nach der wunderbaren Rettung am Exodusmeer (Num 33,8-11 P). Dazu kommt noch, daß in Joel 2,4f. die Heuschrecken mit Streitwagen und Pferden verglichen werden. R^P hat diese Angaben kompiliert und die Erzählung so bearbeitet, daß die Ägypter als eine große Streitwagentruppe vom Wind ins

---

[10]   Ex 13,17b.18; 14,7aαb.8b.9aβ.17bβ. 22b.23aβ. 25a. 26bβ. 28aα*.29b.

"Schilfmeer", d.h. den Golf von Akaba, getrieben werden.

Die Bearbeitung des R^P ist so zu verstehen, daß der Golf von Akaba für ihn ein Ausgangstor bedeutet, durch das die Israeliten aus der salomonischen Gefangenschaft zum Sinai und zurück in das gelobte Land, ins Nordreich, gehen. Der "Pharao", nämlich Salomo bzw. Rehabeam, folgt mit seinem Streitwagenheer den in Richtung Sinai fliehenden israelitischen Fronarbeitern und wird durch Jahwe am Meer vernichtet.

R^P schließt sich in der Bearbeitung der Meerwundererzählung (Ex 13,17-14,31) offensichtlich an die Methode der verdeckten Salomokritik an. Dies bedeutet, daß er die verdeckte Salomokritik des Jahwisten in Ex 1-2 und 5 erkannt hat. Gleichzeitig hat er bemerkt, daß der Jahwist nicht die Gelegenheit nutzte, in die Meerwundererzählung verdeckte Salomokritik einzufügen. Dies tut R^P und schafft mit Vokabeln aus der dtr Salomogeschichte (1 Kön 9,22.26) eine deutliche militärterminologische und geographische Assoziation an den pharaoähnlichen Salomo.

Wenn unsere Schlußfolgerungen stimmen, haben die Verfasser der israelitischen Historiographie neben der direkten theologischen Kommentierung der Vergangenheit auch eine besondere Methode benutzt, in der einige empfindliche Fragen, wie Kritik Salomos und Verherrlichung Jerobeams, durch intertextuelle Verweise in die Vergangenheit rückprojiziert wurden. Diese Methode haben zumindest der Jahwist im ausgehenden 7. Jh. v.Chr. und der priesterliche Fortschreiber in der nachexilischen Zeit (5. Jh. v.Chr.?) benutzt.

Verzeichnis und Register

A. Literaturverzeichnis

Aharoni, Yohanan
1979[2] The Land of the Bible. A Historical Geography.
   A.F. Rainey (Übers.). Philadelphia.

Albertz, Rainer
1992 Religionsgeschichte Israels in alttestamentlicher Zeit. Teil 1: Von den
   Anfängen bis zum Ende der Königszeit. Grundrisse zum Alten
   Testament. ATD Ergänzungsreihe 8/1. Göttingen.

Andiñach, Pablo R.
1992 The Locusts in the Message of Joel. VT 42, 433-441.

Aurelius, Erik
1988 Der Fürbitter Israels. Eine Studie zum Mosebild im Alten Testament.
   CB OT 27. Lund.

Batto, Bernard F.
1983 The Reed Sea: Requiescat in Pace. JBL 102, 27-35.

Blum, Erhard
1990 Studien zur Komposition des Pentateuch. BZAW 189.
   Berlin – New York.

Bodenheimer, F.S.
1950/51 Note on Invasions of Palestine by Rare Locusts. IEJ 1, 146-148.

Bright, John
1981[3] A History of Israel. London.

Camp, Claudia
1985 Wisdom and the Feminine in the Book of Proverbs.
   Bible and Literature Series 11. Sheffield.

Carr, David Mclain
1991 From D to Q. A Study of Early Jewish Interpretation of Solomon's
   Dream at Gibeon. SBL Monograph Series 44. Atlanta, Gerogia.

Childs, Brevard S.
1967 Deuteronomic Formulae of the Exodus Tradition.
   Hebräische Wortforschung. SVT 16, 30-39. Leiden.
1974 The Book of Exodus. A Commentary. London.

Coats, G.W.
1967 The Traditio-Historical Character of the Reed Sea Motif.
   VT 17, 235-65.

Cody, A.
1969 A History of Old Testament Priesthood. AnBibl 35. Rom.

Coote, Robert B.
1991 In defense of revolution. The Elohist history. Minneapolis.

Coote, Robert B. – Coote, Mary P.
1990   Powers, Politics, and the Making of the Bible.
            An Introduction. Minneapolis.
Cross, Frank M.
1975   Canaanite Myth and Hebrew Epic. Essays in the History of the
            Religion of Israel. Second Printing. Cambridge - London.
Cross, F.M. & Freedman, D.N.
1955   The Song of Miriam. JNES 14 , 237-50.
Crüsemann, Frank
1978   Der Wiederstand gegen das Königtum. Die antiköniglichen Texte
            des Alten Testaments und der Kampf um den frühen
            israelitischen Staat WMANT 49. Neukirchen-Vluyn.
Dietrich, Walter
1979   Israel und Kanaan. Vom Ringen zweier Gesellschaftssysteme.
            Stuttgarter Bibelstudien 94. Stuttgart.
1986   Das harte Joch (1 Kön 12,4). Fronarbeit in der Salomo-Überlieferung.
            BN 34,7-16.
1989   Die Josepherzählung als Novelle und Geschichtsschreibung.
            Zugleich ein Beitrag zur Pentateuchfrage.
            Biblisch Theologische Studien 14. Neukirchen-Vluyn.
1997   Die frühe Königszeit in Israel. 10. Jahrhundert v. Chr.
            Biblische Ezyklopädie 3. Stuttagrt, Berlin, Köln.
Donner, Herbert
1984   Geschichte des Volkes Israel und seiner Nachbarn in Grundzügen.
            Vol. 1. Von den Anfängen bis zur Staatenbildungszeit.
            ATD Ergänzungsreiche 4/1. Göttingen.
Donner, H. & Röllig, W.
1979[4]/1973[3]/1976[3] Kanaanäische und aramäische Inschriften I-III.
            Wiesbaden. [KAI]
Dreher, C. A.
1991   Das tributäre Königtum in Israel unter Salomo. EvTh 51, 49-60.
Duling, D.C.
1983   Testament of Solomon. The Old Testament Pseudepigrapha, Vol. 1.
            Apocalyptic Literature and Testaments. J.H. Charlesworth (Hg.).
            Garden City, NY. S. 935-987.
Eissfeldt, Otto
1932   Baal Zaphon, Zeus Kasios und der Durchzug der Israeliten
            durchs Meer. Halle.
Fohrer, Georg
1964   Überlieferung und Geschichte des Exodus. Eine Analyse von Ex 1-15.
            BZAW 91. Berlin.
Görg, Manfred
1978   Ausweisung oder Befreiung? Neue Perspektive zum sogenannten
            Exodus. Kairos 20, 272-280.

176

Golka, Friedemann
1991   Jona. Calwer Bibelkommentare. Stuttgart.
Halpern, Baruch
1981   Sacred History and Ideology: Chronicles' Thematic Structure.
            Indications of an Earlier Source. R.E. Friedman (ed.), The Creation of
            Sacred Literature. Composition and Redaction of the Biblical Text.
            Near Eastern Studies 22. Berkeley etc. S. 35-54.
Helck, W.
1972   Rezension: S. Herrmann, Israels Aufenthalt in Ägypten.
            ThLZ 97, 178-182.
Heller, Jan
1991   Ziegel oder Steine? Rüdiger Liwak u.a. (ed.) Prophetie und
            geschichtliche Wirklichkeit im alten Israel. Stuttgart, 165-170.
Herrmann, Siegfried
1970   Israels Aufenthalt in Ägypten. SBS 40. Stuttgart.
Houtman, Cees
1994   Der Pentateuch. Die Geschichte seiner Erforschung neben einer
            Auswertung. Contributions to Biblical Exegesis & Theology 9.
            Kampen.
Houtman, Cornelis
1993   Exodus. Vol 1. Historical Commentary on the Old Testament.
            John Rebel und Sierd Woudstra (Übers.). Kampen.
ΙΟΥΔΑΙΚΕΗ ΑΡΧΑΙΟΛΟΓΙΑ (Jüdische Altertümer)
1930   Josephus I-IX. Vol. IV. J. Thackeray (übers.).
            London - Cambridge - Massachusetts.
s.a.   Jüdische Altertümer. I. Bd. H. Clementz (übers.). Wiesbaden.
Kaiser, Otto
1984[5]   Einleitung in das Alte Testament. Eine Einführung in ihre Egebnisse
            und Probleme. Erste Aufl. 1969. Gütersloh.
Keel, Othmar
1992   Das Recht der Bilder gesehen zu werden. Drei Fallstudien zur Methode
            der Interpretation altorientalischer Bilder. OBO 122.
            Freiburg (Schweiz) - Göttingen.
Keel, Othmar – Uehlinger, Christoph
1992   Göttinnen, Götter und Gottessymbole. Neue Erkenntnisse zur
            Religionsgeschichte Kanaans und Israels aufgrund bislang
            unerschlossener ikonographischer Quellen.
            Quaestiones Disputatae 134. Freiburg - Basel – Wien.
Kegler, Jürgen
1983   Arbeitsorganisation und Arbeitskampfformen im Alten Testament.
            Mitarbeiter der Schöpfung. Bibel und Arbeitswelt.
            L. und W. Schottroff (Hg.). München. S. 51-71.
Knauf, Ernst Axel
1994   Die Umwelt des Alten Testaments. Neuer Stuttgarter Kommentar Altes
            Testament 29. Stuttgart.

Knoppers, Gary N.
1993   Two Nations under God. The Deuteronomistic History of Solomon
            and the Dual Monarchies. Volume I. The Reign of Solomon and the
            Rise of Jeroboam. Harward Semitic Museum Monographs 52.
            Atlanta, Georgia.
Koehler, Ludwig – Baumgartner, Walter
1967/1974/1984/1990 Hebräisches und aramäisches Lexicon zum Alten Testament.
            Dritte Auflage bearbeitet von Walter Baumgartner et alii. Lieferungen
            I-IV. Leiden. [HAL]
Kohata, Fujiko
1986   Jahwist und Priesterschrift in Exodus 3-14. BZAW 166.
            Berlin – New York.
Kruger, Thomas
1996   Erwägungen zur Redaktion der Meerwundererzählung
            (Exodus 13,17-14,31). ZAW 108, 519-533.
Lamberty-Zielinski, Hedwig
1993   Das »Schilfmeer«. Herkunft, Bedeutung und Funktion eines
            alttestamentlichen Exodusbegriffs. Bonner Biblischer Beiträge 78.
            Frankfurt am Main.
Lemaire, A.
1995   Wisdom in Salomonic Historiography. Wisdom in Ancient Israel.
            Essays in Honor of I. A. Emerton. Ed. John Day, Robert B. Gordon,
            H. G. M. Williamson.
Loretz, Oswald
1984   Habiru - Hebräer. Eine soziolinquistische Studie über die Herkunft des
            Gentiliziums 'ibr^w vom Apellativum habiru. BZAW 160.
Macrae, G.
1983   Apocalypse of Adam. The Old Testament Pseudepigrapha, Vol. 1.
            Apocalyptic Literature and Testaments. J.H. Charlesworth (Hg.).
            Garden City, NY. S. 707-719.
Maier, Christl
1995   Die "fremde Frau" in Proverbien 1-9. Eine exegetische und
            sozialgeschichtliche Studie. OBO 144.
            Freiburg (Schweiz) – Göttingen.
Müller, Hans-Peter
1970   Der Begriff "Rätsel" im Alten Testament. VT 20, 465-489.
Newing, Edward G.
1994   Rhetorical Art of the Deuteronomist Lampooning Solomon in First
            Kings. Old Testament Essays 7, 247-260.
Niemann, Hermann Michael
1993   Herrschaft, Königtum und Staat. Skizzen zur soziokulturellen
            Entwicklung im monarchischen Israel.
            Forschungen zum Alten Testament 6. Tübingen.
Norin, Stig
1977   Er spaltete das Meer. Die Auszugsüberlieferung in Psalmen und Kult
            des Alten Israel. CB.OT 9. Lund.

178

Noth, Martin
1988[8]   Das zweite Buch Mose. ATD 5. Erste Auf. 1958. Göttingen.
Parker, Kim Ian
1992   Wisdom and Law in the Reign of Solomon.
        Lewiston, NY – Queenston, Ontario – Lampeter, Wales.
Peltonen, Kai
1996   History Debated. The Historical Reliability of Chronicles in
        Pre-Critical and Critical Research. Vol. I-II. Publications of the
        Finnish Exegetical Society 64. Helsinki - Göttingen.
Porten, B.
1967   The Structure and Theme of the Solomon Narrative (1 Kings 3-11).
        HUCA 38. 93-128.
Rainey, Anson F.
1970   Compulsory Labour Gangs in Ancient Israel. IEJ 20, 191-202.
Redford, Donald B.
1963   Exodus I 11. VT 13, 401-418.
1982   "Pithom". Lexikon der Ägyptologie 4, 1054-58.
Rendtorff, Rolf
1977   Das überlieferungsgeschichtliche Problem des Pentateuch.
        BZAW 147. Berlin.
Rose, Martin
1981   Deuteronomist und Jahwist. Untersuchungen zu den
        Berührungspunkten beider Literaturwerke. Abhandlungen zur
        Theologie des Alten und Neuen Testaments 67. Zürich.
Särkiö, Pekka
1994   Die Weisheit und Macht Salomos in der israelitischen Historiographie.
        Eine traditions- und redaktionskritische Untersuchung über 1 Kön 3-5
        und 9-11. SFEG 60. Helsinki - Göttingen.
1996   Die Struktur der Salomogeschichte (1 Kön 1-11) und die Stellung der
        Weisheit in ihr. BN 83, 83-106.
1997   "Kemoš oli vihoissaan maalleen". Israelin ja Moabin suhde Mešan
        kiven sekä Vanhan testamentin kuvaamana. TAik 102, 352-361.
1998   Kirkko ja kulttuuri. In: Aikojen taite. Kirkko kolmannen
        vuosituhannen vaihteessa. Synodalbuch der Tampere Diözese.
        S. 109-161. Helsinki.
1998b   Salomo/Salomoschriften. TRE 29, 458-461.
Schäfer–Lichtenberger, Christa
1995   Josua und Salomo. Eine Studie zu Autorität und Legitimität des
        Nachfolgers im Alten Testament. VT.S. 58.
        Leiden – New York – Köln.
Schmid, H.H.
1976   Der sogenannte Jahwist. Beobachtungen und Fragen zur
        Pentateuchforschung. Zürich.
Schmidt, Ludwig
1993   Studien zur Priesterschrift. BZAW 214. Berlin – New York.

Schmidt, Werner H.
1974-1988   Exodus. BKAT II. Neukirchen-Vluyn.

Schmitt, Hans-Christoph
1979   "Priesterliches" und "prophetisches" Geschichtsverständnis in der
            Meerwundererzählung Ex 13,17-14,31. Beobachtungen zur End-
            redaktion des Pentateuch. FS E. Würthwein. Göttingen. S.139-155.

Segert, Stanislav
1994   Crossing the Waters. Moses and Hamilcar. JNES 53, 195-203.

van Seters, John
1994   The Life of Moses. The Yahwist as Historian in Exodus-Numbers.
            Kampen.

Silbermann, Lou H.
1974   The Queen of Sheba in Judaic Tradition. Solomon & Sheba. J.B.
            Pritchard (Hg.). Edinburgh. S. 64-85.

Smend, Rudolf (Sen.)
1912   Die Erzählung des Hexateuchs auf ihre Quellen untersucht. Berlin.

Smend, Rudolf (Jun.)
1963   Jahwekrieg und Stämmebund. Erwägungen zur ältesten Geschichte
            Israels. FRLANT 84. Göttingen.
1978   Die Entstehung des Alten Testaments. ThW 1.
            Stuttgart - Berlin - Köln - Mainz.

Snaith, Norman
1965   ים־סוף: The Sea of Reeds: The Red Sea. VT 15, 395-98.

von Soden, Wolfram
1974   Verschlüsselte Kritik an Salomo in der Urgeschichte des Jahwisten?
            WO 7/2, 228-240.

Stolz, Friedrich
1972   Jahwes und Israels Kriege. ATANT 60. Zürich.

Sweeney, M. A.
1995   The Critique of Solomon in the Josianic Edition of the Deuteronomistic
            History. JBL 114, 607-622.

Thompson, J.A.
1955   Joel's Locusts in the Light of Near Eastern Parallels. JNES 14, 52-55.

Uehlinger, Christoph
1990   Weltreich und »eine Rede«. Eine neue Deutung der sogenannten
            Turmbauerzählung (Gen 11,1-9). OBO 101.
            Freiburg/Schweitz und Göttingen.

Valentin, H.
1978   Aaron. Eine Studie zur vor-priesterschriftlichen Aaron-Überlieferung.
            OBO 18. Freiburg/Schweitz - Göttingen.

Veijola, Timo
1977   Das Königtum in der Beurteilung der deuteronomistischen
            Historiographie. Eine redaktionsgeschichtliche Untersuchung.
            AASF B 198. Helsinki.
1982   Verheißung in der Krise. Studien zur Literatur und Theologie der
            Exilszeit anhand des 89. Psalmes. AASF B. 220. Helsinki.

Vervenne, Marc
1994   The Sea Narrative Revisited. Biblica 75, 81-97.
Walsh, Jerome T.
1995   The Characterization of Solomon in First Kings 1-5.
         CBQ 57, 471-493.
Weimar, Peter
1973   Untersuchungen zur priesterschriftlichen Exodusgeschichte.
         Forschung zur Bibel 9. Würzburg.
1976   Die Jahwekriegserzählungen in Exodus 14; Josua 10, Richter 4 und 1
         Samuel 7. Biblica 57, 38-73.
1985   Die Meerwundererzählung. Eine redaktionskritische Analyse von
         Ex 13,17-14,31. ÄAT 9. Wiesbaden.
Weimar, P. – Zenger, E.
1975   Exodus. Geschichten und Geschichte der Befreiung Israels.
         SBS 75. Stuttgart.
Wellhausen, Julius
1899   Die Komposition des Hexateuchs und der historischen Bücher
         des Alten Testaments. 3. Edition. Berlin.
Whybray, R.N.
1987   The Making of the Pentateuch. A Methodological Study.
         JSOT.S. 53. Sheffield.
Willi-Plein, Ina
1991   Ort und literarische Funktion der Geburtsgeschichte des Mose.
         VT 41, 110-118.
Würthwein, Ernst
1985[2]   Die Bücher der Könige. 1 Könige 1-16. ATD 11,1.
         Erste Aufl. 1977. Göttingen.
Zobel, Konstantin
1992   Prophetie und Deuteronomium. BZAW 199. Berlin - New York.

B. Bibelstellenregister (in Auswahl)

C. Autorenregister